大正期『中央公論』『婦人公論』の外来語研究

―論と広告にみるグローバリゼーション

目　次

1 はじめに　　　　　　　　　　　　　　　　　髙﨑みどり　　6
　　1 遺伝学会の用語改訂発表―「劣性」「優性」をやめることに
　　2 "翻訳する努力が足りない"―誰の努力が足りないのだろう
　　　か？
　　3 大正時代と雑誌
　　4 大正期の外来語研究―前田太郎著『外来語の研究』の紹介
　　5 本書の構成

2 資料の説明　　　　　　　　　　　　　　　　石井久美子　　15
　　1 調査対象号
　　2 資料の特徴

3 先行研究　　　　　　　　　　　　　　　　　石井久美子　　38
　　1 外来語史
　　2 外来語の研究史

4 大正期の『中央公論』『婦人公論』に見られる
　　普通名詞の外来語とカタカナ表記の和語　　中里理子　　48
　　1 本章の目的と研究方法
　　2 普通名詞の特徴
　　3 形容動詞・副詞・動詞の特徴
　　4 カタカナ表記の和語等の特徴
　　5 まとめ

5 大正期の『中央公論』『婦人公論』における
　　抽象的な概念を表す外来語の使用　　　　　星野祐子　　94

1 はじめに

2 先行研究

3 資料の概要と対象とした外来語について

4 研究課題

5 抽象度の高い外来語の使用背景

6 抽象度の高い外来語を読み手に理解させる工夫

7 抽象度の高い外来語が用いられる文章の構文上の特徴

8 まとめと今後の課題

6 大正期の『中央公論』と『婦人公論』に見られる 翻訳型の外来語について　　　　　立川和美　124

1 はじめに―「翻訳」をめぐるいくつかの議論

2 『中央公論』『婦人公論』の広告部分における翻訳型外来語

3 『中央公論』『婦人公論』における翻訳型外来語の原語

4 『婦人公論』公論部分における翻訳型外来語

5 『中央公論』公論部分における翻訳型外来語

6 まとめ

7 大正期『中央公論』における "論" のための外来語 ―抽象名詞・テクスト構成等に注目して　　高﨑みどり　148

1 本稿のあらまし―"論" における使用と現代語への定着

2 分析対象について

3 「公論」における一般名詞外来語の使いこなしの様相

4 「公論」における一般名詞外来語の現代語における定着の 様相

5 外来語の「基本語化」とテクスト構成および比喩

6 まとめ―"論" のための外来語とは

8 大正期『婦人公論』における合成語
　―外来語を含むものに注目して　　　　　　　石井久美子　208
　　1 はじめに―研究背景
　　2 研究方法
　　3 外来語で構成された複合語
　　4 外来語を含む混種語
　　5 結論

9 大正期『婦人公論』掲載の広告に見える外来語　染谷裕子　233
　　1 はじめに
　　2 『婦人公論』広告における外来語の出現状況
　　3 語彙として見た『婦人公論』広告のカタカナ外来語
　　4 広告文の共通の傾向、そして『婦人公論』広告らしさとは？
　　5 まとめ

10 おわりに―謝辞にかえて　　　　　　　　　　髙﨑みどり　274

1　はじめに

髙﨑みどり

　本書は平成25・26・27年度学術振興会科学研究費基盤研究（Ｃ）の助成
をうけた、「大正期の外来語受容―100年前の〝グローバリゼーション〟と
いう観点から―」（課題番号25370512　髙﨑みどり研究代表）で作成した
データをもとに、共同研究者・研究分担者・研究補助者の方々が自由に
テーマを選んで書いた論文集である。

　本論に入る前に、この研究の背景になった翻訳語や外来語について、あ
るいはあまり研究されていない大正という時代と外来語との関係、また、
材料として選んだ雑誌等について少し述べてみたい。

1　遺伝学会の用語改訂発表―「劣性」「優性」をやめることに

　2017年の９月、遺伝学会が100余りの関係学術用語の改訂をして、その
なかにメンデルの法則での「優性」「劣性」を「顕性」「潜性」にする、と
いうことが報じられ、注目を集めた。原語は dominant と recessive だと
いうことで、翻訳漢語の選び方の問題であったわけである。

　このことについて、生物学者の福岡伸一氏が、連載コラム「福岡伸一
の動的平衡」（朝日新聞2017年９月14日朝刊）で「学術用語　邦訳の功と
罪」と題して言及している。この改訂を「より正確な改訂だ」と評価した
あと、

　　思えば、わが国の近代初期の学者たちが、あらん限りの想像力を駆使
　して学術用語を邦訳してくれたおかげで、我々はあらゆる西洋の知識を
　すべて母語で学べるようになった。

と言う。しかし、続けて、後年留学した時にはそれが裏目に出て、知識は
あるのにその英語がすっと出てこない、「私は逆翻訳に多大な努力を強い
られることになった」という〝罪〟の方を紹介し、

時は21世紀、世界に羽ばたく子どもたちのために、せめて高校以上の
教科書には原語を併記するよう提案したい。

と結んであった。
　一方、少し後の「天声人語」（2017年9月19日朝刊）では、同様の紹介、
評価をし、翻訳とは繊細なもの、として先人たちの試行錯誤をあげて、最
後の締め括りは、

　最近はどうも翻訳の努力が足りないようだ。コミットメントやガバナ
ンスなど、そのまま持ち込まれる例が目につく。意味をあいまいにし、
ごまかすために使われるのでなければいいが。

というものであった。
　福岡氏は翻訳語＋原語併記を求める。たとえば「顕性（dominant）」と
いうふうになるのだろうか。一方天声人語は「顕性」という「わかりやす
さ、正しさ、そして受け止める人への気遣い」のある翻訳を讃える。両者
とも「ドミナント」は推奨していないことは確かだ。もちろん学術用語と
一般の外来語では事情が違うが、しかし今圧倒的に多いのは「ドミナン
ト」方式である。そして本書の中の私の研究も、天声人語氏の指摘するよ
うに“意味を曖昧にしている”ことに、かえって外来語の意義を見出して
いるのである。申し訳ないような気がしてきた。だが、“氾濫”とか“ユ
ニバーサルデザイン（これもカタカナ外来語なのですが）に反する”など
と批判をうけつつも、外来語は質・量ともに確実に日本語に組み込まれつ
つある。この動きは止められないだろう。

2　“翻訳する努力が足りない”―誰の努力が足りないのだろうか？
　明治の初めころは、知識人・文化人・学者などが、誰がどの訳語を造っ
た、とラベルを貼れるくらい、翻訳語の作成に努めたことはよく知られて
いる。西周の「哲学」「体験」、前島密の「郵便」「為替」、中村正直「結
果」「官僚」、福沢諭吉「討論」「演説」、井上哲次郎「哲学字彙」作成の努

1　はじめに　7

力、等翻訳語を創造する努力は大変なものがあった。一方、大正になると
いろいろな理由からカタカナ音訳語が増えてくる。それは第二次世界大戦
後に次ぐ増加ぶりであった。しかしそれは誰かの努力が足りないからでは
ない。明治期に造られた翻訳漢語はしっかり根をおろし、使い続けられた。
捨て去られたわけではない。翻訳漢語をうまく使いこなして、その上で、
大正時代になると日本人が外来語というものをうまく使いこなし始めたか
ら、と考えてはどうだろうか。

　それに、翻訳漢語を造った人たちは英華辞典等を見て中国語の訳語を参
考にすることもした。中国の古典を参照することもした。漢字も漢語も日
本語にとっては外来語であった時代もあったのであるし、欧米の外国語を、
中国語という外国語で置き換えた作業、という部分もあったのではなかろ
うか。

　和語・漢語に加えて外来語という語種まで持つのは、日本語にとって大
きな財産である。外来語を含む混種語や略語も増加してきた。漢字からひ
らがなばかりでなく、略号的なカタカナまで文字体系としたのも、大きな
財産である。新造語ももはや和語には期待できないが、外来語ならたくさ
んの新しい語が今後もできていく可能性が高いのだ。

3　大正時代と雑誌

　大正時代に起こったそうした動きは、大正という時代に関係しているに
違いない。苅谷（2009）では、フリーメイソンリーと吉野作造の思想につ
いて書かれた論文において、主旨ではないが、その背景のようにして、大
正期の都市を中心とした生活や文化のグローバリゼーションを描き出す。

　第一次世界大戦、好景気、恐慌、ロシア革命、労働運動、メーデー、デ
モクラシー、ロマン主義、女性の社会進出等世界の政治経済、社会思潮の
動きが日本にも及んでくるのもまたグローバリゼーションであり、教育の
普及により新たに生まれた知識層はそうした動きに敏感で、知識欲を満た
すことを求めていた。

　永嶺（1997）によると、大正中期までに雑誌に関して、年齢・性別・教
育水準に対応したおおむね4つの雑誌文化圏が形成されたという。学生・

知識人を中心とする総合雑誌文化圏、労働者や都市下層民を中心とする講談雑誌文化圏、女性を中心とする婦人雑誌文化圏、年少者を中心とする少年少女雑誌文化圏、の4つであるという。そして大正期に「総合雑誌という権威システムの頂点に上昇し」（永嶺 1997 p. 153）たのは『中央公論』であった。一方大正5年に創刊された『婦人公論』の方は、「職業婦人や女学生等知的エリートにおいても、実は購読雑誌の中心を占めていたのは『婦人公論』ではなく大衆型婦人雑誌であった。」（同 p. 188）との指摘があるように、やや苦戦を強いられていた。職業婦人や女学生に少数の根強い支持はあるものの、家庭婦人が主たる読者の大衆型婦人雑誌にはかなわない状況で、発行部数としては『主婦の友』『婦女界』『婦人倶楽部』の3大誌に大きく遅れをとっていた、というのが現状であった。

　しかし『中央公論』の女性版、"妹分"として誕生したいきさつや、今日まで発行されていること等を勘案すると、『中央公論』の比較相手として『婦人公論』を選んだことは、昭和～平成につなげる今後の継続的な研究のためにも適切であったと考えている。内容的にも、木村（2010）によれば、「大正デモクラシーの落とし子」（木村 2010 p. 64）であり、

　　この時期の『婦人公論』は、女性解放運動の息吹に敏感に反応して、男尊女卑や「家族制度」を批判し、男性と対等な権利をもった女性像を世に問うた。資本主義の発展と大正デモクラシーの世相を背景に、近代的市民権を男性同様女性にもあてはめた女性像は、現状に満足できない高学歴女性や、職業婦人の心をとらえたのであった。（同 p. 67）

との指摘がある。書き手には男性が多かったものの、女性著名人も多く登用され、多くの議論がなされている。他の女性誌には少ない、"論"の日本語が展開していると考えられ、そのための外来語の使用も期待できると考えた。

　そして、そうした知識人読者層に、訴えかける広告もまた、興味深い。大衆消費社会、サラリーマンの出現、女性の社会進出という、その後の社会の大きな変化につながる兆しが広告にどのように現れているか、消費者

としての読者にどのようにアピールしているのか、それには外来語がどのような役割を果たしているのかが見て取れるだろう。

4　大正期の外来語研究―前田太郎著『外来語の研究』の紹介

　外来語の急増は、実用的に理解し使用するための辞書の必要と外来語への研究的関心とを生み出す。大正期には前田太郎著『外来語の研究』が出版されたことが知られている。

　前田太郎著『外来語の研究』は、著者の没後遺稿として岩波書店から大正11年に出版された。市川三喜・橋本進吉・金田一京助・宮良當壮が校正にあたったと記されている。研究書としては大槻文彦『外来語源考』（明治35年）もあるので、最も古いものとは言えないが、大正期の研究者がどんなことを考えていたかを知るのに良い手掛かりとなると考え、簡単に紹介する。

　本全体は356ページでその半分を「外来語の研究」という１章が占め、あとの６章は短いもので外来語とは無関係である。

　その第１章「外来語の研究」から、考え方の特徴だと思われるところを摘記する（髙﨑の要約による。「」はそのままの引用であることを示す。ただし旧漢字旧仮名遣いは現代の通用表記に直してある）。

○漢語を外来語に入れないのは不穏当。和語以外はすべて外来語。（pp. 4-6）

○外来語と称するのに妥当でないものがある。たとえば朝鮮語、アイヌ語については「遺留語」という語形式をあてはめるべきではないか。（pp. 7-8）

○「舶来の物品にはたとえ当方に同様のものがあっても、在来の名で呼ぶとは何となく不穏当のような気がする。即ち一種感情的な極めて些細な心的傾向に支配せられて、原名通りにさし置くことがしばしばある」（p. 9）

○外来語の生命を考えると、長寿を保っているのは「大部分衣食住等人間の生活に直接関係を持って居るものの中でも、殊に広義でいう食すなわち人の味感嗅感に訴えるべき性質のもの」（p. 24）

○生命の短かったものとしてキリシタン関係の「宗教上のテクニカルターム」を挙げ、さらにそれらを「抽象名辞」と呼んでいる。(pp. 40-41)

○集めた外来語を分類して、布帛類・飲食類・器具類・宗教語類・動植物類・薬種類、というように分類して考察している。(pp. 63-67)

○材料としては「徳川時代の文書や小説や歌謡やその他断簡零墨に目をとおして、その中に散見して居る外来語を一々蒐集した迄」が中心で、いろいろな角度から考察している。当代ないし明治期の外来語は「ビリケン・レコード・グライヂング・シコツク」(pp. 81-82)、「シャンパン」(p. 98)、「ミシン・ポンプ・タイプライター」から抽象語彙「ロマンチック・オーソリティー・ナチュラリズム・プラグマチズム」まで等、pp. 105-107 あたりまでで多くを挙げて、細かく考察している。発音の転化や仮名遣いにも言及する。章末には死滅語・生存語に分けて原語別のリストも挙げている。

○前田自身は、論文中に「テクニカルターム・プロブレム・エキザンプル・時間（タイム）・サークル・プロダクト・クラス・シユリフト・復活（リザレクション）・オールド、フレンチ語・エンチクロピヂステン・プリミチーブ・ボキャブラリー・デリカート・ブレドミネード」等、外来語を適度に使用して論を進めている。

　以上だが、前田の指摘には共感するところが多く、100年前の論文ではあるが、平易で簡潔に記され、今回資料の中央公論所載の論文のように“古臭い”と感じることはなかった。しかし、当時通用していた外来語についての分析や、前田自身が論をすすめるために、どのようなストラテジーで沢山の外来語を使っていたのかを聞きたいものだと思った。

　また、明治の初めころ、あれほど苦労して“正しい”翻訳語をいろいろな手段で創造したのに、大正期に入ってのこのありさまはどうお考えですか？　ということも聞いてみたく思う。

　享年36歳での早逝が惜しまれる。

5　本書の構成

　外来語・外来的言語要素は近代語以前の過去からも日本語に新しい要素を吹き込んでいる。上代以前からの漢字・漢語、接続詞などの機能語、漢文調等の文体、中世のポルトガル語・スペイン語からローマ字や宗教的概念という抽象語彙、近世に物品移入に伴う夥しい具象的名詞、医学用語などの自然科学の専門用語、近代に到って人文科学も含めた諸学問の分化に伴う専門用語、原語の特徴を残した発音・表記の工夫等々、文字、音韻、語法、語彙の各側面で、日本語を変えたり内容をふやしたりしている。

　とりわけ、語彙の面での言語体系内の変化は顕在化しやすい。あまり確たる根拠はないが、100年というスパンは、ある程度の変化をみるのに適切な時間の幅ではないかと思う。100年前の言論雑誌の外来語の実態はどうであったか。以下に第2章以下の各章の概要を紹介する。

【2　資料の説明（石井久美子）】

　公論題名一覧

　――今回使用した資料についての説明をしている。対象とした文章の題名一覧と、作成したコーパスの見本、および、本文と広告のコピーを例示した。

【3　先行研究（石井久美子）】

　――大正期にいたるまでの外来語そのものの歴史概要、これまでの外来語研究の主要な流れを簡潔にまとめた。

【4　大正期の『中央公論』『婦人公論』に見られる普通名詞の外来語とカタカナ表記の和語（中里理子）】

　――『中央公論』と『婦人公論』のジェンダーギャップの観点から考察している。普通名詞を社会的・専門的な語とそれ以外の一般的なものに分け、分野別の出現の状況を年毎に見ている。語の長さ、表記の特徴も細かく見ており、長い語やアルファベット表記の語が中央公論に多い等のジェンダーギャップを見出している。カタカナ表記された和語についての考察もある。

【5　大正期の『中央公論』『婦人公論』における抽象的な概念を表す外来

語の使用（星野祐子）】

——抽象的な概念を表す外来語について、具体的な文脈の中での扱われ方、難解な外来語について、読み手を意識して理解を促す工夫の諸相等を両雑誌のテクストの中で具体的に分析している。

【6　大正期の『中央公論』と『婦人公論』に見られる翻訳型の外来語について（立川和美）】

——翻訳型外来語について、両雑誌の広告部分における考察、本文に見られる翻訳型外来語の原語、またそれらの意味分野、表記のパタン、派生語・接尾辞等語形式等について両雑誌の特性と時代背景を結びつけて論じる。

【7　大正期『中央公論』における"論"のための外来語―抽象名詞・テクスト構成等に注目して（髙﨑みどり）】

——『中央公論』で外来語がどのように日本語のなかに取り入れられたか、形式と意味から考察する。そして現代語まで定着しているかどうかを抽象的名詞と具象的名詞に分けて考察している。基本語化、テクスト構成機能についても合わせて述べている。

【8　大正期『婦人公論』における合成語―外来語を含むものに注目して（石井久美子）】

——『婦人公論』に見られる外来語を含む合成語の特徴を捉えて、同時期の『中央公論』と比較する。混種語についての分析も細かく行っており、『婦人公論』に女性の外国人名＋身分・敬称の組み合わせが多いことなどを指摘している。

【9　大正期『婦人公論』掲載の広告に見える外来語（染谷裕子）】

——大正という時代のもうひとつの反映が広告であるとのコンセプトから、広告の外来語を調査し、カタカナ表記の割合が漸増してゆくこと、ただし、『中央公論』と比較すると『婦人公論』の方が遅れて増加し、最後には『中央公論』よりその割合が高くなること、等を指摘する。また、『主婦の友』も対象に加えて、三誌の広告の比較をすると、『婦人公論』広告は、時代の先端をいく本文とは異なり、西欧文化に対する信頼、美を求め芸術を好む女性像が浮かび上がってくる、とする。

【10　おわりに（髙﨑みどり）】

以上である。御批正、ご助言をお願いする次第である。

参考文献

苅谷直（2009）「大正グローバリゼーションと『開国』―吉野作造を中心に」『思想』No. 1020　2009年4月号　岩波書店　pp. 116-132

永嶺重敏（1997）『雑誌と読者の近代』日本エディタースクール出版部

木村涼子（2010）『〈主婦〉の誕生　婦人雑誌と女性たちの近代』吉川弘文館

＊冒頭に記した平成25・26・27年度学術振興会科学研究費基盤研究（Ｃ）「大正期の外来語受容―100年前の"グローバリゼーション"という観点から―」に、研究協力者として参画した石井久美子氏（本書では第2章、第3章、第8章を担当）は、このデータを基にして、2017年、『大正期の言論誌に見る外来語の研究』を執筆、刊行した。合わせてお読みいただければ幸いである。

2 資料の説明

石井久美子

本章では、本書における『中央公論』と『婦人公論』の調査対象号と資料の特徴についてまとめる。

大正期の外来語を調査するにあたって、当時多くの雑誌が創刊されたことと、その影響の大きさを考え、雑誌を調査対象とすることとした。さらに、執筆者の名前が記載されており、性別や身分がわかることと、記事の内容が多様であることを理由に、雑誌の中でも総合雑誌を選んだ。

調査資料を決めるにあたっては、『雑誌用語の変遷』を参照した。刊行期間が長く、発行部数も多いことから、『中央公論』を選定し、同じく中央公論社（現在の中央公論新社）から発行されている『婦人公論』を取り上げることとした。

1 調査対象号

本書では、大正期の『中央公論』および『婦人公論』の各年1月号に掲載された、公論部分および広告部分を対象として調査を行っている。ただし、『婦人公論』の大正15年、大正16年は「公論」という表示がないため、大正15年は186ページまで、大正16年は162ページまでとした。

調査対象号の詳細は下記の通りである。

『中央公論』明治45（1912）年1月号…第二十七年第一号（第二百七十四号）

『中央公論』大正2（1913）年1月号…第二十八年第一号（第二百八十六号）

『中央公論』大正3（1914）年1月号…第二十九年第一号三百号記念号（第三百号）

『中央公論』大正4（1915）年1月号…第三十年第一号（第三百十三号）

『中央公論』大正5（1916）年1月号…第三十一年一号新年号（第三百二十六号）

『中央公論』大正6（1917）年1月号…第三十二年第一号新年号（第三百三十九号）

『中央公論』大正7（1918）年1月号…第三十三年第一号新年号（第三百五十二号）

『中央公論』大正8（1919）年1月号…第三十四年第一号新年号（第三百六十五号）

『中央公論』大正9（1920）年1月号…第三十五年第一号新年号（第三百七十八号）

『中央公論』大正10（1921）年1月号…第三十六年第一号新年号（第三百九十一号）

『中央公論』大正11（1922）年1月号…第三十七年第一号新年号（第四百四号）

『中央公論』大正12（1923）年1月号…第三十八年第一号新年号（第四百十七号）

『中央公論』大正13（1924）年1月号…第三十九年第一号新年号（第四百三十号）

『中央公論』大正14（1925）年1月号…第四十年第一号新年号（第四百四十三号）

『中央公論』大正15（1926）年1月号…第四十一年第一号新年号（第四百五十六号）

『中央公論』大正16（1927）年1月号…第四十二年第一号新年号（第四百六十八号）

『婦人公論』大正5（1916）年1月号…第一年第一號新年號

『婦人公論』大正6（1917）年1月号…第二年第一號新年大附錄號

『婦人公論』大正7（1918）年1月号…第三年第一號新年特別號「虛榮時代」號

『婦人公論』大正8（1919）年1月号…第四年第一號新年特別號「現代の悩み」號

『婦人公論』大正9（1920）年1月号…第五年第一號新年特別號「懺悔物語」號

『婦人公論』大正10（1921）年1月号…第六年第一號新年特別號「人類
　　の苦悶」號

『婦人公論』大正11（1922）年1月号…第七年第一號新年特別號「女人
　　神聖」號

『婦人公論』大正12（1923）年1月号…第八年第一號新年特別號「家庭
　　の革命」號

『婦人公論』大正13（1924）年1月号…第九年第一號新年特別號「幸福
　　の出生」號

『婦人公論』大正14（1925）年1月号…第十年第一號新年特別號「家庭
　　病診斷」號

『婦人公論』大正15（1926）年1月号…第十一年第一號新年特別號「第
　　二の誕生」號

『婦人公論』大正16・昭和2（1927）年1月号…第十二年第一號新年特
　　別號「現代女流百人百題」號

　元号の変わった年について補足する。1912年7月30日に明治から大正に
元号が変わった。1912年1月号（『中央公論』第二十七年第一号）は、実
際には明治45年1月1日発行であるが、大正に変わる年の1月号であるた
め、本書では調査対象に含めることとした。また、1926年12月25日には大
正から昭和に元号が変わった。年末の改元であったため、1927年1月号
（『中央公論』第四十二年第一号、『婦人公論』第十二年第一号）は、発行
日が大正16年1月1日となっており、その表記を尊重することとした。

　なお、『中央公論』は、公論部分はお茶の水女子大学附属図書館所蔵の
原本および国会図書館所蔵のマイクロ資料[1]、広告部分は明治大学附属図
書館所蔵のものを使用した。『婦人公論』は、臨川書店編集部『婦人公論：
DVD－ROM版』（臨川書店、2006～2007年）に収録されているものを用
いた。

2　資料の特徴

　ここでは、『中央公論』と『婦人公論』の雑誌の概要について述べる[2]。

『中央公論』は、明治20年に創刊した『反省会雑誌』を前身としており、明治32年に『中央公論』と改題している。大正期には知識人必読の総合雑誌としての原型が確立していた。発行部数は拡大の一途を遂げ、大正初めには『太陽』を凌駕し、『改造』の創刊（大正8年）後は『改造』との双璧時代であった。大正期の『中央公論』は「デモクラシー言論の主舞台としての座」を占めていたといえる。労働問題、社会主義などがよく取り上げられ、国際的な視野で論じられている。専門家の立場から最新の研究や論を取り上げ紹介した記事も見られる。

　『中央公論』の主な読者は知識人エリート男性である。各記事冒頭にタイトルと執筆者名とともに記載された執筆者の肩書きによれば、学者、外交官、政治家、評論家などが見られ、性別は男性のみである。本文は漢字ひらがな交じり文で、文語体も口語体も見られるが、文語調寄りの文体である。パラルビであり、読みを示すルビ表記はほとんど使われていない。

　一方、『婦人公論』は、『中央公論』で特集された夏期増刊「婦人問題号」（大正2年7月）を契機に、大正5年に『中央公論』の姉妹誌として創刊された。創刊時の『婦人公論』は公論欄を巻頭に知識婦人を対象とし高踏的装いで出発している。そして、同時期に創刊された『主婦の友』や『婦人倶楽部』とともに有力三誌として発行部数を伸ばしていった。テーマには、結婚、職業、家庭と婦人の問題などが取り上げられ、日本の婦人運動の策源地として、婦人に関するあらゆる問題が議論される場となっていた。時局に合わせ、国際、政治問題にも女性解放の観点から取り組んでいることも特徴的である。

　『婦人公論』の主な読者は中流家庭の高学歴女性である。筆者は男女とも見られ、男性は『中央公論』の職業と共通する。女性筆者は、女性運動家、作家、詩人、新聞記者などの職業婦人や、男性筆者の夫人が見られる。本文は漢字仮名交じり文で、総ルビを採用している。

　1　本書では、2012年にマイクロ資料から複写したものを使用した。2017年8月
　　　28日現在は、国立国会図書館デジタルコレクションにて館内限定公開されて
　　　いる。永続的識別端子は、info:ndljp/pid3381513 である。
　2　本節は、『日本近代文学大事典』を参照してまとめた。筆者、ルビ、文体に

関しては本文を参照した。

参考文献

国立国語研究所（1987）『国立国語研究所報告89雑誌用語の変遷』秀英出版

日本近代文学館・小田切進編（1978）『日本近代文学大事典』講談社

臨川書店編集部（2006-2007）『婦人公論：DVD－ROM版』臨川書店

公論題名一覧

　以下に、『中央公論』と『婦人公論』の公論の題名と筆者名の一覧を載せる。なお、大正元年は明治45年、大正16年は昭和2年のことであり、備考欄の＊は外来語の一般名詞がなく固有名詞だけのもの、＊＊は外来語のないものを意味する。

中央公論公論題名一覧

掲載年	掲載月	記事番号	記事題目	筆者名	備考
大正元年	1月	1	明治四十五年を迎ふ	社論	＊＊
大正元年	1月	2	支那問題解決案	社論	
大正元年	1月	3	現内閣と薩摩派	社論	＊＊
大正元年	1月	4	人類の征服に對する自然の復讐	丘淺次郎	
大正元年	1月	5	岩倉公を論ず	池邊吉太郎	
大正元年	1月	6	支那の革命と國際法	立作太郎	＊
大正元年	1月	7	行政整理と税制整理	本多精一	
大正元年	1月	8	現代の英國	上田敏	
大正元年	1月	9	廣軌改築延期に反對す	後藤新平	
大正元年	1月	10	カイゼル論	福本日南	
大正2年	1月	1	年頭の辭	社論	＊＊

大正2年	1月	2	武力なき外交	社論	＊
大正2年	1月	3	我が財政及び對外經濟	社論	
大正2年	1月	4	經國の大本	須崎黙堂	
大正2年	1月	5	觸らぬ神の祟り	丘淺次郎	
大正2年	1月	6	支那人に代つて日本人を嘲る文	永井柳太郎	
大正2年	1月	7	トルストイの藝術	中澤臨川	
大正3年	1月	1	大正三年を迎ふ	社論	＊
大正3年	1月	2	教育・宗教の關係及び前途	社論	＊
大正3年	1月	3	帝國議會に望む	社論	
大正3年	1月	4	フリードリッヒ・ニーチエ	中澤臨川	
大正3年	1月	5	また是れ南海の泡沫のみ	竹越與三郎	
大正3年	1月	6	國政の中心を速に樹立せよ	林毅陸	
大正3年	1月	7	極東に於ける佛國コムミュン亂再現の兆候	福本日南	
大正3年	1月	8	異教思潮の勝利	厨川白村	
大正3年	1月	9	我は蒙古人種たるを恥ぢず	山路愛山	
大正3年	1月	10	浮世繪の鑑賞	永井荷風	
大正3年	1月	11	學術上より觀たる日米問題	吉野作造	
大正4年	1月	1	大正四年を迎ふ	社論	＊＊
大正4年	1月	2	大正政界の大勢を論ず	社論	
大正4年	1月	3	支那問題の解決とは何ぞ	社論	＊
大正4年	1月	4	新らしき世界將に生れんとす	茅原華山	
大正4年	1月	5	旅順と青島	水野廣德	＊
大正4年	1月	6	思考・藝術の現在	中澤臨川	
大正4年	1月	7	欧洲動亂史論	吉野作造	
大正4年	1月	8	大隈内閣評判記	無名氏	
大正4年	1月	9	東隣西隣の元首に與ふる書 米國大統領ウイルソンに與ふ	米田實	＊
大正4年	1月	10	東隣西隣の元首に與ふる書 中華民國大總統袁世凱に與ふ	石川半山	
大正5年	1月	1	大正五年を迎ふ	社論	＊＊
大正5年	1月	2	精神界の大正維新	社論	＊
大正5年	1月	3	現政戰の前途如何	社論	＊
大正5年	1月	4	憲政の本義を説いて其有終の美を濟すの途を論ず	吉野作造	
大正5年	1月	5	題字、序文、校閲	丘淺次郎	
大正5年	1月	6	新道德側面觀	金子筑水	
大正5年	1月	7	内閣諸公及貴衆兩院議員に與へて拓殖務省再興の急務を論ず	永井柳太郎	
大正5年	1月	8	當世男に向つて神風主義を宣傳す	福本日南	
大正5年	1月	9	現今の青年と人生に對する根本信念	新渡戸稲造	

大正6年	1月	1	肉食人種と菜食人種の差異を論じて東西文明の調和を説く	永井柳太郎	
大正6年	1月	2	大陸美論	大谷光瑞	
大正6年	1月	3	成金論	堀江歸一	
大正6年	1月	4	英國新首相ロイド・ジョーヂ	田中萃一郎	＊
大正6年	1月	5	活動主義者も亦時に靜思瞑想せよ	新渡戸稲造	
大正6年	1月	6	我農村に向て畜産の趣味と實益を説く	長崎發生	
大正6年	1月	7	支那最近の政局の眞相を説いて特使派遣問題に及ぶ	吉野作造	
大正6年	1月	8	各党の智将の觀たる政界低氣壓の豫測 定石で行けば無論解散	古島一雄	＊＊
大正6年	1月	9	各党の智将の觀たる政界低氣壓の豫測 憲政會の硬軟によつて決す	岡崎邦輔	＊＊
大正6年	1月	10	各党の智将の觀たる政界低氣壓の豫測 不信任案と現内閣の運命	濱口雄幸	＊＊
大正6年	1月	11	各党の智将の觀たる政界低氣壓の豫測 形勢未だ混沌	鈴木梅四郎	＊＊
大正6年	1月	12	各党の智将の觀たる政界低氣壓の豫測 解散の外途なし	某氏	＊＊
大正6年	1月	13	各党の智将の觀たる政界低氣壓の豫測 開會にならねば分らぬ	床次竹二郎	＊＊
大正7年	1月	1	現代日本に於ける政治的進化と其社會的背景	大山郁夫	
大正7年	1月	2	世界の煩悶	若宮卯之助	
大正7年	1月	3	人本主義の實行	姉崎正治	
大正7年	1月	4	學問の獨立の意義と範圍と順序とを論ず	田中王堂	
大正7年	1月	5	民本主義の意義を説いて再び憲政有終の美を濟すの途を論ず	吉野作造	
大正7年	1月	6	現内閣の増・減・廃税政策を評す 支離滅裂を極めたる財政策	福田徳三	
大正7年	1月	7	現内閣の増・減・廃税政策を評す 間接税よりも直接税に	安部磯雄	
大正8年	1月	1	大正八年を迎ふ	巻頭言	＊
大正8年	1月	2	都市改善論	渡邊鐵藏	
大正8年	1月	3	文明の回顧と人生の新展望	姉崎正治	
大正8年	1月	4	戦争世界も亦國際競爭の舞臺	鷲尾正五郎	
大正8年	1月	5	法律の社會觀・社會の法律觀	牧野英一	
大正8年	1月	6	如何にして國民思想を統一し得べき乎	柳澤健	
大正8年	1月	7	國體の精華を發揮するの秋	上杉眞吉	
大正8年	1月	8	我が軍國主義論	水野廣徳	
大正8年	1月	9	國際生活上の新紀元と日本の政治的将来	大山郁夫	
大正8年	1月	10	世界の大主潮と其順應策・對應策 世界の大主潮と順應策・對應策	吉野作造	＊
大正8年	1月	11	世界の大主潮と其順應策・對應策 従来の迷夢より醒むべき秋	三宅雪嶺	

大正8年	1月	12	世界の大主潮と其順應策・對應策 資本的侵略主義に對抗眞正のデモクラシーを發揚	福田德三	
大正9年	1月	1	平和克復の第一春	巻頭言	＊
大正9年	1月	2	煩悶の時代	丘淺次郎	
大正9年	1月	3	生活不安の眞相	森本厚吉	
大正9年	1月	4	改造の論議より改造の實行へ	三宅雪嶺	
大正9年	1月	5	デモクラシーの制度を論ず	室伏高信	
大正9年	1月	6	俸給者の地位並に運動の目標	河津暹	＊
大正9年	1月	7	民衆文化の世界へ	大山郁夫	
大正9年	1月	8	體育と能率増進問題	永井潜	
大正9年	1月	9	國際勞働會議の歸趨を論じて我國勞働問題の將來に及ぶ	堀江歸一	'
大正9年	1月	10	國家生活の一新	吉野作造	
大正9年	1月	11	各方面に於ける世界改造の新理想 國家哲學の更新	杉森孝次郎	
大正9年	1月	12	各方面に於ける世界改造の新理想 歐洲戰爭と經濟思潮の動搖	堀江歸一	
大正9年	1月	13	各方面に於ける世界改造の新理想 政治學の革新	吉野作造	
大正9年	1月	14	各方面に於ける世界改造の新理想 哲學の新傾向	桑木嚴翼	
大正9年	1月	15	各方面に於ける世界改造の新理想 教育改造の新基礎	木村久一	
大正10年	1月	1	評論界に於ける本誌の態度	巻頭言	＊＊
大正10年	1月	2	人生批評の原理としての人格主義的見地	阿部次郎	
大正10年	1月	3	スタイナハ氏「若返り法」の生理的根據	永井潜	
大正10年	1月	4	皇太子殿下を祝ぐ	三宅雪嶺	
大正10年	1月	5	民族的團結と思想的團結	杉森孝次郎	＊
大正10年	1月	6	「バックハウス」教授の「戰後における獨逸農業革新論」を讀む	高岡熊雄	
大正10年	1月	7	大正十年度の豫算案を評す	堀江歸一	＊
大正10年	1月	8	俸給生活者の位置並に運動	河津暹	
大正10年	1月	9	新議會主義を提唱す	永井柳太郎	
大正10年	1月	10	現代通有の誤れる國家觀を正す	吉野作造	
大正11年	1月	1	社會改造の必要と人類愛の高唱	巻頭言	＊＊
大正11年	1月	2	社會生活の内面的根據	阿部次郎	
大正11年	1月	3	勞働政策上の差別觀より平等觀へ	林癸未夫	
大正11年	1月	4	軍備縮少と國民思想	永野廣德	
大正11年	1月	5	結婚改造論	森本厚吉	
大正11年	1月	6	「子は父に優る」	柳澤健	
大正11年	1月	1	一般不景氣と軍備縮小より來る失業問題	堀江歸一	＊
大正11年	1月	2	個人力と社會力	杉本孝次郎	

大正11年	1月	3	音樂私論	渡邊鐵藏	
大正11年	1月	4	人及び人の力	永井潜	
大正11年	1月	5	現代文化生活に於ける天才主義	大山郁夫	
大正11年	1月	6	平和思想の普及と徹底の爲めに 平和思想の哲學的意義	金子筑水	
大正11年	1月	7	平和思想の普及と徹底の爲めに 平和思想の徹底の爲めに	千葉龜雄	
大正11年	1月	8	平和思想の普及と徹底の爲めに 強大國自ら率先せよ	三宅雪嶺	＊
大正11年	1月	9	平和思想の普及と徹底の爲めに 平和思想の普及と徹底について	本間久雄	
大正11年	1月	10	平和思想の普及と徹底の爲めに 平和思想徹底の矯正に熟す	吉野作造	
大正11年	1月	11	平和思想の普及と徹底の爲めに 世界平和實現の三大關鍵	安部磯雄	＊
大正11年	1月	12	平和思想の普及と徹底の爲めに 心的革命の創造	杉森孝次郎	＊
大正11年	1月	13	皇太子殿下の攝政を一轉機として内には社會連帯の外には國際協働を理想とする新日本の建設を提唱す 内に一視同仁・外には世界平和を念とし給ふ攝政宮殿下	三宅雪嶺	
大正11年	1月	14	皇太子殿下の攝政を一轉機として内には社會連帯の外には國際協働を理想とする新日本の建設を提唱す 中大兄・鹿戸二皇子攝政時代の日本と東宮御攝政時代の日本	高須梅渓	＊
大正11年	1月	15	皇太子殿下の攝政を一轉機として内には社會連帯の外には國際協働を理想とする新日本の建設を提唱す 國家の躍進と偉大なる皇太子	高島米峰	
大正11年	1月	16	皇太子殿下の攝政を一轉機として内には社會連帯の外には國際協働を理想とする新日本の建設を提唱す 帝國進運一飛躍の機	吉野作造	＊＊
大正12年	1月	1	覺醒の眞義に徹せよ	巻頭言	
大正12年	1月	2	科學の道徳化・生活化	田中王堂	
大正12年	1月	3	國政並に市政に對して私の持つ不服の廉々	堀江歸一	
大正12年	1月	4	勞農露國の外交	米田實	
大正12年	1月	5	猪突的精神と猪突的人物	三宅雪嶺	
大正12年	1月	6	生存慾と行爲慾と所有慾との飽和を理想として	林癸未夫	
大正12年	1月	7	一時の反動現象に昏迷する勿れ	水野廣徳	
大正12年	1月	8	植民思想の革命期	永井柳太郎	＊
大正12年	1月	9	工藝美術論	佐藤功一	
大正12年	1月	10	子孫崇拝論	小野俊一	
大正12年	1月	10	暴力的團體の存在を黙認する當局の怠慢を糾弾す 「國家」の外「力」の使用を許さず	吉野作造	
大正12年	1月	11	暴力的團體の存在を黙認する當局の怠慢を糾弾す 暴力黙認と國家否認	水野廣徳	
大正12年	1月	12	暴力的團體の存在を黙認する當局の怠慢を糾弾す 暴力的團體の存在を黙認するか	堀江歸一	＊＊

大正12年	1月	13	暴力的團體の存在を黙認する當局の怠慢を糾彈す 國粹會に望む	三宅雪嶺	＊
大正12年	1月	14	暴力的團體の存在を黙認する當局の怠慢を糾彈す 法治國に暴力を許すとは何事か	安部磯雄	
大正12年	1月	15	暴力的團體の存在を黙認する當局の怠慢を糾彈す 暴力的團體と國家及社會	林癸未夫	
大正12年	1月	16	暴力的團體の存在を黙認する當局の怠慢を糾彈す 國際公判と國内私刑	杉森孝次郎	＊＊
大正13年	1月	1	大正十三年を迎ふるに際して	巻頭言	
大正13年	1月	2	わが同胞のために轉禍爲福の根本策を唱説す	田中王堂	
大正13年	1月	3	歐洲文明の衰頽と米國文明の興隆	柳澤健	
大正13年	1月	4	大正十三年の財政計畫と復興豫算を評す	堀江歸一	＊
大正13年	1月	5	文明の意義、價値、その運命	室伏高信	
大正13年	1月	6	自力復興	岡田信一郎	
大正13年	1月	7	舊プロ文學の破滅と新プロ文學の創造	林癸未夫	
大正13年	1月	8	都市美論	佐藤功一	
大正13年	1月	9	山本内閣對政友會觀	三宅雪嶺	＊
大正13年	1月	10	子孫を愍む	丘淺次郎	
大正13年	1月	11	帝都復興豫算と財政私見	渡邊鐵藏	
大正13年	1月	12	毛禮卿及其時代	德富蘇峯	
大正13年	1月	13	普選の實績を擧ぐべく新有權者への言葉 一票が代表する自己	杉森孝次郎	
大正13年	1月	14	普選の實績を擧ぐべく新有權者への言葉 新有權者に對する切實なる吾人の期待	吉野作造	＊＊
大正13年	1月	15	普選の實績を擧ぐべく新有權者への言葉 新有權者への言葉	安部磯雄	
大正13年	1月	16	普選の實績を擧ぐべく新有權者への言葉 普選の實績を擧ぐる爲めに	三宅雪嶺	
大正13年	1月	17	普選の實績を擧ぐべく新有權者への言葉 要點はこゝにある	室伏高信	
大正13年	1月	18	普選の實績を擧ぐべく新有權者への言葉 普選と勞働總同盟	林癸未夫	
大正13年	1月	19	普選の實績を擧ぐべく新有權者への言葉 普選の實驗を擧ぐべく新有權者への辭	堀江歸一	
大正14年	1月	1	失職者問題と思想善導問題	巻頭言	
大正14年	1月	2	現代文化に於ける本質的傾向と偶然的勢力との關係	杉森孝次郎	
大正14年	1月	3	ブラジル移民論	高岡熊雄	
大正14年	1月	4	日本の外交的環境	米田實	＊
大正14年	1月	5	國民經濟力の整頓と財政及び行政の整理	渡邊鐵藏	
大正14年	1月	6	學生の社會意識と當局の階級的專制	大山郁夫	
大正14年	1月	7	行政整理の犧牲者と新卒業生の就職難問題 官吏馘首の不合理と新卒行政就職難の緩和	安部磯雄	
大正14年	1月	8	行政整理の犧牲者と新卒業生の就職難問題 行政整理の犧牲者と新卒業生の就職難問題	堀江歸一	＊＊

大正14年	1月	9	行政整理の犠牲者と新卒業生の就職難問題 知識無産階級意識の修正	千葉龜雄	
大正14年	1月	10	行政整理の犠牲者と新卒業生の就職難問題 失業者と就職難	石川半山	
大正14年	1月	11	行政整理の犠牲者と新卒業生の就職難問題 古手官吏と新卒業生との就職競争	高島米峰	
大正14年	1月	12	行政整理の犠牲者と新卒業生の就職難問題 高等失業者問題	三宅雪嶺	*
大正14年	1月	13	行政整理の犠牲者と新卒業生の就職難問題 行政整理の犠牲者と新卒業生の就職難問題	水野廣徳	
大正15年	1月	1	近く開かれるべき軍縮大會議	巻頭言	*
大正15年	1月	2	労働組合の合法と徒黨論	河田嗣郎	
大正15年	1月	3	人間生活の矛盾	丘淺次郎	
大正15年	1月	4	改良と革命	小泉信三	
大正15年	1月	5	無産者に對する法律扶助の國際的形相	高柳賢三	
大正15年	1月	6	無産階級文學評論	片上伸	
大正15年	1月	7	財界轉機論	太田正孝	
大正15年	1月	8	農民労働黨の解散と支配階級心理	大山郁夫	
大正16年	1月	1	無産政黨運動に依て指示された二つの途	巻頭言	* *
大正16年	1月	2	轉換期に於ける政界の新狀勢	大山郁夫	
大正16年	1月	3	労働保険に一指を染めし日本	森荘三郎	*
大正16年	1月	4	世界の失業苦	石濱知行	
大正16年	1月	5	小作立法の本質	那須皓	
大正16年	1月	6	普選に直面せる財政策	太田正孝	
大正16年	1月	7	世界に於ける急進・反動兩勢力の對立 世界に於ける二つの勢力の對立	青野孝吉	
大正16年	1月	8	世界に於ける急進・反動兩勢力の對立 イタリーの反對政治と其の反對派	米田實	
大正16年	1月	9	世界に於ける急進・反動兩勢力の對立 危機に直面せる露西亞	播磨猶吉	
大正16年	1月	10	世界に於ける急進・反動兩勢力の對立 英國産業の凋落と労資の激闘	高橋龜吉	
大正16年	1月	11	世界に於ける急進・反動兩勢力の對立 中期的封建軍閥の凋落とソヴィエート敷革命進行の 支那並にその國際關係	小村俊三郎	
大正16年	1月	12	世界に於ける急進・反動兩勢力の對立 帝國主義の現勢	矢内原忠雄	
大正16年	1月	13	我が國無産政黨の辿る途	吉野作造	

2 資料の説明　25

婦人公論公論題名一覧

掲載年	掲載月	記事番号	記事題目	筆者名	備考
大正5年	1月	1	現代婦人の行くべき道	安部磯雄	*
大正5年	1月	2	婦人運動と日本の女	相馬御風	
大正5年	1月	3	現今女學生氣質	宮田修	
大正5年	1月	4	『嫉妬』の心理學的研究（一）	高島平三郎	
大正5年	1月	5	大正新女大學	三宅雪嶺	*
大正5年	1月	6	日本女子の結婚適齡	下田次郎・永井潜・田村俊子・高島米峰・澤田順次郎・與謝野晶子・永井柳太郎・上司小劍・寺田勇吉・杉村楚人冠・正宗白鳥・三輪田元道・佐藤得齋・岩野清子	
大正6年	1月	1	年頭の辭	社同人	**
大正6年	1月	2	眞に新らしい女出でよ	安部磯雄	
大正6年	1月	3	一夫多妻の餘弊	與謝野晶子	
大正6年	1月	4	近代劇に描かれたる結婚問題	本間久雄	
大正6年	1月	5	家庭の負擔を輕減せよ	新渡戸稻造	
大正6年	1月	6	男優れるか、女劣れるか	麻生正藏	*
大正6年	1月	7	乳兒の保護	永井潜	*
大正6年	1月	8	歐州戰後の婦人問題	内ヶ崎作三郎	
大正6年	1月	9	家庭科學欄（ストーヴの話）	近藤耕藏	
大正7年	1月	1	題言	無記名	**
大正7年	1月	2	新年の歌	與謝野晶子	**
大正7年	1月	3	虚榮虚飾の時代	三宅雪嶺	*
大正7年	1月	4	誰に見せんとはするぞ	高島米峰	
大正7年	1月	5	贅澤を追ふ心	森田草平	
大正7年	1月	6	からつぽの得意	宮田修	
大正7年	1月	7	女學生の虚榮は女教員から	青柳有美	
大正7年	1月	8	『貧の趣味』を解せ	湯原元一	**
大正7年	1月	9	虚榮時代に處する婦人の覺悟	安部磯雄	**
大正7年	1月	10	今の若い女の身の嗜み（名家の回答）	石川半山・與謝野晶子・犬養毅・安田暉子・河上肇・永井花江・寺田勇吉・姉崎正治・桑木誠子・堺爲子・臼井哲夫・江原素六・古谷美代子・石川千代松・野間房子・前田珍男子・鵜崎鷺城・早川鐵冶・下田次郎・堀江多喜子・山室軍平・安達雪・伊原ふさ・長谷川誠也・福本日南・谷本富・關直彦・浮田逸子・高島壽子・奥田竹松・中條藤江・神戸正雄・小杉幸子・關きん子・三輪田秀子・湯原とく子・日向きむ子・山口富江・加藤咄堂・櫻井靜野・宮島幹之助・安部磯雄	

大正8年	1月	1	『婦人の時代』は來れり	谷本富	＊＊
大正8年	1月	2	倒壊せんとする官僚主義の悩み	吉野作造	＊
大正8年	1月	3	中流階級の悩み	馬場孤蝶	＊＊
大正8年	1月	4	劃一主義の教育に悩まさる、我國の學生	木村久一	
大正8年	1月	5	現代家庭婦人の悩み	らいてう	
大正8年	1月	6	結婚難・離婚難及び其救治策	本間久雄	
大正8年	1月	7	『戸惑ひせる花嫁』の悩み	茅原華山	
大正8年	1月	8	現代婦人と出産難	久保徳太郎	
大正8年	1月	9	子を持つた親の悩み	山田わか	
大正8年	1月	10	結婚を困難ならしむる原因	大澤謙二	＊＊
大正8年	1月	11	諸物價騰貴の今日に際して─主婦の感想─	山川菊榮・谷本祀子・澤柳政太郎内・鳩山春子・山田わか・西山道子・西川文子・茅原ふじ・小久保政子・寺田恒子・中野多美子・青柳はる子・高島きみ子・松村介石内・安達雪・青木ゑい・三輪田秀子・上杉愼吉宅・岩野英枝・中村照代・馬場源・上司ゆき・堺爲子・出永澄子・遠藤清子・宮原ます・杉浦翠・加藤秀子・井上秀子・桑木誠子・湯原とく子・西川松子・木村てる子・富田榮子・田村なか	
大正9年	1月	1	懺悔の價値	杉本孝次郎	
大正9年	1月	2	文學上告白の意義	片上伸	
大正9年	1月	3	近代文學に現れたる懺悔告白	島村民藏	
大正9年	1月	4	信仰に入るの門	石原謙	
大正9年	1月	5	日本文學に現れたる懺悔物語・因果物語	本間久雄	
大正9年	1月	6	懺悔幸福論	高島米峰	＊
大正9年	1月	7	世界三大懺悔録評論聖アウガスチンの懺悔録	中山昌樹	
大正9年	1月	8	世界三大懺悔録評論ルソオの懺悔	馬場孤蝶	
大正9年	1月	9	世界三大懺悔録評論我懺悔に表はれたるトルストイ	加藤一夫	
大正9年	1月	10	島崎藤村氏の懺悔として觀た「新生」合評	正宗白鳥・阿部次郎・島村民藏・巌谷小波・沖野岩三郎・野川白村・室生星星・上司小劍・近松秋江・秋田雨雀・西宮藤朝・内ヶ崎作三郎・小杉天外・小栗風葉・片上伸・正宗得三郎・加藤朝鳥・前田晁・小川未明・堺利彦・豊島與志雄・生田葵・中村吉藏・徳田秋聲・江口渙・田中純・生方敏郎	
大正10年	1月	1	世界人類の苦悶	田川大吉郎	
大正10年	1月	2	外交上に於ける日本の苦境	吉野作造	＊

大正10年	1月	3	日本國民の前途に横たはる二の暗礁	城南學人	
大正10年	1月	4	涙の味ひを知る人間の生活	吉田絃二郎	
大正10年	1月	5	自由と民主々義の榮ゆる世界へ	室伏高信	
大正10年	1月	6	トスカとデカダンの文學	本間久雄	
大正10年	1月	7	全世界に亘る婦人参政權問題	山田わか	＊
大正10年	1月	8	性的世界苦の心状	島村民藏	
大正10年	1月	9	民族自決の要求と其苦惱	米田實	
大正11年	1月	1	女性讃美論	賀川豐彦	
大正11年	1月	2	道徳的生活の難境に立てる現代婦人	長谷川如是閑	
大正11年	1月	3	自負より自讃へ	與謝野晶子	＊＊
大正11年	1月	4	愛の氷遠性（「氷」はママ）	吉江孤雁	
大正11年	1月	5	惠まれたる女性	富士川游	
大正11年	1月	6	婦人解放の新意義	新井格	
大正11年	1月	7	愛を醸酵さす社會へ	西宮藤朝	＊
大正11年	1月	8	女性文化の建設へ（一）獨立的女性道と文化	土田杏村	
大正11年	1月	9	女性文化の建設へ（二）文化と女性の本質的關係	杉森孝次郎	＊＊
大正11年	1月	10	女性文化の建設へ（三）婦人文化の權威なき國は倒る	前田多門	
大正11年	1月	11	女性文化の建設へ（四）新生活への道	加田哲二	
大正11年	1月	12	女性文化の建設へ（五）文化創造の協力者としての女性	金子筑水	
大正11年	1月	13	今後婦人の行くべき道母性愛の擴張的實現	麻生正藏	＊＊
大正11年	1月	14	今後婦人の行くべき道涙の力に	島崎藤村	＊＊
大正11年	1月	15	今後婦人の行くべき道愛	片上伸	＊＊
大正11年	1月	16	今後婦人の行くべき道快適な生活へ	柳澤健	＊＊
大正11年	1月	17	今後婦人の行くべき道「愛の世界」の再建	厨川白村	＊＊
大正11年	1月	18	今後婦人の行くべき道二つの志向	新井格	
大正11年	1月	19	今後婦人の行くべき道男の心の友	林久男	＊＊
大正11年	1月	20	今後婦人の行くべき道いゝ家庭	阿部次郎	＊＊

大正11年	1月	21	今後婦人の行くべき道 結婚問題に	島木赤彦	＊＊
大正11年	1月	22	今後婦人の行くべき道 「社會の母」として	田子一民	＊＊
大正11年	1月	23	今後婦人の行くべき道 婦人なんどの力	杉村廣太郎	＊＊
大正11年	1月	24	今後婦人の行くべき道 人間教育者	宮原晃一郎	
大正11年	1月	25	今後婦人の行くべき道 育兒と戰爭防止	徳田秋聲	＊＊
大正11年	1月	26	今後婦人の行くべき道 母性愛の基礎の上に	生江孝之	＊＊
大正11年	1月	27	今後婦人の行くべき道 母たること	島村民藏	＊＊
大正11年	1月	28	今後婦人の行くべき道 男子に對抗する者でないと いふ自覺	權田保之助	＊＊
大正11年	1月	29	今後婦人の行くべき道 新意味の良妻賢母	赤木桁平	＊＊
大正11年	1月	30	今後婦人の行くべき道 ほのぼのとさせる女	芥川龍之介	＊＊
大正11年	1月	31	今後婦人の行くべき道 人たるの研究	中島徳藏	＊
大正11年	1月	32	今後婦人の行くべき道 飽迄も秘密に（本文では 「飽迄も誠實に」）	小川未明	＊＊
大正11年	1月	33	今後婦人の行くべき道 愛の文化へ	宮田修	
大正11年	1月	34	今後婦人の行くべき道 格別無之	高畠素之	
大正11年	1月	35	今後婦人の行くべき道 廣義の社會事業	神戸正雄	＊＊
大正11年	1月	36	今後婦人の行くべき道 婦人としての向上	谷本富	＊＊
大正11年	1月	37	今後婦人の行くべき道 家政だけを	田中萃一郎	＊＊
大正11年	1月	38	今後婦人の行くべき道 男子と違つた點	本間久雄	＊＊
大正11年	1月	39	今後婦人の行くべき道 大多數と例外とで	若宮卯之助	＊＊
大正11年	1月	40	今後婦人の行くべき道 戰爭防止の爲めに	稲垣守克	＊＊
大正11年	1月	41	今後婦人の行くべき道 感情生活	加田哲二	
大正11年	1月	42	今後婦人の行くべき道 經濟組織の改造	田邊忠男	＊＊
大正11年	1月	43	今後婦人の行くべき道 優種學的見地から	八田三喜	＊＊

大正11年	1月	44	今後婦人の行くべき道 詩、小説の方面（本文では 「詩、小説の方面に」）	白鳥省吾		＊＊
大正11年	1月	45	今後婦人の行くべき道 小兒の養教育	小泉信三		＊＊
大正11年	1月	46	今後婦人の行くべき道 ベターハーフ	星島二郎		
大正11年	1月	47	今後婦人の行くべき道 良き子を生む事	津村秀松		＊＊
大正11年	1月	48	今後婦人の行くべき道 幼兒の養育	原田實		＊＊
大正11年	1月	49	今後婦人の行くべき道 女性の天才	帆立理一郎		
大正11年	1月	50	今後婦人の行くべき道 二つ	大島正德		＊＊
大正11年	1月	51	今後婦人の行くべき道 社會的に政治的に	安部磯雄		＊＊
大正11年	1月	52	今後婦人の行くべき道 新しい輝き	相馬泰三		
大正11年	1月	53	今後婦人の行くべき道 生活の改善	片山哲		＊＊
大正11年	1月	54	今後婦人の行くべき道 眞の自由（本文では「真の 内助」）	野村兼太郎		＊＊
大正11年	1月	55	今後婦人の行くべき道 平和の天使	和田鼎		
大正11年	1月	56	今後婦人の行くべき道 目醒しい活動	森本厚吉		＊＊
大正11年	1月	57	今後婦人の行くべき道 學問的な頭惱	楠山正雄		＊＊
大正11年	1月	58	今後婦人の行くべき道 節約の生活	中島半次郎		＊＊
大正11年	1月	59	今後婦人の行くべき道 兩性平等の存在（本文では 「両性平等の存立」）	千葉龜雄		＊＊
大正11年	1月	60	今後婦人の行くべき道 雰情と良心	北澤新次郎		＊＊
大正11年	1月	61	今後婦人の行くべき道 男女兩院の成立	一條忠衞		＊＊
大正11年	1月	62	今後婦人の行くべき道 子女の教育	澤木四方吉		＊＊
大正12年	1月	1	題言）家庭革命の提唱	島中雄作		
大正12年	1月	2	社會改造と家庭生活文化論	森本厚吉		
大正12年	1月	3	經濟組織の進化と家族制度	長谷川如是閑		
大正12年	1月	4	家庭生活から人類生活へ	秋田雨雀		
大正12年	1月	5	結婚革命の諸提唱	本間久雄		
大正12年	1月	6	家庭の舞踊化音樂化	山田耕作		

大正12年	1月	7	家庭改造の根本義 （一）争闘から調和へ	山川菊榮	
大正12年	1月	8	家庭改造の根本義 （二）明日の家庭と三つの改造	柳澤健	
大正12年	1月	9	家庭改造の根本義 （三）家庭の送迎	杉森孝次郎	
大正12年	1月	10	家庭改造の根本義 （四）如何なる道を選ぶべきか	らいてう	＊
大正12年	1月	11	家庭改造の根本義 （五）人格概念の更生	高島平三郎	
大正12年	1月	12	家庭改造の根本義 （六）遠大の理想より先づ實行せよ	山脇玄	
大正12年	1月	13	家庭改造の根本義 （七）衣食住の問題	佐藤功一	
大正12年	1月	14	子供に讀ませたい書物	小泉鐵・津村秀松・仲野岩三郎・權田保之助・千葉龜雄・森本厚吉・岸邊福雄・土田杏村・中村吉藏・上杉愼吉・久保良英・神戸正雄・綱島佳吉・谷本富・乘杉嘉壽・本間久雄・藤森成吉・小川未明・帆足理一郎・武林夢想庵・宮田修・田邊忠男・高島平三郎・原田實・三輪田元道・加田哲二・江馬修・巖谷小波・堀江歸一・田邊尚雄・鶴見祐輔・山崎佐・室伏高信・西宮藤朝・生江孝之・中桐確太郎	
大正13年	1月	1	女人の性禮拜	河田嗣郎	
大正13年	1月	2	婦人にとつて幸福なる新時代來る	津村秀松	
大正13年	1月	3	一つの覺書	與謝野晶子	＊＊
大正13年	1月	4	自然力と人間力との交渉	平林初之輔	
大正13年	1月	5	自分の希望	武者小路實篤	＊＊
大正13年	1月	6	天譴の傍杖を喰ひて	山川菊榮	
大正13年	1月	7	新しい都市の美のために	森口多里	
大正13年	1月	8	「自分のこと」以外の生活	相馬泰三	＊＊
大正13年	1月	9	自由戀愛の意義を論じて貞操の本質に及ぶ	本間久雄	
大正13年	1月	10	新年から是非實現したいと思ふ事 先づ心の復興から	水井次代	＊＊
大正13年	1月	11	新年から是非實現したいと思ふ事 炊事會社の設立	土肥せい	
大正13年	1月	12	新年から是非實現したいと思ふ事 婦人專用電車の必要	井上三保子	
大正13年	1月	13	新年から是非實現したいと思ふ事 現金買ひの事	土井ゆき子	＊＊

2　資料の説明　31

大正13年	1月	14	新年から是非實現したいと思ふ事 健康祝賀日	木村繼子	
大正13年	1月	15	新年から是非實現したいと思ふ事 人手を借らぬ生活	藤田李花子	＊＊
大正13年	1月	16	公娼廢止問題──紙上談論會 恧制度撤廢の實現を期す	關口水穗	
大正13年	1月	17	公娼廢止問題──紙上談論會 反對論者に對する一つの答辯	鈴本鈑子	
大正13年	1月	18	公娼廢止問題──紙上談論會 實際問題としての考慮の餘地	杉浦靜枝	＊＊
大正13年	1月	19	公娼廢止問題──紙上談論會 底力のある婦人の輿論で	村岡巴	
大正13年	1月	20	公娼廢止問題──紙上談論會 根本の疑問二つ	水上咲子	＊＊
大正13年	1月	21	災禍の中から生れ出た幸福	（七十名家）	
大正13年	1月	22	都會と田舍と いろ〳〵の事	相馬御風	
大正13年	1月	23	都會と田舍と 東京の横顔	室生犀星	
大正13年	1月	24	都會と田舍と 「野は神の家なり」	江渡狄嶺	
大正13年	1月	25	都會と田舍と 田舍で	堀江かど江	
大正14年	1月	1	家庭の本質とその分解作用	長谷川如是閑	
大正14年	1月	2	上下思想とルバシカ思想	内田魯庵	
大正14年	1月	3	家庭制度の一法律觀	牧野英一	
大正14年	1月	4	家庭保存の論據	生田長江	
大正14年	1月	5	靜座の時と獨居の虐とを缺いた家庭生活	市川源三	
大正14年	1月	6	新時代型婦人の家庭觀 (1)籠を脱け出た鳥	鈴木余志	
大正14年	1月	7	新時代型婦人の家庭觀 (2)精神的掃溜	大橋房子	
大正14年	1月	8	新時代型婦人の家庭觀 (3)女の最後の道	平井滿壽子	
大正14年	1月	9	新時代型婦人の家庭觀 (4)愛の花園	栗島すみ子	＊＊
大正14年	1月	10	新時代型婦人の家庭觀 (5)面倒臭い、厭な所	鈴木明子	
大正14年	1月	11	(時評) 近事數題小言	與謝野晶子	

大正14年	1月	12	(海外月評) 英國の婦人政治家	田川大吉郎		*
大正14年	1月	13	(大學講座) 精神分析學講話 (六)	松村武雄		
昭和元年	1月	1	(巻頭文) 近江の商人	島崎藤村		**
昭和元年	1月	2	兩性の爭ひ	丘淺次郎		
昭和元年	1月	3	新貞操論	生田長江		*
昭和元年	1月	4	科學と女性	石原純		
昭和元年	1月	5	同時代の青年として「新時代の女性」を觀る	橋爪健		
昭和元年	1月	6	婦人十年後の戯畫 ㈠社會と比例する	廣津和郎		
昭和元年	1月	7	婦人十年後の戯畫 ㈡十年後の女性	岡本一平		
昭和元年	1月	8	婦人十年後の戯畫 ㈢末梢に咲く姿	新居格		
昭和元年	1月	9	婦人十年後の戯畫 ㈣十年後の散歩風俗	水島爾保布		
昭和元年	1月	10	婦人十年後の戯畫 ㈤「ベッドに横たはる」論	小島政二郎		
昭和元年	1月	11	大正十四年の戯畫	伊東忠太		**
昭和元年	1月	12	妻及び母の科學 第一章 性の科學	小酒井光次		
昭和元年	1月	13	日本の發見	木下杢太郎		*
昭和元年	1月	14	青鞜時代のおもひで	らいてう		
昭和元年	1月	15	第一線に働く女の人々 塵芥場に働く娘二人	無記名		
昭和元年	1月	16	第一線に働く女の人々 列車清掃婦	無記名		
昭和元年	1月	17	第一線に働く女の人々 女流の建築家	無記名		
昭和元年	1月	18	第一線に働く女の人々 職業紹介所のふみ子さん	無記名		**
昭和元年	1月	19	第一線に働く女の人々 潮待屋の雄辯家	無記名		
昭和元年	1月	20	第一線に働く女の人々 一高のをばさん	無記名		
昭和元年	1月	21	第一線に働く女の人々 復興局の製圖係	無記名		
昭和元年	1月	22	第一線に働く女の人々 納豆屋の小母さん	無記名		**
昭和元年	1月	23	第一線に働く女の人々 孤兒院の保姆	無記名		
昭和元年	1月	24	第一線に働く女の人々 衛生試験場の女醫	無記名		**
昭和元年	1月	25	婦人ガイド	無記名		

昭和元年	1月	26	第一線に働く女の人々 公設食堂の切符賣	無記名	
昭和元年	1月	27	第一線に働く女の人々 世を捨てた身にも	無記名	＊＊
昭和元年	1月	28	第一線に働く女の人々 女理髪師	無記名	
昭和元年	1月	29	（歌）奉祝皇孫御生誕	與謝野晶子	＊＊
昭和元年	1月	30	秘された女の心	大澤豐子	
昭和元年	1月	31	「夏樹」の立場から	鱸みつ子	
昭和元年	1月	32	裏から覗いた新東京生活 (1)土一升金二升の新東京	無記名	
昭和元年	1月	33	裏から覗いた新東京生活 (2)塵芥掃溜場から觀た新東京	無記名	
昭和元年	1月	34	裏から覗いた新東京生活 (3)商品切手から觀た新東京	無記名	＊＊
昭和元年	1月	35	裏から覗いた新東京生活 (4)宣傳ビラ戰から見た新東京	無記名	
昭和元年	1月	36	裏から覗いた新東京生活 (5)拾ひ物から觀た江戸ッ子	無記名	
昭和元年	1月	37	裏から覗いた新東京生活 (6)やりくり世帶の新東京	無記名	
昭和元年	1月	38	裏から覗いた新東京生活 (7)赤電車から覗いた深夜の東京	無記名	
昭和元年	1月	39	悲戀のさすらひ	下村千秋	
昭和元年	1月	40	縞	新村出	
昭和2年	1月	1	（巻頭詩）正月に牡丹咲く	與謝野晶子	＊＊
昭和2年	1月	2	日本民族と精神的鎖國主義	山川菊榮	
昭和2年	1月	3	女の立場から生田長江氏の 婦人非解放論を評す	らいてう	
昭和2年	1月	4	新らしき女性を思ふ	高群逸枝	
昭和2年	1月	5	婦選の用意	河本龜子	
昭和2年	1月	6	再び出直すべき論	鷹野つぎ	＊＊
昭和2年	1月	7	汎太平洋世界婦人大會の招集	和田富子	
昭和2年	1月	8	或る朝	坂本眞琴	
昭和2年	1月	9	現代女流作家心境論	生田花世	
昭和2年	1月	10	女子教育の不振	吉岡彌生	＊＊
昭和2年	1月	11	一つの疑問	原田皐月	
昭和2年	1月	12	藝術と道德	目次緋紗子	＊
昭和2年	1月	13	産兒制限疑義	仲河幹子	
昭和2年	1月	14	廢娼反對論	小林弘榮	

昭和２年	１月	15	職業婦人運動の焦點	奥むめお	
昭和２年	１月	16	家教々育について	九條武子	＊＊
昭和２年	１月	17	我等の廢娼運動	守屋東	＊
昭和２年	１月	18	處女會改造果して成るか	金子しげり	＊＊
昭和２年	１月	19	影の文明から本體の文明へ	山田わか	＊＊
昭和２年	１月	20	小説の讀みかた ㈠眞實に二つない話	相馬泰三	
昭和２年	１月	21	モダーンガール雜觀 ㈠智識の偏重と信念の不足	嘉悦孝	
昭和２年	１月	22	モダーンガール雜觀 ㈡矛盾と淺薄さ	田中孝子	
昭和２年	１月	23	モダーンガール雜觀 ㈢活動寫眞からの脱出	高安やす子	
昭和２年	１月	24	モダーンガール雜觀 ㈣流ゝる儘の彼女等	帆足みゆき	
昭和２年	１月	25	モダーンガール雜觀 ㈤新の創造者	杉浦翠子	
昭和２年	１月	26	モダーンガール雜觀 ㈥眞のモダンガアル讃美	小寺菊子	
昭和２年	１月	27	モダーンガール雜觀 ㈦二十歳前後の流行	西川文子	
昭和２年	１月	28	モダーンガール雜觀 ㈧モダン・ガアルと新しい女	石丸喜世子	
昭和２年	１月	29	モダーンガール雜觀 ㈨生兵法大怪我の基	村田美都子	
昭和２年	１月	30	モダーンガール雜觀 ㈩モダンガアルとは	岡田八千代	
昭和２年	１月	31	モダーンガール雜觀 (十一)國の新運を語るもの	長谷川時雨	
昭和２年	１月	32	モダーンガール雜觀 (十二)その輕佻浮華は小説の罪	鳩山春子	
昭和２年	１月	33	今月の問題 政本提携	吉野作造	＊＊
昭和２年	１月	34	今月の問題 後藤子爵の斡旋の意味	吉野作造	＊＊
昭和２年	１月	35	今月の問題 所謂無產階級の政治的活動	吉野作造	＊＊
昭和２年	１月	36	今月の問題 最近の無產政黨の簇出	吉野作造	＊＊
昭和２年	１月	37	傷痕	加藤籌子	
昭和２年	１月	38	中學生	三津木貞子	＊＊
昭和２年	１月	39	一人旅と青年	岡田初代	
昭和２年	１月	40	彼	丹野てい子	
昭和２年	１月	41	勇敢なる大阪人	濱野ゆき	

昭和2年	1月	42	補片	ささきふさ		
昭和2年	1月	43	狐膏	松岡よし子		＊＊
昭和2年	1月	44	寫生帖の中から	林きむ子		
昭和2年	1月	45	暗示	宇野千代		＊＊
昭和2年	1月	46	モサヒキ	堀江京子		
昭和2年	1月	47	切符	網野菊		
昭和2年	1月	48	一圓の賞金	太田菊子		
昭和2年	1月	49	庭	八木さわ子		
昭和2年	1月	50	お伽噺の思ひ出	中原綾子		＊
昭和2年	1月	51	門のある家の子	小林きよ		＊＊
昭和2年	1月	52	いら〳〵した其夜	氣賀君子		
昭和2年	1月	53	此頃のことば	岡本かの子		＊＊
昭和2年	1月	54	ひとつの感想	茅野雅子		
昭和2年	1月	55	附木の話	三宅やす子		
昭和2年	1月	56	吸ひとられた薔薇	若杉鳥子		
昭和2年	1月	57	日本式籠球禮讃記	吉屋信子		
昭和2年	1月	58	栂ノ尾	松岡筆子		
昭和2年	1月	59	ユニオキユラ	正宗乙未		
昭和2年	1月	60	雀のお宿	木村富子		＊＊
昭和2年	1月	61	自分を嗤ふ白璧	若山喜志子		＊＊
昭和2年	1月	62	須勢理姫の事	山田邦子		＊＊
昭和2年	1月	63	ふと想ひついた話	小金井素子		＊
昭和2年	1月	64	優れた女性	八木秋子		＊
昭和2年	1月	65	兎小屋から觀る	北川千代		
昭和2年	1月	66	今年こそは	岡村文子		＊＊
昭和2年	1月	67	吉原見物	弘津千代		
昭和2年	1月	68	百人百態	大澤豐子		
昭和2年	1月	69	紅き蒲團	潮みどり		
昭和2年	1月	70	シヴィリゼーション	櫻田ふさ子		
昭和2年	1月	71	即座の感興 底知れぬ沼	望月百合子		＊＊
昭和2年	1月	72	即座の感興 豆ラムプ	米澤順子		
昭和2年	1月	73	即座の感興 一家婦の生涯	宮嶋麗子		
昭和2年	1月	74	即座の感興 毎日のこと	長谷川かな女		＊＊
昭和2年	1月	75	即座の感興 牧羊生活への憧れ	城しづか		＊＊
昭和2年	1月	76	即座の感興 ばらの花	關屋敏子		

昭和2年	1月	77	即座の感興 笑ひたい	平井滿壽子	＊＊
昭和2年	1月	78	即座の感興 眞劍	厨川蝶子	＊＊
昭和2年	1月	79	即座の感興 非現代的女房	石島菊枝	
昭和2年	1月	80	即座の感興 石の上にも八年	伊澤蘭奢	
昭和2年	1月	81	即座の感興 小裂	平井恒	
昭和2年	1月	82	即座の感興 氣の張り	村田嘉久子	＊
昭和2年	1月	83	即座の感興 今年は	堀江かど江	
昭和2年	1月	84	即座の感興 自畫像	坂本茂子	
昭和2年	1月	85	即座の感興 書き直し	ガントレット恒子	
昭和2年	1月	86	即座の感興 文學者よ	住井すゑ子	
昭和2年	1月	87	即座の感興 婦人勞働運動	赤松明子	＊
昭和2年	1月	88	即座の感興 感激	眞壁光	
昭和2年	1月	89	即座の感興 東京の觀念	福島けい子	＊＊
昭和2年	1月	90	即座の感興 ある美	龍城鈴子	
昭和2年	1月	91	即座の感興 日本流	永井郁子	
昭和2年	1月	92	即座の感興 たゞ祈る	今フミ子	＊＊
昭和2年	1月	93	即座の感興 銀ぶら	早見君子	
昭和2年	1月	94	即座の感興 老婆心	松岡久子	＊＊
昭和2年	1月	95	即座の感興 歸省一年	大竹清子	
昭和2年	1月	96	即座の感興 珍妙なエダーン化	岩田八重子	
昭和2年	1月	97	即座の感興 去年の正月	山口宇多子	
昭和2年	1月	98	即座の感興 嗟嘆	永島暢子	＊＊

3 先行研究

石井久美子

1 外来語史

　はじめに、大正期の外来語を外来語史の中に位置づける。

　外来語史は、16世紀半ばを初めとすることが多い。室町時代に宣教師によるキリスト教の布教活動と南蛮船の貿易を通じて、日本に入ってきたポルトガル語やスペイン語がそれにあたる。パンやカステラ、ガラス、カッパ、ボタン、タバコなど、現在もその起源を意識せずに使われ続けている語が見られる。江戸時代には鎖国体制となるが、長崎においてオランダや中国との交流は続いていた。1720年の禁書令の緩和により蘭学が盛んになり、医学書の翻訳『解体新書』をはじめ、科学的な知識が取り入れられた。

　明治時代は、蘭学にかわって英学が盛んになる。そして、開国後に西洋から入ってきたさまざまなものや考え方を、主に漢語に翻訳することによって取り入れた時期である。それには、当時の知識人の素養が漢学にあったことが大きい。新漢語の中には、中国由来の漢語と和製漢語が見られる。当時の翻訳漢語には、漢訳洋書や英華辞典との一致があり、漢字を用いて表された中国での訳語が参考にされている。また、学術用語に関する辞典が多数出版されたが、なかでも『哲学字彙』は現在にも残る漢語が多く見られる。

　一方、開港場で車夫などが用いた「カメヤ（＝洋犬、come here）」「ハマチ（how much）」、あるいは船乗りの間で用いられた「レッコする（＝捨てる、let go）」「ゴーヘー（＝進め！、Go ahead!）」など、耳で聞き、口頭でのやりとりに実践的に用いられた外来語があった。また、坪内逍遥の『当世書生気質』には、英語学習を受け、それを身につけた書生が会話の中で外来語を多用する様子が描かれている。

　大正時代から戦前にかけては、戦後についで外来語の急増した時期である。また、明治期に比べて、外来語が普通の日常語となった時期といわれている[1]。そうした外来語の増加の原因について、幕末から昭和までの社会的要因に注目した研究に米川（1985）があり、近代における外来語の定

着過程を次の4つの時期に分けている。

第一期　受容期　幕末から明治10年代
第二期　浸透期　明治20年代から第1次世界大戦
第三期　発展期　第1次世界大戦から大震災
第四期　最盛期　大震災から昭和初期

　大正期は、第二期の終わりから第四期の半ばまでということになる。そして、ことばの変化の背景にある時代の動きについて、米川（1985）は、それぞれ次のように説明している。まず、第三期の発展期は、中等教育・高等教育の普及が著しく、それが産業の拡大と文化の大衆化、インテリ層の拡大につながったと述べている。また、雑誌や新劇、オペラ、活動写真などの大衆娯楽が外来語の普及に役割を果たしたという。そして、第四期の最盛期には、関東大震災がそれまでの文化や経済を破壊し、ヨーロッパ文明からアメリカ文明に方向転換したことを指摘し、アメリカニズムの時代の到来により英語が氾濫したと述べている。このように、大正期の教育的、社会的な背景を考えると、外来語を受け入れる体制が整っていたことがわかっている。
　そして、外来語の浸透とともに、外来語の専門的な研究が行われるようになった。1912（明治45）年には、日本最初の外来語辞典といわれる『日用舶来語便覧』が刊行され、その後、大正期から昭和初期にかけて、多くの外来語辞典や新語辞典が刊行された。
　楳垣（1963：86）では、当時の状況を次のようにまとめている。

　　外来語が専門的に研究されはじめたこともこの期の特徴に数えてよかろう。当時の言語関係のトップクラスを総動員した上田万年・高楠順次郎・白鳥庫吉・村上直次郎・金沢庄三郎共編の『日本外来語辞典』（1915、三省堂）とその辞書の編集者で若死にを惜しまれた言語学者前田太郎の遺著『外来語の研究』（1922、岩波書店）とは、その記念塔として輝いている。

こうして見てくると、大正期の外来語は、翻訳としての漢語を頼みにしていた明治期と、モダン語としての氾濫が起きた昭和初期との間をつなぐ重要な位置にある。

2　外来語の研究史

　次に、外来語の研究史を辿る。外来語を総括した代表的な研究に、楳垣（1963）、石綿（2001）がある。そして、近代語を通時的に見た研究には、橋本（2010）の朝日新聞の調査（詳細は下記にも述べる）、飛田（1997）（2003）の明治・大正・昭和の文学作品1000点の調査、貝（1997）の国定読本の外来語表記の変遷を明らかにしたものがある。

　近代外来語に関する研究というと、明治期や昭和期の資料を対象としたものが盛んである。まず明治を見てみると、当時現れた新漢語について、訳語という観点からの広田（1969）、和製漢語からの陳（2001）、中国語との関係を見た沈（2008）、孫（2015）など、各語の成立の経緯が明らかにされている。和製漢語なのかそうでないのかということは、誤解されている語も多く、研究が続けられている。英華辞典や漢訳洋書の与えた影響は森岡（1991）、佐藤（1992）が詳しい。

　また、明治期の外来語については、小説で用いられている外来語の研究が見られる。佐藤（1990）では夏目漱石の『吾輩は猫である』を対象とし、さらに、杉本（2002）では『青年』、杉本（2003）では『雁』、杉本（2004）では『舞姫』、杉本（2005）では『ヰタ・セクスアリス』を対象とした森鷗外の小説の外来語に関する一連の研究がある。幕末から明治にかけて近代化を遂げた、新聞という当時の新しいメディアを資料とした外来語研究も行われている。特に、外国地名に関する研究が盛んで、西浦（1971）や佐伯（1986）、山本（2009）などがある。そして、外国地名に関しては、上野（1981）の『西洋道中膝栗毛』や深澤（2001）の雑誌『太陽』の調査がある。

　一方、昭和期になると、戦前は「モダン語」として外来語は隆盛を極め、新語辞典が次々に刊行される（松井（1996））。しかし、戦中には、英語が敵国語となったため、外来語の勢いが弱まり、戦後に再び外来語が急増す

る。ただし、戦中も外来語はすべて無くなってしまったわけではない。それは、遠藤（2004）のラジオ台本や、遠藤（2009）の家庭雑誌『家の光』の外来語研究から明らかである。アジア諸言語を起源とする語はむしろ増加傾向にあり、いまも残っている基本語は言い換えられずそのまま用いられている。

　さらには戦後から現在に至るまでには、雑誌や電子データ等を利用した語彙研究が行われている。1956年刊行の雑誌九十種を調査した国立国語研究所（1962）と、1994年刊行の雑誌七十誌を調査した国立国語研究所（2005）や、国会会議録の検索システムを用い行政分野における外来語を調査した茂木（2008）、外来語を言語文化論と言語生活論から考え、外来語の基本語化や外行語などを扱った論文を収録した陣内・田中・相澤編（2012）などがある。

　その中で大正期は、第一次世界大戦（大正 3〈1914〉〜大正 7〈1918〉年）や関東大震災（大正12〈1923〉年）などの大きなできごとが起こっており、外来語史においても明治と昭和をつなぐ重要な時期である。しかし、15年とその期間が短いため、サンプル調査では捉えることが難しく、改めて取り上げられたり注目されたりすることはほとんどなかったのである。

　ここからは、大正期の外来語についての研究はわずかであるが、これまでに明らかにされたことを、(1)同時代の研究、(2)数量的変遷、(3)新語辞典の研究、(4)漢字からカタカナへ、という 4 点からまとめる。

(1)　同時代の研究

　前田太郎の『外来語の研究』は、同時代の外来語研究として重要なものである。その構成は、「一．国語の外来語」「二．外来語の形式」「三．外来語の生命」「四．外来語の母語」の 4 つからなっている。「一．国語の外来語」では、何を外来語とするかを定義し、「西、葡、蘭、英、佛、獨の如く、極めて近世の輸入に属するもの」（p. 8）を対象にすると述べている。「二．外来語の形式」では、音訳、翻訳、それらを組み合わせた 3 種があることを指摘し、「三．外来語の生命」では、長く用いられる外来語について、キリシタン用語のような限られた範囲だけではなく広範囲で用いら

3　先行研究　41

れることや、コレラのように一定の周期で用いられることなどの特徴を挙げている。「四．外来語の母語」では、外来語の原語の特定について時代や分野から考えられることをまとめ、「カッパ」「ビロウド」「メリヤス」など具体例を挙げながら記述している。現在でも、外来語を取り上げる際にしばしば言及されるような基礎的な研究が行われていたことがわかる。

(2) 数量的変遷

　明治末から平成までの外来語を概観した研究に橋本（2010）があり、1911年から2005年までの朝日新聞（毎月1日分の社説）の普通名詞を中心に数量的な調査を行っている。調査結果を踏まえて外来語増加の S-curve モデルを提示し、「大正期から昭和戦前にかけてはゆっくりと漸増し、50年代後半から70年代にかけて急増するがそれ以降は安定的な増加に転じる」としている。

(3) 新語辞典の研究

　鄭（2013）は、大正期の新語辞典10種を資料に、そこに収録されている外来語を対象としている。その結果、大正初期には主義や学説を表す社会思想用語が出始め、中期には大戦景気がもたらした経済関係、特に広告関係の語が多数見られ、後期には映画、ラジオといった視聴覚文化の進歩による外来語が多く現れていることを指摘している。また、形態的特徴から、種々の品詞を広範囲に収録すること、語形の長い外来語を多く収録すること、外来語の省略形及び省略パターンが出現したことが挙げられている。

(4) 漢字からカタカナへ

　大正期は、外来語の数が急増したことの他に、外来語の表記が漢字からカタカナへと変化した時期だということが知られている。石綿（1989）は、夏目漱石の『虞美人草』（明治40〈1907〉年）と、川端康成の『雪国』（昭和12〈1937〉年）を例に挙げ、同じことばの表記であっても、漢字表記からカタカナ表記へと大量に移動したことを指摘している。

　こうした大正期の外来語表記の変化についての代表的な先行研究として

引用されるのが『雑誌用語の変遷』の下記の記述（p. 189）である。

　　　外来語全体が年年ふえているのと逆比例して、漢字がきはへってき
　　た。いま、「アメリカ〜阿米利加」のように、カナがきと漢字がきと、
　　両方でてくるものについて、合計すると(中略)1926年に逆転している。

　上記の結果を踏まえて、「太陽コーパス」を調査した井手（2005）で
も1925年前後に漢字とカタカナが逆転することが指摘されている。また、
1875〜1925年の新聞を5年ごとに調査した山本（2009）でも、1920年から
1925年で外国地名漢字表記の全体数は一気に減ることが示されている。
　大正期の『中央公論』『婦人公論』の外来語表記については、石井
（2013）（2014a）（2017c）と調査範囲を広げて調査を行ってきた[2]。その結
果、全体には両雑誌ともに大正期の間に漢字からカタカナへと変化してい
るが、『中央公論』よりも『婦人公論』の方が大正初期のカタカナ表記の
割合が高い。さらに、『中央公論』では固有名詞と一般名詞では漢字から
カタカナへの交替時期にずれがあり、一般名詞の方が早く、固有名詞の方
が後からカタカナ化が起きていることがわかっている。
　以上のように、小説、雑誌、新聞とジャンルを問わず、大正期に外来語
が漢字からカタカナに変化していることが明らかにされている。

　ここまでのまとめでは、一部にしか触れられなかったが、本書を刊行す
るまでに、平成25・26・27年度科学研究費補助金「大正期の外来語受容―
100年前の“グローバリゼーション”という観点から―」（基盤研究（C）、
研究課題番号：25370512、研究代表者髙﨑みどり）に関連する論文として、
以下のものが発表されている。

　石井久美子（2013）「大正期『婦人公論』における外来語表記の変遷」
　　『人間文化創成科学論叢』15，pp. 1-9
　石井久美子（2014a）「大正期『中央公論』『婦人公論』における外来語
　　表記の特徴」『人間文化創成科学論叢』16，pp. 1-9

石井久美子（2014b）「大正期雑誌の書き手・読み手の位相差と外来語の使用実態」『表現研究』99，pp. 20-29

石井久美子（2015a）「大正時代の外来語：固有名詞混種語を中心として」『お茶の水女子大学比較日本学教育研究センター研究年報』11，pp. 251-256

石井久美子（2015b）「大正期『中央公論』の外来語の語彙・表記研究」博士学位論文（お茶の水女子大学）

立川和美（2016）「中上級の中国人日本語学習者に向けた文学テクストの読解を用いる外来語習得の試み：夏目漱石『こころ』を活用して」『流通経済大学社会学部論叢』26(2)，pp. 61-25

星野祐子（2017）「『月刊食道楽』における外来語の機能―明治末期と昭和初期に刊行されたグルメ雑誌を資料にして―」『十文字学園女子大学紀要』47，pp. 91-104

石井久美子（2017a）「九ポイント假名附活字見本帳」に見るルビ付き活字：外来語定着の一側面」『お茶の水女子大学人文科学研究』13，pp. 69-83

石井久美子（2017b）「女性と結びついた外来語に見えるマイナス評価―大正期の『婦人公論』を材料に―」お茶の水女子大学国語国文学会『国文』第127号，pp. 56-70

中里理子（2017）「大正期の『中央公論』『婦人公論』に見られる普通名詞の外来語」『佐賀大学教育学部研究論文集』Vol. 2 no. 1，pp. 141-168

石井久美子（2017c）『大正期の言論誌に見る外来語の研究』三弥井書店

注1　楳垣（1963：84）による。
　2　石井（2013）では『婦人公論』6号分、石井（2014a）では『中央公論』『婦人公論』計24号分、石井（2017c）では『中央公論』計16号分のそれぞれ公論部分を対象に調査を行っている。

参考文献

石井久美子（2013）「大正期『婦人公論』における外来語表記の変遷」『人間文化創成科学論叢』15，pp. 1-9

石井久美子（2014a）「大正期『中央公論』『婦人公論』における外来語表記の特徴」『人間文化創成科学論叢』16，pp. 1-9

石井久美子（2017c）『大正期の言論誌に見る外来語の研究』三弥井書店

石綿敏雄（1989）「外来語の表記」『漢字講座4 漢字と仮名』明治書院，pp. 312-334

石綿敏雄（2001）『外来語の総合的研究』東京堂出版

井手順子（2005）「外国地名表記について―漢字表記からカタカナ表記へ―」国立国語研究所，博文館新社『国立国語研究所報告122　雑誌『太陽』による確立期現代語の研究―『太陽コーパス』研究論文集―』pp. 157-172

上野力（1981）「明治初期の外国地名研究」『常葉学園短期大学紀要』13，pp. 23-30

楳垣実（1963）『日本外来語の研究』研究社出版

遠藤織枝（2004）『戦時中の話しことば―ラジオドラマ台本から―』ひつじ書房

遠藤織枝（2009）「ルビからみる戦時中の日本語」文教大学文学部日本語日本文学科『文学部紀要』22(2)，pp. 1-27

貝美代子（1997）「国定読本の外来語表記形式の変遷」『国語論究　第6集』明治書院，pp. 160-218

国立国語研究所（1962）『現代雑誌九十種の用語用字　第一分冊―総記および語彙表』秀英出版

国立国語研究所（1987）『国立国語研究所報告89　雑誌用語の変遷』秀英出版

国立国語研究所（2005）『現代雑誌の語彙調査―1994年発行70誌』国立国語研究所

佐伯哲夫（1986）「官板バタビヤ新聞における外国地名表記」『関西大学文学論集』36，pp. 145-173

佐藤武義（1990）「『吾輩は猫である』の外来語」『国語論究第2集文字・音韻の研究』明治書院

佐藤亨（1992）『近代語の成立』桜風社

陣内正敬・田中牧郎・相澤正夫編（2012）『外来語研究の新展開』おうふう

杉本雅子（2002）「森鷗外の「青年」における外来語の役割」『静岡大学留学生センター紀要』第1号，pp. 57-73

杉本雅子（2003）「森鷗外「雁」における外来語──使用実態と特徴」『文学・語学』176，pp. 26-38

杉本雅子（2004）「森鷗外「舞姫」における外来語」『飛田良文先生退任記念論集 日本語教育学の視点』東京堂出版，pp. 508-522

杉本雅子（2005）「森鷗外「ヰタ・セクスアリス」における外来語」『日本近代語研究4』ひつじ書房，pp. 17-32

孫建軍（2015）『近代日本語の起源：幕末明治につくられた新漢語』早稲田大学出版

沈国威（2008）『近代日中語彙交流史：新漢語の生成と受容』笠間書院

陳力衛（2001）『和製漢語の形成とその展開』汲古書院

西浦英之（1971）「幕末・明治初期の新聞にあらわれた外国名称呼・表記について」『皇学館大学紀要』9，pp. 151-202

橋本和佳（2010）『現代日本語における外来語の量的推移に関する研究』ひつじ書房

飛田良文（1997）『明治以降の外来語史研究』研究代表者飛田良文，平成6年度～平成8年度科学研究費補助金基盤研究（B）研究成果報告書

飛田良文（2003）『明治・大正・昭和の外来語史研究』研究代表者飛田良文，平成11年度～平成14年度科学研究費補助金基盤研究（B）（2）研究成果報告書

広田栄太郎（1969）『近代訳語考』東京堂出版

深澤愛（2001）「雑誌『太陽』創刊号における外国地名片仮名表記」『国語文字史の研究 六』和泉書院，pp. 187-218

前田太郎（1922）『外来語の研究』岩波書店

松井栄一（1996）『新語辞典の研究と解題』大空社

茂木俊伸（2008）「国会会議録における行政分野の外来語」松田謙次郎編『国会会議録を使った日本語研究』ひつじ書房，pp. 85-110

森岡健二（1991）『近代語の成立 明治期語彙編』改訂版、明治書院

山本彩加（2009）「近代日本語における外国地名の漢字表記―明治・大正期の新聞を資料として―」千葉大学文学部日本文化学会『千葉大学日本文化論叢』10，pp. 108-78

米川明彦（1985）「近代における外来語の定着過程」『京都府立大学生活文化センター年報』第9号，pp. 3-22

鄭牧（2013）「大正期における外来語の増加に関する計量的分析」『国立国語研究所論集』6，pp. 1-18

4 大正期の『中央公論』『婦人公論』に見られる普通名詞の外来語とカタカナ表記の和語

中里　理子

1 本章の目的と研究方法

　本章は、大正期に刊行された『中央公論』と『婦人公論』の「公論」記事を対象に、両雑誌に用いられた外来語を比較し、それぞれの特徴を明らかにすることを目的とする。『中央公論』が男性向け雑誌、『婦人公論』が女性向け雑誌であることを踏まえ、ジェンダーギャップの観点から両雑誌の比較を行う。

　『中央公論』は大正1年から16年までの各年1月号、『婦人公論』は創刊された大正5年から16年までの各年1月号を調査対象とした。外来語は、普通名詞（単位を表す名詞を除く）と、形容詞・形容動詞・動詞として用いられた語を取り上げる[1]。また、外来語が一般にカタカナ表記されることを考えあわせ、カタカナ表記された和語についても考察を加える。

　大正期の外来語に関わる研究の多くは、通時的研究である。楳垣実（1963）をはじめとして、近世、近代、現代という時代の流れを追って、外国文化の移入と日本社会の状況を背景に、外来語の輸入と定着を論じるものが多く[2]、前後の時代と関連させながら、大正期において日本の近代化を背景にどのような外来語が使用され、一般に広まったのかを明らかにしている。また、山本いずみ（1996）、橋本和佳（2010）は、近代から現代にかけての新聞記事を対象に外来語の数量的研究を行い、出現率、高頻度語、低頻度語などに着目して時代ごとの特徴を明らかにしている。

　これらの研究に対し、大正期に焦点を当てた研究に鄧牧（2013）、石井久美子（2014）等[3]がある。鄧牧（2013）は、大正期の新語辞典10種の採録語を対象に外来語の増加を計量的に考察し、石井（2014）は『中央公論』と『婦人公論』（ともに大正5〜16年）の外来語を取り上げ、出現度数の多い語に見る特徴や、文体と位相差について論究している。

　以上の研究を参考にしながら、『中央公論』『婦人公論』の普通名詞の外来語について特徴を整理していく。従来、大正期の外来語に焦点を絞った

研究が少ないこと、男性向け・女性向けという観点から使用状況を考察した論考が少ないことから、大正期の外来語研究に資するところがあると考える。

2　普通名詞の特徴

(1)　記事の種類

外来語の使用状況には記事の内容が大きく関わると考えられる。両雑誌の公論記事の内容を概観するために、外来語が使用されている記事の種類を整理した[4]。次項で分類する外来語の種類と一部対応させている。

【分類項目】

a　政治・社会、国際社会、教育　　b　経済、商業活動

c　科学　　　　　　　　　　　　　d　医学・生理学・心理学、健康

e　芸術・文化、哲学、思想　　　　f　服飾・ファッション

g　人生、生活（育児・恋愛を含む）[5]　h　婦人運動・男女平等・女性論[6]

i　その他[7]

複数項目の要素がある記事もあるが、便宜的に一つの項目に分類してまとめたのが、以下の表1である[8]。

表1　記事の種類

『中央公論』

発行年	a	b	c	d	e	f	g	h	i	計
1年	7	—	—	1	—	—	—	—	—	8
2年	3	1	—	—	2	—	—	—	—	6
3年	—	—	—	—	4	—	—	—	—	4
4年	8	—	—	—	1	—	—	—	—	9
5年	4	—	—	—	1	—	2	—	—	7
6年	5	—	—	—	6	—	—	—	—	11
7年	3	1	—	—	1	—	—	—	—	5
8年	9	—	—	—	2	—	—	—	—	11

9 年	8	2	—	1	4	—	—	—	—	15
10年	5	2	—	1	1	—	—	—	—	9
11年	7	1	—	1	11	—	—	—	—	20
12年	7	—	—	1	5	—	1	—	—	14
13年	11	2	—	—	4	—	—	—	1	18
14年	5	3	—	—	1	—	1	—	—	10
15年	7	1	—	1	—	—	—	—	—	9
16年	9	3	—	—	—	—	—	—	—	12

『婦人公論』

発行年	a	b	c	d	e	f	g	h	i	計
5 年	—	—	—	1	—	1	5	1	—	8
6 年	—	—	1	—	—	—	2	3	—	6
7 年	—	—	—	—	—	1	22	—	—	24
8 年	11	—	—	—	—	—	5	—	—	17
9 年	—	—	—	—	19	—	—	—	—	19
10年	5	—	—	—	2	—	1	1	—	9
11年	—	—	—	—	—	—	10	10	—	20
12年	—	—	—	—	—	—	8	—	—	8
13年	—	—	—	1	1	—	24	4	3	33
14年	2	—	—	1	—	—	9	—	—	12
15年	1	—	1	—	2	1	5	7	1	18
16年	5	—	—	—	6	1	29	7	24	71

　雑誌の号（発行年）によって記事の総数に違いが見られるが、『中央公論』は長い記事が多く、『婦人公論』は短信のような短い記事が多い号があること、年によって公論記事のページ数が異なることによる[9]。記事数やページ数に違いがあることからも、数量だけで外来語の特徴を論じることはできないと言える。次項で外来語について考察する際に、記事数、ページ数に偏りがあることを念頭に置く必要がある。

　『中央公論』は、a「政治、国際社会、教育」、b「経済」、d「医学、健康」、e「文化、思想」、g「人生」など、幅広い分野の記事が見られる。

ｃ「科学」の記事はないが、大正４年の「思想藝術の現在」という記事では外国の文化とともに科学についても触れており、また、ｄに科学的内容が含まれることから、科学的分野の記事もあると考えてよいだろう。ただし、ｆ「服飾・ファッション」に関する記事と、ｈ「婦人運動」に関する記事は一つも見られなかった。『中央公論』は政治や社会問題を扱う際に、諸外国の歴史や国情に言及するものが多く、必然的に外国の地名、人名などの固有名詞が多い。普通名詞においては、政治や社会に関する外来語が多いと推測される。

『婦人公論』は、ａ「政治・社会」は少ないが、ｈ「婦人運動」に関する記事が多く見られた。８年に政治・社会に関する記事が多いのは、「物價騰貴の今日に際して◇◇◇主婦の感想◇◇◇」と題して11名が政治に関する記事を寄稿しているためである。ｃ「科学」、ｄ「医学、心理学」には、例えば「科學と女性」（15年）、「『嫉妬』の心理學的研究」（５年）、「現代婦人の出産難」（８年）のように、身近な問題を科学的に解説した記事がある。ｆ「服飾・ファッション」に関する記事はほとんど見られず、「誰に見せんとはするぞ」（７年）のような現代女性の風俗を論じるものとなっている。『中央公論』に比べてｇ「人生、生活」が多いのは、「結婚を困難ならしむる原因」（８年）、「道徳的生活の難境に立てる現代婦人」（11年）のように、女性の生き方や道徳観に関する記事が多いためである。また、「家庭保存の論據―大抵の社會主義的家族觀に反對して―」（14年）のような硬い文章から「健康祝賀日」（13年）のような柔らかい文章まで記事の範囲が幅広い。青木美智子（1965）の解説にあるように、「発刊当初は啓蒙誌という感が強」く、大正後期まではその傾向が見られる。16年にｉ「その他」が多いのは、短信的な記事が多いためである。『婦人公論』には国際社会や政治、経済を扱った記事は少ないため、その分野の専門的な外来語も少なく、女性の生き方、生活のあり方を扱う記事が多いため、一般的な外来語が多くなると予想される。

⑵　普通名詞（形容動詞・副詞・動詞含む）の分類と記述方法
　両雑誌から抽出した普通名詞の外来語（単位を表す名詞を除く）および

形容動詞・副詞・動詞[10]を年ごとに整理し、章末の資料１「『中央公論』に見る普通名詞等の外来語」・資料２「『婦人公論』に見る普通名詞等の外来語」にまとめた。石井久美子（2014）に、『中央公論』の特徴として「社会情勢を表す思想や、最新の研究の中に登場する専門用語」等が多いこと、『婦人公論』の特徴として「流行の事物や生活に密着した語が多い」ことが指摘されているが、〈社会情勢〉〈専門性〉〈生活〉という特徴をより明確にするために、以下のように分類した[11]。

【分類項目】

A＝社会的・専門的な語

①政治・社会活動　　　　　　　②経済・商業活動

③科学（鉱物名等を含む）　　　④医学・生物学（病名、動植物名等を含む）[12]

⑤哲学・思想（①・②以外）・宗教　⑥軍事・その他

B＝A以外の一般的な語

⑴服飾関係（布地等を含む）　　⑵飲食関係

⑶家庭用品、生活に関わる事物　⑷芸術（音楽・文学・美術等）・スポーツ

⑸抽象的なもの・概念　　　　　⑹その他

【記述方法】

。ルビ（傍訓）は語の後に｜｜で示す。英字表記のものはそのまま記述した。

。複数例見られる場合には語数を数字で示した。表記の例が複数ある場合は「／」で並列し、複数例あるものは語数を示した。

。活用語の語尾は、動詞は「する」、形容動詞は「な」「に」「で」（語尾のない例は「φ」）で示した。複数見られた場合は、語尾を「・」で並列した。

。記述順は、本文またはルビにカタカナ・ひらがな表記がある語（五十音順）、日本語と対応させた外国語表記（アルファベット順）、外国語表記

のみ（アルファベット順）、漢字表記(五十音順)の順とした。

◦ （ ） は本文中の括弧である。

◦ 読み取り不明箇所は■で示す。

(3)　外来語(普通名詞等)の特徴

　章末の資料1〔中央公論〕・資料2〔婦人公論〕の外来語（普通名詞等）の年ごとの異なり語数と延べ語数を以下の表2に示す。

表2　外来語（普通名詞等）の異なり語数と延べ語数
『中央公論』

発行年	1	2	3	4	5	6	7	8	9	10	11	12	13	14	15	16
異なり	69	91	177	134	31	61	43	105	79	61	121	184	241	45	71	86
延　べ	92	116	313	242	56	88	47	243	392	91	171	375	527	75	92	173

『婦人公論』

発行年	5	6	7	8	9	10	11	12	13	14	15	16
異なり	41	21	22	32	36	29	49	65	60	58	168	152
延　べ	45	205	39	39	60	81	86	97	98	100	248	325

　異なり語数と延べ語数で差が大きいのは、たとえば一つの記事の中で「ストーヴ」が89回使用（『婦人公論』大正6年）されたり、「ブルジョア」が87回使用（『中央公論』大正9年）されたりすることがあるためである。大正5年以降の12年間の異なり語数を比較すると、ほぼ同じ数が見られる年は5年・14年、『婦人公論』が2倍程度多いのは15年・16年、『中央公論』の方が2〜3倍多いのは6〜13年の8年分である。

　これらを分野ごとに整理したのが表3である。延べ語数は記事の偏りも影響するため、異なり語数を示す。

表3　分類ごとの異なり語数

『中央公論』

発行年	A						B					
	①	②	③	④	⑤	⑥	(1)	(2)	(3)	(4)	(5)	(6)
1 年	4	2	—	5	7	2	9	6	16	7	10	1
2 年	7	1	—	1	19	4	3	4	8	6	36	2
3 年	5	—	1	8	70	1	—	3	12	10	66	1
4 年	7	4	17	—	29	2	—	1	8	6	60	—
5 年	6	2	1	2	12	—	—	1	1	1	5	—
6 年	6	1	—	11	14	13	—	1	4	2	8	1
7 年	13	3	—	2	10	—	1	2	2	—	10	—
8 年	28	5	—	1	26	4	—	1	6	1	32	1
9 年	27	7	—	1	5	4	—	1	12	—	22	—
10 年	13	2	—	16	3	9	—	2	2	1	12	1
11 年	18	2	—	12	13	—	4	4	10	14	42	2
12 年	11	6	2	84	24	1	1	2	9	3	41	—
13 年	18	4	—	2	30	3	6	7	54	10	103	4
14 年	4	1	—	6	8	1	1	6	6	—	10	2
15 年	25	6	—	2	16	—	—	1	5	2	14	—
16 年	20	12	—	3	8	—	1	4	11	—	26	1

『婦人公論』

発行年	A						B					
	①	②	③	④	⑤	⑥	(1)	(2)	(3)	(4)	(5)	(6)
5 年	—	—	—	8	4	—	5	2	2	—	20	—
6 年	—	—	2	1	2	—	—	2	6	2	4	2
7 年	—	—	—	—	1	—	9	1	5	3	3	—
8 年	2	—	—	4	4	—	2	1	10	3	5	1
9 年	—	—	—	1	18	—	—	4	4	8	1	
10 年	8	1	—	—	6	3	1	1	2	—	6	1
11 年	1	1	—	3	8	—	—	1	2	—	31	2
12 年	6	1	1	6	9	—	3	2	11	4	21	1
13 年	8	—	—	3	5	—	3	2	13	1	23	2
14 年	5	—	2	—	3	—	5	2	14	11	14	2

| 15年 | 2 | — | — | 3 | 16 | 1 | 26 | 9 | 47 | 11 | 46 | 7 |
| 16年 | 6 | — | — | 2 | 5 | — | 21 | 7 | 50 | 14 | 44 | 3 |

(a) 分野の比較

　まず、より専門的な語である分類Aを見ると、『中央公論』は特に①政治・社会活動と②経済・商業活動が多く、『婦人公論』よりも政治や経済に関する外来語の使用が多いと言える。「パブリック、サーヴァント」（2年）、「海洋獨占主義{ネバリズム}」（8年）、「エンコミエンダス制度」（12年）など、国際政治に関する語や専門性の高い外来語が散見される。多用された語を見ると、大正1年から16年の16年間で、13〜15年を除きいずれの年にも（計13か年）見られるのが「サンヂカリズム／サンディカリズム」[13]である。「デモクラシー」は、4年に登場してから16年まで、14年を除く各年（計12か年）に見られる。「プロレタリア」は8〜16年まで、9・14年を除く計7か年に、「ブルジョア・ブルジョアジー」は、9〜16年まで14年を除く計7か年に見られた。経済に関わるものとしては、「ストライキ」が2・4・5・7・8・9・11・14・16年の計9か年に、「ギルド」が8〜12年・16年の計6か年に見られる。これらの語は『婦人公論』では、「サンヂカリズム」と「ギルド」が10年のみ、「ストライキ」が11年のみに見られる。「サンヂカリズム」を経済体制の一種と捉えると、「ストライキ」「ギルド」等とともに、経済関係の外来語は『中央公論』に多く、『婦人公論』に少ないことがわかる。他の語について『婦人公論』を見ると、「デモクラシー」が8・12・14・16年の計4か年、「プロレタリア／プロレタリヤ」が12・13・14・16年の計4か年、「ブルジョア」は10〜16年まで各年（計7か年）[14]に見られる。また、「デマゴーグ」（10年）、「マキヤヴェリズム」（16年）などの語も見られ、語数は少ないものの、『婦人公論』においても社会問題に対する意識は高く、外来語も積極的に使用していることがわかる。特に「サフラヂェット／サフラゼット」（＝闘争的女性参政権活動家のこと）（10年）は『婦人公論』にのみ見られ、女性に関する問題を取り上げていることがわかる。

　A③「科学（鉱物名等を含む）」は両雑誌とも少ないが、『中央公論』で

は「トリウム」（4年）、「ラヂュム」（5年）のような専門的な語が見られるのに対し、『婦人公論』では「コークス」（6年）、「タングステン」（14年）のような日常の器具に関わる語が見られる。

A④「医学・生物学」は両雑誌に見られるが、『中央公論』では、章末の資料1の6年、10年、11年、12年に見るように、動物名、病名等が詳細に原語表記とともに列挙されており、非常に詳細で専門性が高い[15]。『婦人公論』では、5年に専門的な用語（すべて男性筆者による一つの記事中）が見られるが、それ以外は、多くが「コロロホーム」（8年）、「マンモス」（12年）、「ヴィタミン」（12・15年）など、より日常的な外来語となっている。また、『婦人公論』には「ヒステリー」が6・11・12・15・16年に見られる[16]が、『中央公論』は「ヒステリー的」（8年）が1例だけ見られた。

A⑤「哲学・思想・宗教」は両雑誌ともに多くの外来語が見られる。『中央公論』では、思想に関する語に「歸納的｜インダクチーブ｜」（1年）、「實際的｜プラクチカル｜」（2年）・「プラクチカル」（13年）、「行為主義｜プラグマチズム｜／實用主義｜プラグマティズム｜」（3年）・「プラグマチズム」（9年）、「デアレクチク」（13年）、「アイドリズム」（14年）、「クルーチェヌイフ｜未来派｜」（15年）など、哲学・思想を語る際に用いる専門的な語が散見され、『婦人公論』より圧倒的に数が多い。『中央公論』の宗教関係の語は、「carita（隣人の愛）」（11年）、「信仰｜Credo｜」（15年）などキリスト教に関する専門的な語が見られるほか、「塞耳比亞正教」（4年）、「ピューリタン（3・5年）・ピュリタン（13年）」、「カソリック」（7年）、「プロテスタント」（7年）など他の教派や、「祭祀｜アポシオシス｜」（1年）、「ユダヤ教」（6年）、「マホメット教（6年）・モハメット教徒（12年）」、「ヒンドウ教徒」（13年）など、さまざまな宗教に関する外来語が見られる。A⑤について『婦人公論』を見ると、宗教関係では「晩課｜ヴエスパー｜」（9年）、「聖痕｜スチグマ｜」（12年）、「サンタ・フエエ（聖き信仰の意）」（15年）などキリスト教に関する専門的な語が見られるが、これらは『中央公論』には出現しない語である。また、「加特教｜カトリック｜（8年）・カトリック教徒（9年）・カソリック教派（15年）・キヤソリック（10年）」以外の教派は見られず、他の宗教に関する語は「マ

ニ教」（9年）、「モハメット教」（15年）が1例ずつ見られるだけである。『婦人公論』で扱われる宗教の話題は、ほとんどがキリスト教カトリックに関するものであったようである。思想に関しては、『婦人公論』『中央公論』どちらにも見られたのは、「エゴー」「エゴイズム」「エピキュリアン」「クルツール」[17]「ジャーナリズム／ヂヤアナリズム」「デカダン」「マキヤベリズム」の7語のみで、それ以外は重複していない。『婦人公論』は数がかなり少ないものの、「新マルサス主義」（11年）、「女性主義｛フェミニズム｝」（11年）、「べき｛ゾルレン｝」（12年）、「ダダイズム」（15年）など、思想を表す語を用いようとした意欲が窺われる。特に「フェミニズム」は『中央公論』では見られなかった語であり、女性読者に向けた『婦人公論』の特徴が現れている。

　A⑥は、「ドレッドノート」「ピストル」は両雑誌に見られたが、「國民防禦軍｛ナシヨナル、ガルド｝」（3年）、「Russische Horden（ロシヤの群兵）」（8年）、「歸還兵宅地 Krieger houstatte」（10年）など、軍事関係の専門的な語が『中央公論』に見られた。

　次に、より一般的な語であるBを見ると、『中央公論』は(1)「服飾関係」が非常に少ない。『婦人公論』は外来語の全体数が少ないが、その中でB(1)が多いのが特徴的であり、「コート」（5年）、「シヨール（5・8年）・シヨオル（12年）」、「マント」（5・7・13・16年）などさまざまな洋装が見られる。『中央公論』では「シルクハット」（1・11年）、「ズボン」（1・16年）、「ステツキ」（1年）、「フロックコート」（8年）・「フロック」（11年）、「ネクタイ」（14年）といった男性用のものが中心だが、『婦人公論』では「シルクハット」（8・12年）、「ずぼん」（16年）、「ステツキ」（15年）、「フロック」（15年）が同様に見られるほか、「スカアト／スカート」（15年）、「靴下止｛ガーター｝／ガーター」（16年）、「ストツキング」（16年）等の女性用のものや、「ルパシカ」（14年）等、幅広く服飾語が見られ、「セル」（5・7年）、「カナキン」（15年）、「フラシテン」（16年）など布地を表す語も多く見られる。

　B(2)「飲食物」に関する外来語は両雑誌ともほぼすべての年に見られる。両雑誌に見られたのは「カレー」（『中央公論』では「カレー粉」、『婦人

公論』では「ライスカレー」)、「コーヒー／珈琲」「シガレット」「チヨコレート」(『婦人公論』は「チヨコレートクリーム」)、「煙草／タバコ」「バタ」「バナナ」「パン」「ビール」である。これらの語が一般的に用いられていたことがわかる。『中央公論』に、「シガー」「火酒｛ヲツカ｝」など男性に嗜好が見られるものの他、「ジヤム」「ワツプル」「ヨーグルト」なども見られ、男性向け雑誌ではあるが、飲食物に関する外来語は少なくはない。

B(3)は、生活に関わる具体物に関する外来語であるが、5〜16年を見ると、9・11・13年は『中央公論』に多くの種類が見られるが、それ以外の8か年では『婦人公論』に多くの種類が見られる（10年は同数）。両雑誌に共通して見られる外来語も多く、「ベッド／ベット」「ソファ」のような家具、「ガラス／硝子」「ゴム／護謨」「コンクリート」のような素材、「カフエ」「ホテル」「ビルヂング／ビルディング」のような建築物、「ラジオ／ラヂオ」のような新しい事物、「ペン」「ページ」のような身近なもの等が見られる。『婦人公論』だけに見られたものに、「タオル」「テーブル」「ドア」「ベル」「ホース」のような日常で使用するものや、「アパアトメント」「デパートメントストア」など日常で関わる建物、「オールドミス」（5年）、「タイピスト」（14年）、「ウエートレス」（15年）など、女性の職業や社会的立場を表す語がある。「事務室｛オツフキース｝」（14年）、「オフキス」（16年）も『婦人公論』だけに見られた語で、女性が社会に出て「タイピスト」などの新しい職業で働く新しい職場を表すのにふさわしい語として用いられたのではないだろうか。また、「モダーンガール」「モダーンボーイ」「モダーン・マダム」といった風俗・流行に関する語は『女性公論』にのみ見られた。『中央公論』だけに見られたものには、「アンテナ」「築堤｛エンバンクメント｝」「市應｛タウン・ホール｝」「軌鐵｛レール｝」「レンズ」のように、『婦人公論』に比べると、家庭生活よりは社会生活に関わる語である。

B(4)「芸術（音楽・美術）・スポーツ」に関する語は両雑誌に見られる。楳垣実（1963）に「演劇・映画・スポーツなどによって外来語が大衆化された（p. 86）」とあるように、『中央公論』では大正1年に「イムペリアル、オペラ」「ピアノ」「テニス」「ヨット」などが見られるのに始まり、「合奏

｛オーケストラ｝」「シムフォニイ」「戯曲 ｛ドラマ｝」「旋律 ｛メロデー｝」「リズム」「畫布 ｛カンバス｝」「フツトボール」など、音楽、演劇、美術、スポーツに関する語が多く見られる。『婦人公論』においても、「ピアノ」「オケストラ」「ハーモーニー／和聲 ｛ハアモニイ｝」「シネマフアン」「ステーヂ・ダンス」「コンサート」「バスケット、ボール」等、多くの種類が見られる。

　B⑸は、専門性の低い抽象的な語であるが、両雑誌ともに多い。『婦人公論』においても、5年と11年以降は2桁の外来語が見られる。両雑誌の異なり語数の近い11年を章末の資料1・2で比べると、どちらにも見られるのが「インテリゲンチヤ」「センティメンタリズム／センチメンタリズム」の2語で、それ以外は各雑誌で異なる語が用いられている。『中央公論』は「イエス」「ノー」「インテレスト」「データ」など現在はよく用いられるものもあるが、「必要な罪悪 ｛ネセシチーエヴル｝」「パラドキシカル」「プロゼクション」など日常では使用されない語が多い。『婦人公論』においても、「型 ｛タイプ｝」「ローマンチック」など日常的な抽象語がある一方、「ヴィジョン」「デジェネレート」など日常から離れた語があり、各雑誌が新しい概念語を積極的に取り入れている様子が窺える。だが、章末の資料2に見るように、時代が下るにつれ、『婦人公論』ではより日常的な抽象語が増えている。16年の両雑誌の異なり語を比較すると、どちらにも見られるのが「タイプ」「ユートピア」の2語であり、他の語は重複していない。『中央公論』では、「カテゴリー」「スローガン」「ポピュラリチー」「潜在的（latent）」など、より専門的な語が多く、『婦人公論』では「グループ」「表徴 ｛シンボル｝」「スイート」「タッチ」「ポイント」など、より日常的な語が多い。11年と16年を比較してわかるように、両雑誌で重複する語は非常に少なく、それぞれが話題に合わせた抽象語を用いている。記事の内容にも関わると思われるが、『中央公論』ではより難解な抽象語が、『婦人公論』ではより日常的な抽象語が見られる。

⒝　語の長さの比較

　佐藤武義（1999）等、外来語の長さを拍数で計る先行研究があるが、こ

こでは「グレーテスト、ステーツメン」のように2単語以上からなる外来語について見ていく（「ミスグンスト Die Missgunst」のような定冠詞が付いている語は除く）。異なり語数における2単語以上の外来語の割合を次の表4に整理した。上段が語数、下段が割合（少数第2位を四捨五入）である。

表4　2単語以上の異なり語数
『中央公論』

発行年	1	2	3	4	5	6	7	8	9	10	11	12	13	14	15	16
異なり	7	10	20	25	4	10	12	23	21	16	12	22	35	3	12	10
割合(%)	10.1	11.0	11.3	18.7	7.8	16.4	27.9	21.9	26.6	55.2	9.9	12.0	14.5	5.2	16.9	11.6

『婦人公論』

発行年	5	6	7	8	9	10	11	12	13	14	15	16
異なり	3	1	1	3	2	3	3	6	5	3	16	19
割合(%)	7.3	4.8	4.5	9.4	5.6	10.3	6.1	9.2	8.3	5.2	9.5	12.5

両雑誌を比べると、『中央公論』の方が圧倒的に多いことがわかる。『中央公論』の場合、ほとんどが「パブリック、サーバント」（2年）、「利益分配法｛プロフイット、シエアリング｝」（4年）、「ハウシング、エンド、タウンプランニング、アクト」（8年）、「デモクラテック・ガヴァーメント」（10年）、「饑餓勞賃＝Hunger lohn＝」（16年）のように政治や経済に関する語であり、「存在事由｛レエゾン・デエトル｝」（8年）、「叡知的性格｛インテリギブラー、カラクテール｝」（10年）、「生活意思（Wille zum Leben）」（12年）のような思想・哲学に関する語にも見られる。また、章末の資料1の10・12年の欄に見るように、詳細な動物名、病名を表す場合にも2単語以上の外来語になっている。『婦人公論』においても、「親聯合國｛プロ・アライ｝」（10年）、「ツレード、ユニオン」（13年）など政治に関する語、「立派な罪悪（splendid vices）」（9年）、「絶對的標準｛アブソリユート・スタンダード｝」（12年）など思想・宗教に関する語が見られ

るが、2桁の語数が見られる15・16年には「バキュームクリナー」「ハッピーエンド」「ハイ・ヒール」「ビヤホール」「バスケット、ボール」など身近なものが多くなり、「モダーン・ガール」「モダーン・ボーイ」「ラヂオフワン」など風俗に関する日本語の造語も見られ、『婦人公論』で新しい語を積極的に取り入れている様子が窺える。

竹浪聰（1981）に大正期の特徴として「英語出自の政治・経済関係外来語には、二語あるいは三語が連接した長大なもの」があることが指摘されているが、英語出自だけでなく、ドイツ語出自の語にも見られること、政治経済以外の分野にも見られることが確認できた。

(c) 表記の特徴

表記に関しては、和語や漢語を併記しているかどうかについて比較した。併記するということは、外来語の意味を示すことになり、見慣れない外来語を用いるときに有効であると思われる。「組合主義｛サンヂカリズム｝」のように振り仮名をふるもの、「生の力ライフフホ、ス」「なまける権利 the right to be lazy」のように前後に和語や漢語を記す場合の異なり語数を調べたのが表5である。「miniture｛ミニアチュール｝」のように原語に読みを記したものや、「基督｛キリスト｝教」のように漢字表記の読みを記したものは含めない[18]が、「移入民問題｛Immigration｝」のように和語・漢語とアルファベット表記を併記したものが含めた。下段には異なり語数全体に対する割合（小数第2位を四捨五入）を示した。

表5　和語・漢語を併記する異なり語数
『中央公論』

発行年	1	2	3	4	5	6	7	8	9	10	11	12	13	14	15	16
異なり	9	35	104	68	8	13	16	28	17	25	37	57	49	3	14	14
割合(%)	13.0	38.5	58.8	50.7	15.7	21.3	37.2	26.7	21.5	41.0	30.6	31.0	20.3	6.7	19.7	16.3

『婦人公論』

発行年	5	6	7	8	9	10	11	12	13	14	15	16
異なり	23	9	4	6	21	1	15	21	14	10	25	16
割合(%)	56.1	42.9	18.2	18.8	58.3	2.0	30.6	32.3	23.3	17.2	14.9	10.5

多少のばらつきはあるが、大正後期に向かうにつれて割合が低くなり、対応する和語・漢語を記さなくても理解できる外来語が使われている、あるいは、理解できることを読者に求めている傾向がある。たとえば、『中央公論』で「奇論 ｛パラドクス｝」（1年）とあるのが、5年以降は「パラドックス」と用いられ、「實際的 ｛プラクチカル｝」（2年）が、13年には「プラクチカル」と用いられるなど、外来語が日本語の中に定着するのに伴い、併記が減っていく。それでも併記される語があり続けるのは、両雑誌で積極的に新しい外来語（新しい概念や事物）を取り入れているからであろう。

『婦人公論』の方が併記する語が多いと予想したが、『中央公論』における割合も高く、「餓鬼道 ｛アニマリズム｝」（4年）、「装甲せる拳 ｛メイルド・フイスト｝」（6年）、「裏書 ｛インドースメント｝」（8年）、「獨裁政治 ｛チノテーターシクプ｝」（11年）、「植物群 ｛フローラ｝」（12年）など、さまざまな分野でより専門的な語に併記しているものが見られる。『婦人公論』では、「有機的嫉妬 Organic jealousy」（5年）、「厭世家 ｛ペシミスト｝」（8年）のような専門的な語だけではなく、「部屋 ｛ルーム｝」（8年）、「道徳 ｛モーラル｝」（12年）、「旋律 ｛リズム｝」（14年）、「友情 ｛フレンドシップ｝」（15年）、「靴下止 ｛ガーター｝」（16年）など、英語の知識があればわかるような語の多くに併記が見られ、『中央公論』との違いが感じられる。

竹浪（1981）では、大正期の「英語出自の政治・経済関係外来語」について、「高い英語の素養が必要な難解な単語とか、衒学的ともいうべきものがあって」と指摘しているが、『中央公論』には英語に限らず原語表記の外来語が多く、「難解な単語」で「衒学的」な傾向が見られる。以下の表6に、両雑誌において和語・漢語の併記も含めてアルファベット表記さ

れた原語の異なり語数を挙げる。

表6 『中央公論』『婦人公論』の原語表記の異なり語数

発行年	1	2	3	4	5	6	7	8	9	10	11	12	13	14	15	16
『中央』	0	17	22	11	1	19	18	16	8	19	8	65	33	0	12	11
『婦人』	—	—	—	—	27	0	0	1	6	5	11	0	5	1	2	0

　全体の異なり語数に差はあるのだが、『中央公論』の方が圧倒的に原語表記が多い。『婦人公論』は原語表記をする執筆者が限られており、たとえば5年の27例はすべて同一の執筆者（男性）によるものである。9年の6例中5例が宗教（キリスト教）に関する専門用語であり、男性の同一筆者の記事である。11年の11例は4名の筆者、13年の5例は同一筆者である。一方、『中央公論』はほとんどが複数の記事（筆者）で、多くの筆者たちが原語表記を行っていたことがわかる。章末の資料1に見るように、政治・経済に関する語が多いのだが、それ以外にも「cheat する」（2年）、「生の喜び la joie de vivre」（3年）、「ager privatus」（6年）、「Gerokomy」（10年）、「Selbst 自體」（10年）など、抽象的な語や外国の事物などさまざまな分野に及んでいる。12年に65例見られたのは動物名（恐竜名も含む）が多いためだが、これらをすべて原語で表記するところが「衒学的」であり、詳細に記すマニアックな専門性が感じられる。

　なお、原語については、章末の資料1と資料2でわかるように、両雑誌ともに英語が多いが、ドイツ語、フランス語、ロシア語、ラテン語などさまざまな原語が用いられている。

3　形容動詞・副詞・動詞の特徴

　章末の資料1〔中央公論〕・資料2〔婦人公論〕から、形容動詞・副詞・動詞を抜き出して整理したのが以下の表7である（形容動詞・副詞、動詞の順に示した）。

　下線波線は女性筆者による記事に見られた語である。『中央公論』は男性筆者のみだが、『婦人公論』では特に後期に女性筆者が多く見られる。

一般的な外来語であったかどうかの目安として、勝屋英造『外来語辞典』（大正11〈1922〉年増補版）[19]に収録されている語を調査した。辞典に掲載されていない語には網掛けを施した。

表7　『中央公論』『婦人公論』に見られる形容動詞・副詞・動詞

年	中央公論	婦人公論
1	トラヂショナルの 2／トラヂショナルな 歸納的｜インダクチーブ｜ の 演繹的｜デタクチーブ｜ の ゼルマンゼーする	
2	行政的｜エキスクユーチーブ｜ エクセントリックな センチメルタルな デヂケートする cheat する teach する	
3	アカデミカルの 究極｜アルテイメエト｜ の 美的｜エツセテイク｜ エナーヂェチックに 古典｜クラシツク｜ の ストーミーで 自發的｜スポンテニアス｜に センチメンタルな 3 チヤーミングな 狂醉的｜ヂイシランビック｜の デカダンな デリケートな／デリケートで 2 ヒロイツクな 傲慢｜プラウド｜な 實際的｜プラクチカル｜なり 全的｜ホーリー｜に ローマンチックな・で 8／ローマンチツクな／流曼的｜ローマンチック｜浪漫的｜ロマンテイク｜ Pragmatic な Will する 2	
4	グレートで 質的｜コーリタチブ｜ で 構成的｜コンストラクチブ｜ 複律的｜シンホニツク｜ で ホスピタルな 單律的｜メロヂツク｜で 浪漫的 純化｜レフアイン｜ された has passed した would pass する	
5	ローマンチツク 2	―
6	原始的｜プリミチーヴ｜ 2	デリケエトな
7	ロオマンチックな elemental で refine する	チヤーターする リフアインされた
8	アンチデモクラチツタな オートクラチツタな／オートクラチックの／オートクラチックで デモクラチックな 3／デモクラチックの 2／デモクラチックの 2／デモクラチックで／デモクラチック ノーマルな ホープルな Flexible で 正當化｜ジヤスチフアイ｜ する スペキュレートする ペープされた	デリケ上な ヒステリンソに 2 デパンドする
9	エポックメーキングの 本源的｜オリヂナル｜な 古典的｜クラシツク｜ の パラドキシカルな ビユーロークラチックな	センチメンタルな 3 ヒロイツクな 記念碑的｜モニユウメンタル｜
10	―	―

11	アカデミックな エソテリックな クラシックな デモクラチックに パラドキシカルに 系統発生的（phylogrnetic）	ミステイックな ローマンチックに／ロマンティクな2／ロマンテックな2 エンライツンする デジェネレートする
12	ストイックの unique の 浪漫的の プッシュする モノポライズする	—
13	亜米利加化｜アメリカナイズ｜する イージーゴーイングに インフォーマル システマチカア デモクラチキックで ナイイヴな フォーマル2 プラウドで プラクチカルな ラデヰカルで リフアインドな ＊ビッグ（大きく）／大きい｜ビッグ｜ ボイコットする	エゴイスチックな デリケートな ハムブルな ヒステリックに Over Value する Under Value する
14	ツランセンデンタルな	クラッシする フレッシな マスターする
15	デリケートな ロマンテイックな	エキゾチックな センチメンタルならんデスペレートな デリケエトな フリボラスな 浪漫的｜ロマンチック｜な
16	インマネントに サイクリカルな 流動的（flüssige）潜在的（latent）停止的（stockende）ジヤステイフアイする ジヤンプする	ヴッドに 厳格｜シリアス｜なる／シリアスなる スイートでデリケートな2 ヒステリックな2 プーアな アッピールする2 ノックする

＊ビッグは、「ビッグな」と用いられてはいない。

＊ヒステリー的（中央公論・8年）は名詞と見なし、ここでは扱わない。

＊抽出語と異なる辞典の表記を以下に挙げる。

インダクチーヴ ヴィヴィッド／ビビッド エキゾチック エゴイスティック エナージティック オリジナル コンストラクティヴ システマティカル スウィート デペント トラディショナル ナイーヴ／ナイーフ パラドクシカル プリミチヴ プラグマチック フレッシュ ボーイコット ミスチック モニューメンタル ラヂカル

『中央公論』は異なり語数で76語、延べ語数で123語、『婦人公論』は異なり語数で28語、延べ語数で47語である。先に見たように、ほとんどの年で『中央公論』の方が外来語数が多いことによる違いであろう。

両雑誌ともに見られた語は次の5語である。（活用語尾は省いた）

センチメンタル デリケート／デリケエト ヒロイック ローマンチック／ロオマンチック／ロマンティク／ロマンテック／浪漫的 リフアイン／レフアイン／refine

5語はすべて『外来語辞典』に掲載されており、専門的な語や特殊な語

ではなかったと思われる。ここに挙げた 5 語以外は重複しておらず、ほとんどが雑誌特有の語であることになる。先に見たように、普通名詞においても両雑誌で共通する語は少なく、使用された外来語に違いがあったが、形容動詞・副詞・動詞についても雑誌による特徴が見られる。『中央公論』では、「デモクラチック」「オートクラチック」「ビューロクラチック」など政治関係の語、「美的〔エッセティク〕」「質的〔コーリタチブ〕」「帰納的〔インダクチーブ〕」「パラドキシカル」「トラヂショナル」など思想・哲学、学術に関する語が多い。『婦人公論』は「ミステイック」「エゴイスチック」「プーア」など事物や人物を描写する語が多い。なかでも「ヒステリック」は『婦人公論』だけに見られた語で、主に女性に用いられる語として特徴的である。

　『中央公論』では異なり語76語のうち39語が辞書に掲載されていない。39語のうち14語（語句）は原語表記である。原語表記も含め、不掲載語の中で「行政的〔エキスクユーチーブ〕」のように漢語とともに使われている語は13語あり、意味が理解できるよう配慮されている。また、「アンチデモクラチック」の 1 語は「アンチ」と「デモクラチック」が辞書に記載されており、意味が通じやすい。不掲載語39語の中で残りの25語（異なり語76語の約33%）は、手懸かりなく理解することを求められる外来語である。石井（2014）によると『中央公論』の主な読者は「知識人エリートである男性」であるが、25語のうちほとんどが英語で、当時の男性知識層の読者には理解できる範囲だったのであろう。

　『婦人公論』では異なり語28語のうち17語が辞書に掲載されている。婦人向け雑誌であることを考えると、大半が辞書掲載語でもよいように思われるが、石井（2014）によると、読者層は「中流家庭の高学歴女性」であり、不掲載語が11語ある。11語のうち 2 語（語句）は原語のままであり、9 語は英語由来である。 6 語が動詞、 3 語が形容動詞だが、外来語の動詞形は中央公論より比率が高く、『婦人公論』において積極的に形容動詞・副詞・動詞が用いられていたと考えられる。

4 カタカナ表記の和語等の特徴

外来語の多くがカタカナ表記されることもあり、外来語以外の語のカタカナ表記について触れておきたい。両雑誌に見られた和語等のカタカナ表記を、章末の資料3に整理した[20]。

年によってばらつきがあるが、『婦人公論』は各年に、『中央公論』にもほぼ各年に和語等のカタカナ表記がある。『婦人公論』は13年以降、急激に増加しているが、『中央公論』は『婦人公論』に比べると減少の傾向にある。

両雑誌に見られたカタカナ表記の種類を分類すると、以下のようになる。
①動植物名（ワニ、リンゴ等）
②オノマトペ（サッと、カサ〳〵等）
③服飾・食物（キモノ、シマモメン、キンツバ等）
④身近な名詞（サイフ、ウネり、ハガキ等）
⑤俗語（ベラボウ、マンマと、モ少し等）
⑥形容詞・形容動詞（イイ、ヒドイ、ミジメな等）
⑦動詞（スタる、ダマクラかす等）
⑧副詞（イキナリ、トテも、マダ等）
⑨感動詞（アア、イザ等）
⑩終助詞（だナ、ネ等）
⑪終助詞以外の助詞（並ニ、ヨリ、トシテ等）
⑫接続詞（サテ、ソシテ等）
⑬指示語（アレ、ドコ等）
⑭漢語（バツコする、ゼイタク、闘〳〵シキ〴〵等）
⑮促音（江戸ツ子、やつぱり等）
⑯長音（珍しかア等）

①「動植物名」・②「オノマトペ」は現在でも多くはカタカナ表記される語であり、両雑誌にも数多くの例が見られた。『中央公論』の12年の33語のうち19語は「イタチ」「オウムガイ」「テントウムシ」「モウセンゴケ」のような動植物である。また、大正初年の『中央公論』には「白〳〵セ

リフ｜」（1年）、「何處｜イヅコ｜」「了｜ヲハ｜り」（3年）、「約｜ツマ｜り」（5年）など和語のルビをカタカナ表記する例が見られる。ほぼ『婦人公論』にのみ見られたのが、③服飾・食物の特に衣服や生地名、⑩終助詞、⑮促音、⑯長音である。②オノマトペも『婦人公論』に多く見られた。それ以外の分類の語は両雑誌に見られ、外来語を取り入れて原語表記する一方で、俗語や身近な事物、ちょっとした語句をカタカナ表記していることがわかる。米川（2012）には「大正中期から昭和初期にかけて大衆雑誌のブームとなり、読者層が広まり」とあるが、雑誌を読む層が拡大するのに伴い、俗語を取り入れ、さらにそれをカタカナ表記することによって、わかりやすさ、親しみやすさを持たせようとしたのだろうか。

　漢語のカタカナ表記は、『中央公論』では「度毎｜ダビゴト｜に」「許｜バカ｜り」「約｜ツマ｜り」「閾｜シキヰ｜」のように、漢字の振り仮名となることが多く、漢語自体をカタカナ表記するものは「ドタン場」「カゴヌケ」くらいである。『婦人公論』では漢字のカタカナ表記の例はいくつか見られ、「サーンゲサンゲ」「ロツコンシヨウジヨウ」のように囃し言葉の例や、「ゼイタク」「ロウソク」「カゴ」「キンゲンなる」「バツコする」などの例が見られる。現代のファッション雑誌においても、女性向け雑誌のほうが男性向け雑誌よりも漢語のカタカナ表記が多く見られ[21]、漢語の持つ硬さや重々しさを軽さや親しみやすさへと転じる効果が見られたが、大正期においても同様の効果を狙っているのだろうか。

5　まとめ

　両雑誌の外来語を比較すると、記事の違いも関係しているが、共通して用いられる外来語は非常に少なく、雑誌ごとで外来語の語彙が異なっていることがわかる。本章で見てきた外来語の特徴を雑誌ごとにまとめると以下のようになる。

　まず、分野による特徴であるが、『中央公論』は政治、経済、国際社会、哲学・思想、宗教に関する語が多い。軍事関係の語も見られるなど幅広い分野に及び、専門性の高い語が多い。特に、医学・生物学に関して、高度に専門的で難解な外来語を、多くは原語表記によって紹介している。生活

に関わる語や抽象語は、『婦人公論』に比べると難解な語もあり、日常性が低い。一方、『婦人公論』は経済に関する語が非常に少なく、政治に関しては国内の社会問題に関わる語が多い。宗教関係の語はキリスト教のカトリックに偏るなど、使用されている外来語の範囲は広くない。ただし、思想を表す語や抽象語も見られ、新しい概念を積極的に取り入れる姿勢が窺える。生活に関わる家具や日用品、身近な素材や建築物などは『中央公論』より多く見られた。また、服飾関係の外来語、流行・風俗を表す外来語、女性運動や女性の職業、女性の社会的立場を表す語は『婦人公論』に多く見られた。両雑誌ともに、科学に関する外来語は少ないが、芸術（音楽・美術）・スポーツに関する外来語は多い。飲食物に関する外来語も両雑誌に見られる。

　語の長さについては、『中央公論』に２単語以上の外来語が多い。英語やドイツ語を中心に、政治や経済をはじめとして幅広い分野に見られる。和語・漢語との併記については、両雑誌ともに見られ、大正後期に向かうにつれて減少の傾向にある。『中央公論』では難解な単語に多く見られたが、『婦人公論』では英語の簡単な単語にも併記が見られる。

　形容動詞・副詞・動詞については、両雑誌ともに辞書に掲載されていない語も多く見られた。『婦人公論』においても、新しい外来語を積極的に用いている様子が窺える。

　外来語以外のカタカナ表記については、オノマトペを中心に『婦人公論』に多く見られたが、『中央公論』にも見られた。外来語を取り入れて原語表記する一方で、俗語や身近な事物、ちょっとした語句をカタカナ表記しており、特に『婦人公論』において、親しみやすさを持たせていたのではないかと推測される。

　以上の特徴は、両雑誌の各年１月号の記事によるものであり、他の号の調査によっては多少変わる可能性がある。しかし、『中央公論』の外来語の分野が幅広く、より難解で専門性が高いこと、原語表記が多いこと、『婦人公論』に生活に密着した外来語が多く、女性に関する語を積極的に用いていること、より日常的な語であること、という特徴が大きく変わることはないだろう。

注1 本章で扱う外来語は、科学研究費助成事業・基盤研究（Ｃ）「大正期の外来語受容—100年前の"グローバリゼーション"という観点から—」で抽出された外来語の範囲と同様である。

2 他に、米川明彦（1987）（1996）（2012）、石綿敏雄（2001）などがある。

3 他に表記に注目した石井久美子（2012）、固有名詞を扱った石井久美子（2015）等がある。

4 外来語が見られた記事に限定しており、和語のカタカナ表記が見られた記事は含んでいない。

5 女性の生き方を説くような記事や人生論は項目ｇに分類した。

6 ａ「政治・社会」とも関わるが、特に「婦人運動」に関するものを取り出した。

7 見聞録や体験を語るエッセイ風の記事などを分類した。

8 外来語が使用されている記事をすべて取り上げているため、普通名詞がない記事も含まれている。

9 石井久美子（2014）によると、大正5年から16年までの各年1月号の総ページ数は、『中央公論』が796ページ、『婦人公論』が763ページで、大きな違いはないという。ただし、年によって公論記事のページ数は異なっている。

10 楳垣実（1963）で、「デリケートな」「ドライブする」などの語を挙げ、「日本語の活用語尾をとるのだから形容詞・動詞の語幹となるにすぎず、ほとんど名詞化されているものと考えてよい」とあるのに倣い、普通名詞と同じ分類を施した。

11 普通名詞と固有名詞の区別が紛らわしいものもあるが、ここでは、固有の人物名、地名、建造物名、出版物名（例：倫敦タイムス）、曲名、民族・人種名（例：羅甸、スラブ）、組織・団体名（例：ボルシェビキ、ハンザ同盟）、言語名、愛称（例：酒のトーカイ、三ツ矢サイダア）、地形名（例：バルチック海）、戦争（例：クリミヤ戦争）は扱わない。例えば、「希伯來思想」は取り上げるが、「希伯來民族」「希伯來人」は抽出しない。ただし、『中央公論』と『婦人公論』との比較のために、宗教名は取り上げた。その際、「○○教」「○○教徒」「○○教会」が混在する場合はいずれも「○○教」に統合して数えた。また、助数詞・単位（例：グラム、ヴォルト、マルク、パーセント、カロリー）は扱わないが、「カロリーの消費」のように独立して使われる場合は取り上げた。なお、成句や文、引用（例：弱き者よ、爾の名は女なり｜フレールチー・イズ・ザイ・ネーム・ウーマン｜、「プロジット、ノイ、ヤール」（ドイツ語で新年おめでとうの意味）、Un pour tont, Let them go 放つて置け）や、ナンバリング等の記号（例：ａ ｂ ｃ、ｘ・ｙ）等は抽出しない。分類に関しては、橋本（2010）等ではすでに分類語彙表を基準に一定の分析結果を出しているが、内容を反映する分類語彙表の小分類では細かすぎることから、本章の資料において内容を大まかに分類できるような基準を設けたものである。

12 動物名、恐竜名、神話の生物名、ホルスタイン等の品種名も取り上げた。

13 8年は「サンヂカリスト」が見られる。

14 6年に「ブールジヨア、ドラマ」が1例あるが、社会問題ではなくB⑷「芸術」に分類した。

15 拙稿（2010）の調査では、現代のファッション雑誌（男性向け・女性向け）において、男性向け雑誌では材質、機能性などを詳細に記す傾向にあった。専門的

な内容を掘り下げるという特徴は、雑誌の種類と時代が異なっても共通する点である。

16　「ヒステリック」はB⑸に分類した。『婦人公論』の8・13・16年に見られるが、『中央公論』にはない。

17　米川（2012）によると、「大正時代に『文化』が流行語になって」おり、「文化」はドイツ語「クルツール」の訳語であるという。

18　「頁」は読みを当てたものではないため、「頁｜ページ｜」は含めた。

19　大正3年（1914年）の初版は収録語7000語、増補版は3500語を加えたとある。

20　対象とする語句は「大正期の外来語受容―100年前の"グローバリゼーション"という観点から―」で抽出したカタカナ語表記の語句である。いくつかの抽出漏れがあるが全体的傾向として分析した。

21　拙稿（2010）「若者ファッション雑誌に見る男女の文体差」の調査結果による。

参考文献

青木美智子（1965）「『婦人公論』」『國文学解釈と鑑賞』30巻13号〈近代文学雑誌事典〉pp. 121-122

石井久美子（2012）「大正期の『婦人公論』における外来語表記の変遷」『人間文化創成科学論叢』（お茶の水女子大学大学院）15号，pp. 1-9

石井久美子（2014）「大正期雑誌の書き手・読み手の位相差と外来語の使用実態」『表現研究』99号，pp. 20-29

石井久美子（2015）「大正時代の外来語―固有名詞混種語を中心として―」『お茶の水女子大学比較日本学教育研究センター研究年報』11号，pp. 251-256

石綿敏雄（2001）『外来語の総合的研究』東京堂出版

楳垣　実（1963）『日本外来語の研究』研究社

荻野綱男（1988）「日本語における外来語の流入時期と原語」『計量国語学』16巻4号，pp. 165-174

勝屋英造（1922）『外来語辞典』（増補版）二松堂書店（初版は1914年）

久保田千砂子（1998）「明治期における外来語の受容」『東アジア日本語教育・日本文化研究』創刊号，pp. 167-180

呉　季真（2007）「明治期における日本語教科書の外来語―『東語会話大成』

を中心に」『文学研究科論集』（國學院大學大学院）34号，pp. 49-60

国立国語研究所（1987）『雑誌用語の変遷』秀英出版

佐藤武義（1999）「外来語の受容融合の一面」『文学・語学』162号，pp. 74-91

竹浪　聰（1981）「新聞に現れた特色―政治と経済の外来語―」『英米外来語の世界（飛田良文編著）南雲堂，pp. 199-225

玉村禎郎（2012）「外来語系形容動詞の動態―現代日本語の一側面―」『近代語研究』16集，pp. 121-136

鄧　牧（2013）「大正期における外来語の増加に関する計量的分析」『国立国語研究所論集』6号，pp. 1-18

中里理子（2010）「若者ファッション雑誌に見る男女の文体差」『表現研究』92号，pp. 15-24

橋本和佳（2010）『現代日本語における外来語の量的推移に関する研究』ひつじ書房

松井栄一（1991）「新語辞典の性格（4）」『山梨大学教育学部研究報告』42第一分冊（人文社会科学系），pp. 1-10

松本直枝（2000）「『和英語林集成』に見られる外来語」『洋学』（洋学史学会）9号，pp. 111-140

宮島達夫（1977）「現代語いの形成」『ことばの研究』第3集（国立国語研究所）秀英出版，pp. 1-50

森田いずみ（1993）「客体から主体へ―外来語への意味構造分析的アプローチ―」『国語学』175号，pp. 64-76

山本いずみ（1995）「訳語受容の変遷―新聞に使用された外来語―」『名古屋工業大学紀要』47号，pp. 77-84

米川明彦（1987）「近代の衣服の外来語」『梅花女子大学文学部紀要』22号，pp. 25-64

米川明彦（1996）「外国文化の移入と外来語」『國文學解釈と教材の研究』41巻11号〈特集 日本語の語彙と言語文化：語彙の出自〉，pp. 87-91

米川明彦（2012）「言葉の西洋化─近代化の中で─」『外来語研究の新展開』
　（陣内正孝・田中牧郎・相澤正夫編）おうふう．pp. 62-77

〔付記〕　本章の１～３節は『佐賀大学教育学部研究論文集』第２集第１号に
　掲載済みである。

【資料1】 『中央公論』に見る普通名詞等の外来語

＊表中の記号については本文に示した。数字は複数例ある場合の用例数である。

年	分類		外　　来　　語
1	A	①	コロニー　組合主義｜サンヂカリズム｜　グレーテスト、ステーツメン　ステーツメン
		②	職人組合｜トレイド・ユニオン｜　ボイコット4
		③	―
		④	エツキス放射線　スピロヘーテ、バルリダ　バチルス　實扶的里　窒扶斯2
		⑤	祭祀｜アポシオシス｜　バイブル　合理主義｜ラシオナリズム｜　帰納的｜インダクチーブ｜の　數學氣質｜エスプリ・ゼオメトラリク｜　演繹的｜デタクチーブ｜の　パン、ゼルマニズム
		⑥	ゼルマンゼーする　ピストル
	B	(1)	ジヤケット2　シルクハット3　ステツキ　ズボン　ダイヤモンド　フランネル　モード　天鵞絨　釦2
		(2)	シガー　シガレット3　シヤムペン4　ソースツソシ　パイ　バナヽ
		(3)	ガーデン2　カーブ2　ガラス　カルタ2　ギムナシユム　コック　コツプ　コレクシヨン3　スカツト3　スカツトカルタ　ヂエスト　パリジアン　パンフレツト　マツチ　ミユジアム1．／ミユヂアム1　倶樂部3
		(4)	イムペリアル、オペラ　テニス2　ピアノ2　ピンポン　ボート　ヨツチング2　ヨツト3
		(5)	アクト　概當｜アプロクシメイシヨン｜　アムビツシヨン2　オリジナリテイ　コルヂアル、アンタント　トラヂシヨナルの・な3　奇論｜パラドクス｜　バロメーター　ヒーロー　ポイント2
		(6)	クリスマス
2	A	①	サンヂカリズム　官僚政治｜ビユロクラシイ｜　自治區｜ミル｜　支配｜アドミニストレシヨン｜　行政的｜エキスクユーチーブ｜　パブリツク、サーヴアント　政治｜ポリツクス｜
		②	ストライキ
		③	―
		④	ビオリン
		⑤	エビキユリアン／エピクユリアン　キロマンシー　コーラン　ストイツク教信者　ヒンヅー教　實際的｜プラクチカル｜　ホロロジー　マホメツト教　寫實｜リアリズム｜／リアリズム2　ミスチシズム　革命家｜レボリユーシヨニスト｜　a God／God　Paganism　Pantheism　基督教　基督信者　希臘正教　波斯教　耶蘇教8　猶太教
		⑥	斷頭臺｜ギロチン｜　ドレツドノート　施條銃｜ライフル｜　銃短｜ピストル｜
	B	(1)	きやらこ　襯衣｜しやつ｜　手巾｜ハンカチ｜
		(2)	ジヤム　火酒｜ヲツカ｜　珈琲　煙草3
		(3)	カフエー　カルタ　下向道｜ダウンパツス｜　ページ3　メダル　瓦斯2　骨牌2　燐寸
		(4)	合奏｜オーケストラ｜　樂鍵｜キー｜3　棒｜キユー｜　合唱｜コーア｜　ピアノ4　韻律｜リズム｜
		(5)	少年期｜アドーレツセンス｜　深淵｜アビス｜　インスピレーシヨン　衝動｜インペタス｜　エクセントリツクな　エビソード　危機｜クライシス｜　到着點｜ゴール｜　救濟｜サルベーシヨン｜　嘉悦｜ジヨーイ｜　誠實｜シンセリチー｜2　鞏固｜ストレンゲス｜　センチメンタルな　一個の人間｜ソール｜　仕事｜タスク｜　死の苦｜デツス、バング｜　デヂケートする　生の苦｜バース、バング｜　パツシヨン　農民｜ムジツク｜　變形｜メタモーホシス｜　道徳｜モラル｜　Comme il fant　cheatする　cheater　Desert of Adolescence　Elan Vita　Even-wond ring fool　Junkerdom　teachする　teacher　Lehrjahre　Repentant Nobleman　Storm and Stress　Vengeance　Wander-jahre
		(6)	浮浪人｜ジプシイ｜　ツイガンカ
3	A	①	コムミユナール　コムミユン26　サンヂカリズム　クーデター3　移入民問題（Immigration）

		②	—
		③	マントル
		④	人羊神|サチル| スフィンクス セントール パン2 ヂフテリヤ ポプラ マロック皮人種改良|ニウビユクス|
		⑤	無道德論|ア、ラリテー| 偶像破壞者|アイコノクラスト| アカデミー畫派 無神論者|アセイツト| 無道德主義|アモーラル| 利他主義|アルトルイズム| 非道德主義|アンチモーラル| 反|アンチ|エ、ペイガニズム 自我主義|イゴイズム| 個人主義|インデイ■デユアリズム| インテルナショナリスト4 新實在論|エウ、リアリズム| 自我狂|エゴメニア| 美的|エツセテイク| オリンピックの神々 古典主義|クラシ、ズム2 高郎|コーラン|經 新浪漫主義|コオロマンテイシズム| ゴシック 宗教的禁欲主義|シリジアス、アクセテイシズム| 象徵主義|シムポリズム| 聖者|セイント| デカダンな デカダン6 羅甸頽廢期|デカダンス■ラテイヌ| 邪說|ドグマ| 本然主義|ナチユリズム| 新古典主義|ニオクラシ、ズム| 新異教主義|ニオ、ペイガニズム| 新希臘主義|ニオヘレニズム| 希伯來主義|ヘブルイズム|2 人間主義|ヒユマニズム| ヒエウマニスト／ヒユマニスト2 人間本位|ヒユウマン| 清教徒|ピユーリタン|／ピューリタン フユーマニチー 行爲主義|プラグマチズム| 實用主義|プラグマテイズム| 異教|ペイガン|2 異教思潮|ペイガニズム|4 希臘主義|ヘレニズム|4 希臘現世主義|ヘレニ■ズム| 實證論者|ポシチビスト| 遁生主義|モナステイシズム| ユートピック 宗教改革|リフオメイション| 生命派|レコオル、ドウラ、ギ\`イ| 活動說アクチイギ\`ズムフ 生の躍動エラン・ガ\`タル 力の慾望ヰルレ・ツウル・マハト 生の力ライフフホス 人體美の極致 beau ideal 明晰 Clearness 神本位 divine 自我中心の思想 egocentricism 人間本位 human 新異教主義 Neo-Pagnism 生の喜び la joie de vivre Pragmatic な 地の子 terrae filius 靈の覺醒 reveil de l'ame 肉體の崇拜 the worshipe od the body Anthropomorphism la grande sensnalite 加特力教 希伯來思想4 希臘宗教 基督教47 獨逸新教 耶蘇教3 浪漫派4
		⑥	國民防禦軍|ナショナル、ガルド|
	B	(1)	—
		(2)	ワップル 煙草 馬鈴薯2
		(3)	救濟所|アンビユランス| 舞宴|オレジー| カフェー2 ジョーナリスト スタンプ2 ポツケット、モネイ ホテル・ド・ヴィール3 教師 [マスター] ミツシヨン、スクール 軌鐵|レール|2 瓦斯2 玻璃
		(4)	フランド美術 オリムピア競技 シムフォニイ 頌醉戲曲家|ヂシランピック、ドラマチス| 戲曲|ドラマ| ハーモニー ピアノ2 プログラム 旋律|メロデー| リズム
		(5)	アカデミカルの 青春|アドーレツセンス|2 警■|アフオリズム| 究極|アルテイメエト|の 矛盾|アンチモニー| 拱手無爲|イナクション| 幻覺|イリウジョン| イルミネーション 神興|インスピレーション| エナーヂェチック エネルギー 解放期|エマンシペーション| 至上命令|カテゴリカル、インペラチブ| 法則|カノン| キヤンペイン、オヴ、エヂユケーション (Campaign of Education)／キヤンペイン、オヴ、エヂユケーション2 古典|クラシック|2 一致照應|コンスポンダンス| 轉化|コンバーション| 同時|サイマルタネアスリー| 或物|サムシング| 罪|シンフル| シンボル ストーミーで スパンスペル 自發的|スポンテニアス|に センチメンタルな3 感觸|タツチ| チヤーミングなヂレッタント 謙遜|ツユーミリナリ| 狂醉的|デイシランビック|の デイグニフアイド、パート2 デリケートな・で2 眞|トルス|2 空虛|ナツシング| 發生期|ナツセント、スタート| な ノック 偉人|ハイアー、マン|2 バニチー ヒロイツクな プライド 傲慢|プラウド|な ブランド 俗衆|フイリステン| 左様なら|フエーアウエル| 試驗|プロベイション| プロボオション 蒸氣|ベーボア| 肯定|ベアアヘン| 全的|ホーリー|に 中庸|ミイン| minituse|ミニアチュール| 凡衆|モツプ| 讚美|ラウス| 實|リアリテイ|2 リテラリー ローマンス ローマンチックな・で8 ／ローマンチツクな|ローマンチツク|／浪漫的|ロマンテイク|／浪漫的 Light 自己 (Selbst) 經驗者 (Versucher) 嚴正 Severity Sweetness Will する2
		(6)	旗印|■ンナー|
4	A	①	サンヂカリズム 民本主義|デモクラシー|1／デモクラシー5／デモクラシイ1 君父臣子政治|パターナル、ガヴァーメント| 戰爭權|ライト、ツー、メーキ、ウオア| レヂヲナリズムス地方主義 帝國|ライヒス|2 Nation in organization 組織に於ける國民
		②	分別關稅デスクリネチーヴ ツラスト4 ストライキ 利益分配法|プロフイツト、シエアリング|
		③	ウラニウム6 エーテル3 エナマチオン5／エナマチン1 電子|エレクトロン| 陰極線|カソード、レ| 微粒子|コルパスクル| トリウム2 雲霧|ネブラ| ヘリウム4 ヘルツ波 質量|マツス| 放射可能體|ラジオ、アクチビチー| ラヂウム1／ラジウム9 X線8 α (アルフア) 線4 β (ベータ) 線3 γ (ガンマ) 線3

		(4)	—
		(5)	大僧正|アーチビショップ|　アダムイズム　餓鬼道|アニマリズム|　悟性|インテリセン||活假説|ウオーキングハイポセンス|　オメイズム　カルテシアン　ギリシア正教　悪魔道|サタニズム|　見神學|セオソフイー|　セルヴィア正教9／セルヴイヤ正教2／セルヴア正教　ヂレタント2　ディレツタンティズム　デカダン2　大僧正|パトミアール|　決算表|バランス、シート|　近代主義者|モダーニスト|　apriori　浪漫主義　回々教10　希臘正教2　希臘教2　基督教　塞耳比亞正教2　土耳古正教　耶蘇教3　耶蘇正教　羅馬舊教3
		(6)	陸軍大臣|クリーグス・ミニスター|2　ピストル
	B	(1)	—
		(2)	シヤンパン
		(3)	カフエー　グラス面　コップ8　情男情婦|スウイートハート|　スリーピング、カー　バルコニー　ベッド　ヤンキー2
		(4)	オルガン　畫布|カンバス|　シンホニイ1／シンフオニイ1　ピアノ　單律的|メロヂツク|で　リズム2
		(5)	大觀|アウトルツク|　インスピレーション　獨立意見|インデペンデント、ヲピニオン|　ウント　生存物|エキジステンス|1／生存|エキジステンス|1　我|エゴー|　本質|エツセンス|2　エネルギー9　情緒的の接吻|エモーシヨナル、キツス|　秩序|オーダー|　自働作用|オートマチズム|　キヨエニグリツチ　階級|クラス|　クリスタルビジョン　グレート・コムモナー　グレートで　グレート、メン　共同|ゲマインザーム|2　質的|コーリタチブ|で　構成的|コンストラクチブ|　コンポヂション　同士|コンレード|　禮儀上の接吻|コンゲエシシヨナル、キツス|　潜在|サブシスト|　潜在意識|サブリミナル|　形の本義|シグニフイカンス、オブ、フオーム|　複律的|シンホニツク|で　スパン　自發性|スポンタナイチー|　ヂメンシヨン2　ヂレンマ3　人類の太洋|テ、シヤン、オヴ、マンカインド|　透感|テレパシイ|　ニユー、スタート新たなる出立　必然性|ネセシチー|　逆題|パラドツクス|　本在|ビーイング|2　實際心|プラクチカル、マインド|　プラン　豫知|プレコグニジヨン|　過程|プロセス|　プロセス2　名題|プロポジション|　ホスピタルな普遍|ユニバーサルス|　生命|ライフ|　極限|リミット|　純化|レフアイン|された　レマーケブル、メン　ロツクアウト　蔭打|ヲヴアーシヤドウ|　不同力　Diveroifying force　過度の自信　Happy self-confidance　木性　Treeness　統一力　Unifying forces and if not or has passed　した　would pass する　浪漫的
		(6)	—
5	A	①	副王|ヴイセローイ|　サンジカリズム3　デモクラシー8　パアリアメント　議會法パアリアメント・アクト　レフエレンダム6／レフエンダム2
		②	ストライキ　賃金アルメイツ・ローン
		③	ラヂユム
		④	マラリア　ミイラ
		⑤	クラテオ　クリスチヤン　ソフイスト4　デモース　バイブル2／聖書|バイブル|　ビユーリタン（清教徒）2　清浄教義|ビユーリタニズム|　プリグリム・フアーザース　ヘレニズム　ミスチシズム　モルモニスト　基督教
		⑥	—
	B	(1)	—
		(2)	パン3
		(3)	コールター塗り
		(4)	リズム
		(5)	イニシアチーヴ　チヤムピオン　ローマンチツク2　我が同役よマイン、コレー　pugnacity（敵抗心、奮闘心）
		(6)	—
6	A	①	情感政治|ゲフユーールスポリチーク|　クーデター5　サンヂカリズム　デモクラシー2　非常鎮眹令|ライオツトアクト|　現實政治|レア、ルポリチーク|／現實政治|レアトルポリチーク|
		②	aes uxorium

		(3)	—
		(4)	カナリヤ　名古屋コーチン　シユロプシヤ種　鬼神｜ダイモン｜3　バーシヤ種　ハクニー種　ホルスタイン　モルモット　優生学｜ユージエニックス｜　ヨークシヤ種　レグホン
		(5)	人造の世間的通説｜アーヒトラリーオーソリチー｜　アイコノクラスト　キリスト教6　クリスト教　ト・アバイロン　力の関係｜マハトフエアヘルト子ス｜　マハメット教2　装甲せる拳｜メイルド・フイスト｜　ユーゲノッド　ユダヤ教6　aj｜アジ｜　ajras｜アヂラス｜　ager privatus｜アーゲル　プリバトス｜　ager publicus｜アーゲル　ププリクス｜　Literature
		(6)	ギヨチン　acker　ager　ajras　akrs　Amerika uber Alles　ansteckung　Autumunus　Herlst　Hima　Sama　Kulturvölker　Naturvölker
	B	(1)	—
		(2)	カレー粉2
		(3)	セメント　ナイフ　ペン　倶樂部2
		(4)	ピアノ　フットボール2
		(5)	インテリゼンス　オーソリチー　カテゴリー　原始的｜プリミチーヴ｜2　プレミヤム　ムード4　Li｜リー｜　ロジック
		(6)	Pur
7	A	(1)	インダストリアリズム　サンチカリズム　シヴィル、リパーテー　ステート　デマゴク　デモクラシー5　ポリチカル　リパーテー　人間全體の選擧權 human suffrage　國際調和 International Comeliation　社會的再建 social reconstruction　社會結合 Solidarity ／社會的結合性 solidarity　威嚇政策 terrorizing polioy
		(2)	ストライキ　国民經濟學 National Economy　一般經濟學 Political Economy
		(3)	—
		(4)	モルヒネ　阿片
		(5)	イズム2　オツポルチユニスト　カソリツク　ヒユマニズム　プロテスタント　マキアエ゛リズ　人類的結合 human solidarity ／ human solidarity　新学 New　Learning　心靈的生存 Spiritual being　基督教
		(6)	—
	B	(1)	メリヤス2
		(2)	ビール　煙草
		(3)	ゴム　プラスチツク2
		(4)	—
		(5)	必要なる禍悪｜ネセツサリー・エヴヰル｜　パラドツクス　ロオマンチツクな　あたりまいのこと a truism　創造的自由 initiative　發動者 initiator　自然状態（Status naturalis）　夢想 vision　elemental で　refine する
		(6)	—
8	A	(1)	アンチデモクラチツクな　オートクラシー5　オートクラチツクな・の・で3　キヤピタリスチツク・デモクラシー　コンモン、ロー2　サンヂカリスト　ソーシャル、デモクラシー7　戦敗承認論者｜デフイーチツス｜　民本化｜デモクライズ｜　民本化｜デモクラチゼーション｜　デモクラシー61／民主主義｜デモクラシイ｜　デモクラシゼーション　デモクラチツクな・の・φ9　海洋獨占主義｜ネバリズム｜　ハウシング、エンド、タウンプランニング、アクト　ビルデイング、アクト　プロパガンダ21　プロレタリア3　ボルシエヴイズム　マキアヴエリズム2　軍國主義｜ミリタリズム｜　商工主義 commercialism　pseudo-democracy　仮面民主主義 capitalistic political democracy　demos 2　Natural Law　propaganda bureau　social democracy
		(2)	娯樂税アミユズメント、タクス　ギルド　ストライキ4　ダンピング8　ベターメント、タクス
		(3)	—
		(4)	ヒステリー的

		⑤	一様平等│イーブンエタナール│　裏書│インドースメント│　價値轉換│ウムヴエアツング│ エピキユリアン　エチモロジー　オッポ゛チュニスト　キリスト教2／基督教2　改宗│コンバーション│3　獨逸│クルトール│文化　コスモポリタニズム2　ジョーヂズム／ヂョーヂズム　スラヴィズム　チュートニズム　デカダント　デズエツードー　デモス　傳統主義│トラデシヨニズム│　ドロア・ジウィル　バプテスマ　プラグマテスム　存在事由│レエゾン・デトル│　ロイド・ジョーヂズム3　反対毒 antidote　balance of Power　「なまける権利」 the right to be lazy　Hord　Kultur 2
		⑥	タリオ　軍事│ミリタリー│　Russische Horden（ロシヤの群兵）　Deutschland Uber alles
	B	(1)	―
		(2)	シガル
		(3)	アンテナ2　ゲーム　シヴィック、センター　スチーム　ペン2　瓦斯
		(4)	スポート
		(5)	アクト　エンペロール　オバー、シュー　ギャップ2　世界性│コスモポリタニゼーション│　正當化│ジャスチファイ│する　日本化│ジヤパナイズ│　スタチュート　スペキュレートする　ゼネレーション　ソーシアル　テマ　無勝負引分│ノービクトリーピイス│　ノーマルな　パーリメント　バットル2　人道│ヒュマニテイ│　ブラックメール　フリードム　フロックコート　ベーブされた　ホープフルな　ミュニシパルバンク　メーン・カーレント2　モチーヴ　貴族│ユンカー│／ユンケル　リフレン　リベルチ／自由│リベルチ│　ワー2　語│ワーヅ│　fairness　Flexible
		(6)	リンチ
9	A	①	アメリカ・サンヂカリズム3　アメリカ・デモクラシー3　インターナショナリズム　オートクラシー5　ギルド・ソーシアリズム　クラフト・ユニオニズム3　コムミューン　サンヂカリズム23　勞働組合│サンヂカ、ウーブリエ│　ショップ・スチユワード運動　貧民部落社會事業│セットルメントウオーク│　ソーシヤリズム2　ソーシヤル・デモクラシー8　直接民主主義│ダイレクト、デモクラシー│／ダイレクト・デモクラシー114／デモラシー　テーロル・システム5　ナシヨナリズム5　パロット・ボックス・デモクラシー　ビユーロークラチック　フランス・サンヂカリズム2　ブルジョア106　ブルジョア・デモクラシー5　ブールジョアジー2　ボルシェヴ゛キキ・デモクラシー　リコール　代議政治│レプレゼンタチヴ・デモクラシー│　勞兵主義 Sovietism
		②	カルテル　ギルド15　ストライキ　ドック・ストライキ2　トラスト　ナショナル・ギルヅ　Insolvenza
		③	―
		④	Influenza
		⑤	オッポーチュニスト　コスモポリタニズム4　プラグマチズム4　プラグマチスト2　基督教2
		⑥	共疲れの戦争│ウオア・オブ・エキゾースション│　矢毒 eurare　Money（軍資金）　Munition（軍需品）
	B	(1)	―
		(2)	煙草
		(3)	カロリメーター　シヤベル5　トクトル　ハトロン2　把手│ハントル│　ポンゾ　フインリーフレット　瓦斯　硝子　倶楽部　燐寸
		(4)	―
		(5)	創意（イニシアチヴ）　インスピレーション　エネルギー5　エポックメーキングの　エム5　生的跳躍│エラン、ヴイタアル│　オーヴァー、タイム4　本源的│オリヂナル│な　キャスチング・ヴォート　古典的│クラシック│の　社會的臺所│コンミュニテイキッチエン│　タンク分化│デイフエレンシエーション│　パーセンテーヂ　パラドキシカルな　パラドックス　擬制│フキション│　ホームシック2　Men（人）　Positive Check　Sept　浪漫主義
		(6)	―
10	A	①	ゲロコミイ Gerokomy　サンヂカリスト6　サンヂカリズム　ショップ・スチュワード・ムーヴメント　ソヴィエット・システム2　デモクラシイ1／デモクラシー2　デモクラット2　デモクラテック・ガヴァメント　ブルヂオア8　プロレタリアン　中小農會議 Bauernrat
		②	ギルド4　ギルドマスター

		③	—
		④	無勢力|インポテンツ|　エキス8　オーフォリン　サラデラ　スペルミン　内分泌物ホルモン／ホルモン　勢力|ポテンツ|　モルモット　ルツエルン　Capaum　去勢鶏　生殖不可能　Impotentia generandi　睾丸隠匿症　Kryptorchides　鼠蹊部睾丸隠匿症　Kryptorchides inguinales　腹部睾丸隠匿症　Kryptorchides abdomiuau　マクロビオチック　Macrobiotique　性交可能　Potentia coeundi
		⑤	叡知的性格|インテリギブラー、カラクテール|　スコプチェン　過度の労働と不十分なる栄養　Uberarbeit u. Unterernahrung　基督教3　猶太教
		⑥	人工的乾燥エンシレージ　ジャーネーマン　蛮族（バルバル）　フニストメーター　ミイツカゼルネ　帰還兵宅地　Krieger houstatte　獨身者住宅　Ledigen heim　指導農場　Lehrwirtschalten　Reserve army
	B	(1)	—
		(2)	パン　ヨーグルト
		(3)	アカデミー　賞與|ボーナス|
		(4)	ヨット
		(5)	自我|イツヒ|　勢力|エナジー|　エネルギー　精神|ガイスト|　歸結|コンセクエンス|　マヂョリテイ　自由職業者|リベラル、プロフェッション|　Individuum　個體2　Selbst　自體　to be 4　to have 3　to do
		(6)	ツアー
11	A	①	インターナショナリズム　インダストリアリズム　クーデタア　サンヂカリズム2　ソリダリテイ5　個立主義|セパラチズム|4　獨裁政治|チノテーターシクブ|　チヤーチスト2　ツルイズム　デモクラシー6／デモクラシイ6　デモクラチツクに　ナショナリズム　目的合同|パーパス・ユニオン|　自由組合|フライエ・ゲウエルクシヤフテン|　ブルジヨアジー　プロレタリヤ6　ボルシェヴィスト　メンシエヴィスト
		②	ギルド2　ストライキ2
		③	—
		④	アテレス2　オラングダン（老牡）／オラングタン／オラングタング5　ギボン　ゴリラ2　シボマタドル　シンパンジー4／シンパンゼー2　セブス2　セルコピテクス　半神半人|デミゴツド|　パンサー3　パビアン　マカツク
		⑤	イズム5　キリスト教2／基督教7　文化|クルツール|　ゴチツク　シヨウキニズム　トルストイズム　ブルアツフエ　ルネッサンス3／再生|ルネッサンス|　carita（隣人の愛）l'amordella spera suprima（至高の世界に對する愛）　潜在的天才—potential genius—　一妻多夫（Polyandry）2　jus primae no■tis
		⑥	
	B	(1)	カール　シルクハット　ソフト　フロック
		(2)	パン2　トースト　茶菓|レプレシユメント|　麺麭
		(3)	カテドラル　コース3　スチームローラー　テント　ページ　ペン　ホーム4　マッチ　レンズ4　實驗品|ラボラトリー|
		(4)	管絃樂|オーケストラ|／オーケストラ　オペラ15　喜歌劇|オペレット|　ゴルフ2　シムフオニー　ステーヂ　タンゴ　バンドマン　ピヤノ4　プログラム　マーチ　マチネー　ミクロフォン　ロシヤオペラ2
12	A	(5)	アカデミツクな　自由人|アン・ノンム・リーブル|　イエス　イニシアチブ　インテリゲンチヤ　インテレスト　エキステンドする2　エソテリックな　クラシツクな　怜悧|クルークハイト|　サークル　サムシング　演習|セミナリー|　センチメンタリズム2　データ　自然|ナツール|　ナツシング　必要な罪悪|ネセシチーエヴル|　ノー　パラドキシカルに　フアウスト　拳骨の權利|フアウストレヒト|　ブラボオ　友誼|フラテルニテ|　豫斷|プレジユヂス|　プロゼクション　人間|マン|　環境|ミリユ|　團集|メン|　自己|モア|4　題目|モツトオ|　人類|ユマン|　民族|ラース|　戀愛|ラ　メーキング|　既成の事實|フエー・■|　群婚（Group Marrige）　mood of energy　mood of idleness 2　recreation　造り替|レクリエーション|　求婚|■ーイング|　戀物語|■ー■ンス|
		(6)	キユルト・ド・モア　リツツル、ジヤツプ

		①	アリストクラシー インダストリアリズム2 エンコミエンダス制度 クーデター サンヂカリズム6 デモクラシイ ブルジヨア2 集産主義│フレクチビズム│ プロレタリア1／プロレタリア3 プロレタリアット1／プロレタリアート2 ボルセビズム4
		②	ギルド32 コンメンダ2 トラスト6 ハンサ同盟 マスフワクチユア 公正賃銀條項 Fair Wages Clause
		③	パニボラ線 プラズマ
		④	羚羊│アンテロープ│ アムモナイト（菊石） アメーバ2／アミーバ2 イクチオサウリア（魚龍） イクチオサウルス ウインタテレス (Uintatheres) エーテル エオヒップス (Eohikppus) 1／エオヒップス9 カンガルー クローヴァ クロ、フイル 葉緑体│クロ、プラスト│1／クロ、プラスト4 コレラ シアン酸アムモニウム スミロードン (Smilodon) タスマニヤ狼 (Thylacinus) ダスマニヤン・デヴィル (Saroophilius) ダリヤ ヂノテレス (Dinotheres) ヂノリウム ツェッツェ蠅 (Glossina)／ツェッツェ蠅 Tsetse"—Glossina morsitans) テイタノテレス (Titanotheres) デイノサウリア（恐竜） トリパノゾーマ3／トリパノゾーマ (Trypanosoma brucei) トリヒナ虫 ネビリウム（巨人） バクテリア3 ピッパリオン (hipparion) ヒポヒップス (Hypohippus)／ヒポヒップス プテロダタテルス（翼指類） 動物群│フーナ│ プラズモチウム プランクトン7 プリオヒップス (Pliohippus) プレシオサウリア（長首龍） プレシオサウルス 植物群│フローラ│ プロカメルス (Procamelus) プロテイン2 プロトヒップス (Prottohippus) プロトプラズム 原形質│プロムプリズム│ マケロヅス マストードン マングース10 マンモス3 モササウリア（滄龍）2 モニトル モネラ ラマ ワクチン 異歯類 (Anomodontia) ブラキオサウリア (Brachiosaurus) 馬 (Equus) Ichthyosauria（魚龍類） Mosasauria（滄龍類） 溝鼠 (Mus decumanus) 家鼠 (Mus rattus)／突然変異 ("Mutation") 南洋犬 (Oanis dino) 漸新世 (Oligocene) 系統発生的 (phylogrnetic) Plesiosauria（長首龍類） 虚足 ("Pseodo podia") 牛疫 (Rinderpest) 龍足動物 (Sauropoda) 爬虫類 (Theriomorpha) Cynognathus, Dicynodon,Equus 2 Endothiodon Farahippus Hipparion Hypohippus maladie de coit mal de caderas Meryhippus Nagana 2 Neohipparion Pliohippus Protohippus Ptychognathus Surra 2 Trypanpspma equiperdum T. equinum
		⑤	エクレクティシズム2 カタクリズム キリスト教9／クリスト教／基督教7 ゴシック20 サイヤンス2 ヒユウマニスト ヒユウマニズム2 マーカンテイリズム7 モハメット教徒 ユーゲンドスタイル ユーゲント式 ラヂカリズム ルネサンス14 レバルティーミエントス制度2 ローマン主義 能力欲 (le désir du pouvoir) 転変異説 ("Cathaclysmic theory") 天律不変説 ("Uniformitanism") 生活意思 (Wille zum Leben) 権力意志 (Wille zurmacht) Nationalization Public Utilities Socialization 回々教7
		⑥	サーベル
	B	(1)	サンダール
		(2)	バタ2 パン
		(3)	ヴェヒクル3 ガソリン カテドラル システム2 ジヤングル シヨウ・ウキンドー ドーム5 ホテル 瓦斯9／斯瓦
		(4)	アート シングル・プレー フエアープレー3
		(5)	アダプタビリテー アダプテーション 無感覚│インデイフキレンス│ ヴイジョン エネルギー7 クラシック8 讓與│コンセッション│3 取り合はせ│コムビネーション│ シノニム シムボル ジヤステイス スタンダアド ストイックの スペキユレーション スライヂキング、スケール センセーション3 タイプ タッチ チーム・ウオーク テクニック デテール│細部││アイテー ル│ パ ソニワイ ンコン パラドツクス バランス4 セン│ ブラック プラス10 プッシュ／プッシユする マイナス8 モーティーフ／モーチーフ2 モノポライズする リイダア cul de sac （『行き詰り』） 歴差 (Procession of Equinoxes) 変移性 (Variability) 2 合目的性 (Zweckmässigkeit) Awakening Data unique の Zwcckmassig 浪漫的の
		(6)	—
13	A	①	アナーキズム アンチ・プロレタリア2 インタナショナル／インターナショナル4 投票集合│コーカス│／コーカス 國務大臣│セクレタリ・オブ・ステート│ デモクラアト デモクラシー／デモクラシイ16 デモクラチツク／保守民主説│トリデモクラット│ テイ・ブルジヨア ブル18 ブルジヨア30／ブルヂヨア16 プロ62 プロレタリア8／プロレタリヤ19 プロレタリヤ・ポリチシアン 袖選擧區│ポッケット、ボツロー│ ボルシユヰズム／ボルシエヴヰズム2／ボルシエヴヰズム／ボルシユニキズム メーデー2
		②	トラスト ボイコットする Eigenwerte Wirkungswerte 2
		③	—
		④	ヒポコンデリー ホッテントット・ブッシメン

		⑤	不可思議論|アグノストツタ|者 アパラアト 不可思議派|アグノスチック| 亜米利加主義 |アメリカニズム|2 ヂヤアナリズム ソーシアル・スタチックス（社會平権論）ヂアレクチク デアラミニズム 合理派|ナショナリスト| バイブル バチエラア・オブ・デイヴィニテイ ヒンドウ教徒2 ピユリタン派 プラクチカルな プレラフアエル（ラフアエル以前に復古する一派）プロボア（ボア人晶屓） 實證派|ポジツビ■ト| メタモールフオーシス 同教徒|モハメダン| モルホロギイ 合理派|ラショナリスト|2 ラデカルでラムパント リベラリズム4 リアリスト リアリズム ルネッサンス2 the philosophiy ／ philosophies Philosophie des Werden ／ Philosopie des Werdens Philosopie des Gewordnen
		⑥	オルダー・オブ・メリット（功績勲章）2 フオイイレトン2 フオイイレトニスト2
	B	⑴	エメラルド コスチユウム2／コスチウム ダイヤモンド ビロオド ボタン2 ボタン・ホール
		⑵	コーヒー チヨコレート パン ビール フオーク 珈琲 煙草3
		⑶	アーケード7／アーケードー1 アーチ3 仕事場|アトリエ| アメリカン・バー 築堤|エンバンクメント| カフエ コロネード3 コンクリート3 カンパニーレ ゲエム コツプ 市内|シテー| シビック・センター4 ストーブ ストア ソフア 市應|タウン・ホール| 観光客|ツーリスト| テスト テツキストブック ナイフ5 ニウス／新聞種|ニユース|／ニユース3 ノート パトロン2 バラック6 胸壁|パラペット| パラボラ2 フアサードピアツツア3／ピヤッツア2 宣伝ビラ 丸ビル2 ビルデイング／ビルデング5 フイルムブールヴアール ブローカー2 ベッフロイ ペン ボール3 ホテル ポンプ 市場|マーケット| ミリオネア メンバア モザイク ライブラリー 無線電話|ラヂオ| ランプ 回想録|レコレクシヨンズ| レスタウラント2 鐘塔（Beffroi）瓦斯2 倶楽部 玻璃
		⑷	オペラハウス オペラバツグ キネマ・フアン 演奏場|コンサートホール| ジヤズ・バンド ダンゴ・ダンス デッサン2 テニス 奏大樂堂|バンドズタンド| ページエント
		⑸	亜米利加化|アメリカニゼーション|2 亜米利加化|アメリカナイズ|する 欧羅巴風|ア・ラ・ユーロツペアン| イージーゴーイングに インフオーマル ウエルデン2 ウンレーゲルメーチヒ 能率|エフイシエンシイ| エントランジエ 自傳|オウトビオグラフイ| 公式傳記|オフイシアルバイオグラフイー| オルガニズム カテゴリイ2 カマラード カリカツール キヤピタル 質|クオーリテイ| 量|クオーンチテイ| クラオン グリーングループ ケーオス コスモポリス コンミツション コンヴエンション 勤務|サーヴイス| シーズン 同義語|シーニーム| システマチカア 旦那|シニオール|4 シムボル スカイライン3 スタイル3 ゼネレーション2 センテンス 對角線|ダイヤゴナル| タクチイク4 タヴァリシユ チツプ チヤーター ヂレンマ デイアレイクチイク デテール テムペラメント2 ナイイヴな 譃言たはごと|（ノンセンス）| パアスペクチブ パノラマ 片|ピース| ビジネス／ビズネス2 ビッグ（大きく）／大きい|ビッグ| 大きいこと第一|ビッグ・フアースト| ヒユーマン・ドキユメント|人間の記録| フオーマル2 フオックス・トロット フオラム／フオーラム プラウドで プラトニックラヴ ブラン4 プロセス2／方程|プロセス|1 プロポーション フンガア ミニユアチユア 獨逸製|メード・イン・ジヤーマニー| メキシコ|メリット|3 メリット モダーン、コンビニエンス モツトー2 ユトピア リイベ リフアインドな レーゲルメーチヒ レヴエル3 ロイアルチ 法則|ロー| 傳奇|ローマンス| Aberglauben Affe Bürger entgeisteter Geist Fauilletonist Geist geistige Kulur 2 Glaulen Glied der Natur Gli d der Gcschichte heilige Fanile Hunger3 Hunger und Liebe Irrekigion Kinder gottlicher Natur Liebe2 Mechanisierung Menschen im Herzen Prediger ges todes Religion Schreidemit Blut Stadtbürger The city crown Überbau2 Ziggurat Wiederaufbau Winkeladvokat
		⑹	エキセデレ ゲヴオルデネ フエロウ チエツカ
14	A	①	クウデタア ボルシユギズム 姉妹國民の聯合|リーグ・オブ・システーネーション| 中立聯合|リー■オブニュートラシス|
		②	ストライク
		③	―
		④	コカイン ベスト マラリヤ マンジオカ3 モルヒネ 阿片21
		⑤	アイドラツリ アイドリズム エナージズム センチメンタリズム ツランセンデンタルなデカダンス プラグマチスト 赤紐主義|レットテープ|
		⑥	アツロフイ
	B	⑴	ネクタイ
		⑵	カカオ／カヽオ パン4 マテ茶 珈琲4 煙草2 馬鈴薯

4 大正期の『中央公論』『婦人公論』に見られる普通名詞の外来語とカタカナ表記の和語 81

		(3)	ガス　プラカード　ペン　ボーナス　瓦斯　護謨
		(4)	―
		(5)	エッフィシェンシ　サブリミチ　スコープ　デメンション　デモンストレーション　バロメーター　ホープ　モメンタム　ルウズ　レジメンテーション
		(6)	ハイパーツロフィ　ムラトー
15	A	①	衡平法｛イクイチー｝　インタナショナル　エミグラント　コンミユン　ソシアル・デモクラシー　チヤーチスト　ツァーリズム　デモクラシイ9／デモクラシー4　テロリズム　ドツク罷業　ブルジヨワ6／ブルジヨア　ブルジヨワジイ6／ブルジヨアジー26　ブルジヨア・イデオロギー　ブルジヨワ・デモクラシイ／ブルジヨワデモクラシイ　プロレタリアート8　プロレタリエル2／プロレタリア15　プロレトクリト3　普通法｛コンモンロー｝　ポリティカル・デモクラシー3　マルクシスト7　マルクシズム17　産業的労働組合（Industriad Union）　労働組合（Trade Union）　労働組合主義（Frade Unionism）　革命持續（Revolution in Permanenz）
		②	カーテル　コール　トラスト　ネップ（新經濟政策）3／ネップ1　ボーイコット3　リング
		③	―
		④	コレラ　ホルモン11
		⑤	イマジニーズム　イマジニスト2　エゴイズム　キリスト教　クーズニッツア2／クーヅニッツア　クルーチェヌイフ（未來派）／クルーチェヌイフ　シムヲリズーム／シンヲリズーム　フエビヤニズム　ヘロイズム　ユニバシテイー・セットルメント　リベラリズム　ロマンテイシズム　門戸閉鎖主義（closed shop）／closed shop　信仰（Credo）　Injunction 2　open shop 2
		⑥	―
	B	(1)	―
		(2)	ビール
		(3)	トラクタア　パスポート　バラック　パラボラ　堡壘（バリカアド）
		(4)	ダンス　テンポ1／テムポ2
		(5)	イデオロギヤ3／イデオロギー2　インテリゲンツィヤ11　哀歌｛エレ■ア｝　カタストロオフ2／カタストロオフエ4　コスモス　センセイション　デリケートな　ミクロコスモス　ユートピア　ロマンテイツクな　檢討（Examino）　職人（journeymen）　Conspiracy 2　Phrase
		(6)	―
16	A	①	アンシャン・レジーム　インターナショナル3　コンミューン　サンディカリズム　ステーツマンシップ　セッツルメント　デモクラシー3　ドミニオン4　フア9　フアシズム／フアシチズム　ファシスト2／フアスチスト　フアツショ6／フアショ　ブルジヨア32／ブルヂヨア　ブルジヨアジー　プロレタリアート5　プロレタリア2／プロレタリヤ2　ホーム・クロフテイング　ホーム・クロフト計畫（The Home croft plan）　ホームクロフト・セッツルメント　マルクシズム　メンシェキズム　レニニズム17
		②	カルテル3　ギルド3　ストライキ2　トラスト2　小協商｛フア　、アンタント｝　ロイヤリテイ（採鑛料）／ロイヤリテイ2　經濟的合理主義（Der ökonomische Rationalismus）　營利主義（Erwerbsprinzip）　饑餓勞賃＝Hunger lohn＝　短時日勞働者＝Kurzarbeiter, Labourers working on short time＝　時節の變動＝seasonal Fluctuation＝　失業には一定の限界（Margin of Unemployment）
		③	―
		④	アスピリン　ペスト3　阿片
		⑤	クリスト教會　コラン　マホメット教　リーグ　ブルーテリズム　加特力教6　羅馬教2　浪漫主義
		⑥	―
	B	(1)	ジンジヤービーヤ　パン　ビール　煙草
		(2)	カセドラル　トニック　トンネル　ビラ2　ホテル　ポンプ　マッチ　マネージヤー　モツブ　ランプ　頁

(3)	—
(4)	イデオロギー2　インマネントに　カテゴリー2　カモフラージ　コンセツション　サイクリカルな　ジヤステイフアイする　ジヤンブする　ショツク　スローガン　タイプ2　テーマ　デイレンマ　トニツクで　ナイト　パーセンテイジ　バツクワード　フロント　ポピユラリチー　最大限度｛マキシマム｝　ユートピア　ユートピアン　流動的（flüssige）　潜在的（latent）　黒點（Sun-Spot）　停止的（stockende）
(5)	ピラミツド
(6)	ジンジヤービーヤ　パン　ビール　煙草

〔外来語の注記〕

1年　バチルスは細菌。實扶的里はジフテリア、窒扶斯はチフス、羅甸はラテン、釦はボタン、天鵝絨はビロードの漢字表記（振り仮名なし）。ポイントは列車のポイントのこと。ソースツソシはソーセージか。ガラスは本文「ガスラ」だが誤植とみなした。コルヂアル、アントントは cordial intent か。ゼルマンゼーは不明。本文は「ゼルマンゼーされる」と受身形で、「侵略される」などの意味と思われる。

2年　煙草、燐寸、瓦斯、珈琲　骨牌は漢字表記。キロマンシーは手相学、ホロロジーは計時学のこと。

3年　ワツプルはワッフルのこと。「旗印」のルビ ｛■ンナー｝ は一字不明。ホテル・ド・ヴィールは市庁のこと。パン、セントール（ケンタウロスの英語読み）は半人半獣の生物。

4年　ウントはドイツ語の「及び」の意味。キヨエニグリツヒはドイツ語のケーニヒリツヒのことで、「王室の」の意味。ツラストはトラストのこと。カルテシアンは直交座標系のこと。

5年　クラテオはギリシャ語で支配の意味。デモースはギリシャ語で人民の意味。レフェレンダムは国民投票のこと。

6年　Naturvölker は自然民族、Kulturvölker は文化民族のこと。Sama は夏、Hima は冬、Autumunus は実る意味。ajras はサンスクリット語、ager はラテン語、akrs はゴス語、acker はドイツ語。aj はサンスクリット語で「追う」意味、ajras は「追い廻す土地」の意味。ager privatus は私有の土地、ager publicus は共有の牧場のこと。Li はサンスクリット語で「色を塗る」意味の語の語根。aes uxorium は独身税。Pur は避難所。Ansteckung は同一の文字の意味。ト・アバイロンはアナクシマンドロスの用語で「限りなきもの」の意味。

7年　Amerika uber Alles の「Uber Alles」はドイツ語で、英語では about allのこと。

8年　デズエツードーは不明。タリオはラテン語で処罰法の一種。エチモロジーは語源の意味。テマはテーマのこと。ユンケルはユンカーのことで、ドイツの地主貴族の意味。ウムヴエアツングは Umwertung（ドイツ語）で再評価の意味。Hord は Hords（遊牧民の群れ）のことか。Insolvenza は債務超過のこと。

9年　Sept は「september」の略。テーロル・システムは「テロル・システム」、テロルとは恐怖のことで、テロリズムを意味する。エムはMのこと。

10年　スコプチェンはロシアで生まれたキリスト教の教派の教徒のこと。ミイツカゼルネはドイツの集合賃貸住宅のこと。サラデラ、ルツエルンは草の名前。エンシレージは人工乾燥のこと。フニストメーターは不明。ツアーは身分名。サラテラ、ルツエルンは牧草名。

11年　「獨裁政治」のルビ「チノテーターシクブ」は不明。リツツル、ジヤツプはリトル・ジャップのこと。「jus primae no█tis」はラテン語の「jus primae noctis」で配偶者と初夜を過ごす権利の意味。ゴティクはゴチックのこと。シポマタドルは蔓性植物。シンパンジーはチンパンジーのこと。パビアン、セブス、ブルアツフエは動物名、ギボンはテナガザルのこと、セルコピテクス、マカツクは猿の一種、アテレスはクモザルのこと。麵麭はパンのことで、漢字表記のみ。アテレスはクモザルのこと。

12年　コンメンダは共同出資の形態。モネラは生物名。プラズモチウムは細菌名。「エホこと」は不明なので取らなかった。アルファベット表記は、概ね生物名、病気名、病原菌名である。エンコミエンダス制度は植民地支配の制度。マーカンテイリズムは重商主義。

13年　wisenschaftliche Kostum、geleherte Maske einer Philosoophie は不明のため取らなかった。Wirkungswerte は影響価格のこと。フンガアはドイツ語「Hunger」のこと。アパラアトはロシア語のアパラート（機構・装置）の意味。ブルはブルジョアの略、プロはプロレタリアの略。コロネードは建築用語で、列柱廊のこと。ニウス、エキセデレは不明。ストアは回廊の意味。ラムパントは紋章学用語。「フエロウ」「チエツカ」不明で取らなかった。デアレクチクは弁証法。バチェラー・オブ・ディヴィ

ニティーは神学士のこと。ウンレーゲルメーチヒは unregelmäßig（不規則）のことか。キャピタルは大文字の意味。ファサードは建物の正面部分。タヴァリシュチはロシア語で同士の意味。

14年　アイドラツリは偶像崇拝のこと、アイドリズムと同じ。ツランセンデンタルは Transcendental で、形而上の意味。マンジオカは穀物名。ムラトーは、ヨーロッパ系白人とアフリカ系の特に黒人との混血を指す言葉。ハイパーツロフィは不明。

15年　衡平法｛イクイチー｝はイギリスの大法官裁判所で発達した法原則。クーズニッツアは「鍛冶派」のこと。ツァーリズムはロシアの絶対君主体制のこと。リングはカルテル、トラストに並ぶ用語。

16年　コランはコーランのこと。フアはフアツシヨの略。ドミニオンは、支配権、領土。

【資料2】　『婦人公論』に見る普通名詞等の外来語

年	分類		外　来　語
5	A	①	—
		②	—
		③	—
		④	中酒性精神病｛アルコホリスムス｝　内分泌物｛ホルモン｝　中酒性妄覚｛ちうしゆせいまうかく｝Alkoholwahnsinn.　嫉妬妄覚｛しつとまうかく｝Eifersuchtwahn　所有本能｛しよいうほんのう｝Instinct of Acquisition　有機的嫉妬｛いうきてきしつと｝Organic jealousy　偏執狂｛へんしつきやう｝Pananoia　シールヅフト Die Scheelsucht.
		⑤	基督｛キリスト｝教　現在的｛げんざいてき｝Present.　豫期的（未來）｛よきてきみらい｝Prospective.　回顧的（過去）｛くわいこてきくわこ｝Retrospective.
		⑥	—
	B	(1)	コート　更紗｛さらさ｝ショール　セル　マント
		(2)	アルコホル／酒精｛アルコール｝　チヨコレートクリーム
		(3)	オールドミス3　ガラス
		(4)	—
		(5)	エンヴィー　悲哀｛グリーフ｝　所有｛しよいう｝Acquisitive.　怒｛いかり｝Anger.　コヴエタスネス Covetousness　エイフエルヅフト Die Eifersucht.　ミスグンスト Die Missgunst　ナイド Der Neid.　「エムヴイー」Envy.　恐｛おそれ｝Fear.　「ジエラシー」Jealousy.　jalousie｛ジヤルシー｝　Jealosiia.｛ジエロシヤ｝　愛｛あい｝Love.　Man（男）　Man（人間）2　嗜｛たしな｝み（Modesly）　競争｛きやうそう｝Rivalry.　シヤーデンフロイデ Schadenfrende　Woman（女）
		(6)	—
6	A	①	—
		②	—

		③	コークス19　ニツケル4
		④	ヒステリイ
		⑤	基督｜キリスト｜教6　基教｜キリけう｜2
		⑥	―
	B	(1)	―
		(2)	アルコール　カステラ2
		(3)	瓦斯｜がす｜52／瓦斯5　ガソリン　カタローグ　カレツジ　ストーヴ89　チーヴ／チユーブ10
		(4)	歌劇｜オペラ｜　ブールジヨア、ドラマ
		(5)	智慧｜ウイスドム｜　能率｜エンイシエンシー｜　デリケートな　動機｜モーチブ｜
		(6)	スケレトン（骸骨の意）　リンチ（私刑）／私刑｜リンチ｜2
7	A	①	―
		②	―
		③	―
		④	―
		⑤	ヘル
		⑥	―
	B	(1)	コート2　セル　パラソル　ブリリアンチン　マント2　メルトン　羅紗｜らしや｜　リボン　ワツチエ
		(2)	パン
		(3)	ゴム　タイプライタア　長卓子｜デスク｜　頁｜ページ｜2教壇｜プラット・ホーム｜
		(4)	オルガン3　ピアノー2／ピアノ12
		(5)	チヤーターする　リフアインされる　ヴ｀ニテイー
		(6)	―
8	A	①	デモクラシー　ミリタリズム
		②	―
		③	―
		④	エーテル　コロロホーム　スコポラミン　モルヒネ2
		⑤	加特教｜カトリック｜　基督｜キリスト｜教　厭世家｜ペシミスト｜　厭人者｜ミスアンスロピスト｜
		⑥	―
	B	(1)	シヨール　シルクハツト
		(2)	パン2
		(3)	ギヤス　ステーシヨン2　スリーピング、カー　タイプライター　頁｜ページ｜　ベツト　ベンチ2　ホテル2　部屋｜ルーム｜　courting parlors
		(4)	オルガン　ハーモーニー　ピアノ2
		(5)	スピリツト　デペンドする　デリケートな　ドグマ的　ヒステリツクに2
		(6)	トワイライトスリープ
9	A	①	―
		②	―

		③	—
		④	スフィンクス（獅身女面の怪物）
		⑤	晩課｜ヴエスパー｜　エビキユリアン　カトリック教徒　切支丹｜きりしたん｜2　キリスト教3／基督｜キリスト｜教5　基督者｜クリスチヤン｜　サクラメント5　スコオラ3　聖｜セント｜4　デカダン／廃頽｜デカダン｜　マニ教　監督｜ビシヨツプ｜1／監督｜ビジヨツプ｜2　赦罪｜しやざい｜（abso lutio又sotisfactio）　告白｜こくはく｜（confessio）　痛悔｜つうくわい｜（contitio）赦免｜しやめん｜（indulgence）　懺摩｜ゐんま｜（Ksama）　『立派な罪悪』（splendid vices）
		⑥	
	B	(1)	
		(2)	
		(3)	ソファ　卓子｜テーブル｜　頁｜ページ｜　モデル
		(4)	オケストラ　歌劇｜オペラ｜2　和聲｜ハアモニイ｜　バルカロオラ（舟子の歌）
		(5)	効果｜エフエクト｜　轉機｜クリシス｜　シヨツク　センチメンタルな3　ヒロイツクな　精想｜モンチメント｜　記念碑的｜モニユウメンタル｜　ローマンス
		(6)	人間的書類｜ヒユーマン・ドキユメント｜
10	A	①	サフラヂエツト／サフラゼツト7　サンヂカリズム4　デマゴーグ2　ドミニオン・ホーム・ルール　ブルヂヨア　親聯合國｜プロ・アライ｜　プロパガンダ7　ボルシエヴイズム
		②	ギルド2
		③	—
		④	—
		⑤	キリスト教徒　キヤソリツク2　クリスト教2　デカダン7　Weltschmerz｜エルツシユメルツ｜　world-sorrow｜ウオールドソロー｜2
		⑥	ドレツドノート　サーベル2　ピストル
	B	(1)	メリヤス
		(2)	パン
		(3)	ゴム　テーブル4
		(4)	—
		(5)	アイロニー　エーヂエント　トスカ18／toska｜トスカ｜　プロテストする3　fin de siècle｜フアンドシエクル｜2　heart-ache｜ハートエーク｜
		(6)	ボヘミヤン
11	A	①	ブルヂヨア6
		②	ストライキ
		③	—
		④	ヒステリー　ヘモグロビン　ミズンネフロス
		⑤	エゴイスム／エゴイズム2　基督｜キリスト｜教　女性主義｜フエミニズム｜　新マルサス主義　レセエ・フエア　ワイブリツヒ・クルツール／『女性文化』｜ワイブリツヒクルツウル｜（Weibliche Kultur）　第三性（Das dritte Geschlecht）　faith（信仰）／fe
		⑥	—
	B	(1)	—
		(2)	パン2
		(3)	シーツ　頁｜ページ｜2
		(4)	—

		(5)	インテリゲンチヤ2　叡智|ウイズダム|／ウイズダム　ヴィジョン5　選人|エリト|11　エンライツンする　センチメンタリズム2　型|タイプ|2　テーマ　デコレーション　デジェネレートする　特殊化|デイファレンシエーション|3　半分|ハーフ|　ハンディキャップ　ヒロイン　新鮮|フレツシユ|　ベターハーフ　「男性」|マン|／man　ミステイツクな　「人間」|メンシユ|　モザイツク　ローマンチツクに／ロマンチツクな2|ロマンテツクな2　ローマンチック・ラブ　ロマンティシズム　女 (femina)　3のK (Kirche, Küche, Kinder)　less (より少ない)　Minus　獨立的女性道 ("selbständiges Weibtum")　woman
		(6)	オーシーズ　クリスマス
12	A	①	コンムユニスト　デモクラシー3　デモクラチツク　デモクラテツク　ブルジヨア2　プロレタリヤ2　聚落|コロニー|2
		②	協同組合|パートナアシツプ|
		③	質量|マツス|
		④	アミーバ2　エーブマン (猿人)／エーブマン3　ヒステリー　プロリオピスカス　マンモス (巨象)　ヴイタミン
		⑤	絶對的標準|アブソリユート・スタンダード|　能率的標準|エフイシエント・スタンダード|　クルツール論　聖痕|スチグマ|　「可き」|ゾルレン|2／「べき」|ゾルレン|　チユベリズム　バイブル2　相對的標準|リラチーブ・スタンダード|　ルネサンス3
		⑥	―
	B	(1)	シルクハット　ハイカラ髷　ピン
		(2)	バタ　パン8
		(3)	アパートメント2　コンクリート　外殻|シエル|2　スチーム　スペート　テーブル　亜鉛|トタン|2　ビジネス・ビルデング　ホットウォーター　ホットエーヤ　ポスター
		(4)	社交ダンス　ピアノ　リズム15　レコード
		(5)	捨象|アブストラクト|　インフリユエンス　生存|エキジステンス|　能率|エフイシエンシイ|　熱意|エンシユージアスム|　風習|ジツテ|　規模|スケール|　センス　センチメンタリズム　タイプ　プラス2　フレンドシツプ　プログラム　マラソン競争2　中間|メデイアム|　メルヘン　道徳|モーラル|　ユートピア2　ユーモア　造り換え|リクリエーション|　役目|ロール|
		(6)	エスペラント教育
13	A	①	社會連帯主義|ソリダリテイ|　ツレード、ユニオン　ブルジヨア5　ブルジヨアジー　ブルジヨアリスト　プロレタリヤ／プロレタリア　ウーマンカレント　Societas3
		②	―
		③	―
		④	バチルス　Devil　Beast
		⑤	基督|キリスト|教4　商業主義|コムマアシアリズム|　ジヤーナリズム　デカダン2　バルガリズム
		⑥	―
	B	(1)	シヨオル　ボタン3　マント
		(2)	煙草|たばこ|　パン7
		(3)	瓦斯|がす|2　骨牌|かるた|　贈り物|ギフト|　球蓋|ドーム|　トタン　ビルディング　ベツド　ペンキ　ポンプ　ランプ2　隧道|とんねる|　バラック9　バザー2
		(4)	エンタシス (脹らみ)
		(5)	インデイフエレント　エゴイスチックな　名誉|オノア|2　好奇心|キユリオシテイ|　サブウルバン　シヨツク　デゼネレート　デリカシイ　デリケートな　ハムブルな　ヒステリツクに　純な恋愛|ピユーア・ラブ|　純潔|ピユーリテイ|2　處女性|ブアージニテイ|　プロ級　散歩路|フロムナード|　モツトー／標語|モツトウ|　ユトピア　ライフ・ウオーク5　レメデイー　ロマンス Over Value する　Under Value する
		(6)	ドン・フアン2　ボヘミアン

14	A	①	デモ新思想家3 デモクラシー ブールジヨア1／ブルヂヨア3／ブルジヨワ1 プロレタリアート プロレタリヤ
		②	—
		③	タングステン モリブデン
		④	
		⑤	利他主義｜アルツルイズム｜ エゴー4 デカダン
		⑥	—
	B	(1)	フロックコート ポケット モーニング ルパシカ3 ローブ・ド・シヤンブル
		(2)	アルコール 煙草｜たばこ｜
		(3)	アパートメント／アッパートメント 事務室｜オツフキース｜ 船室｜キヤビン｜／キヤビンゴム コンクリート2 タイピスト2 ドア バラック17 バンガロー 頁｜ページ｜2 ホール ホテル6 ヤンキー ランプ
		(4)	アンブロンブツ オーケストラ シンフオニー ソプラノ ダンス3 テムポオ ハーモニカ マンドリン 旋律｜リズム｜／リズム レコード 倶樂部
		(5)	溝渠｜ギヤツプ｜ クラツシする クリーニング2 コントラスト2 コントロール センチメンタリスト プライド フレツシユ 潜勢的存在｜ポテンシヤリテイ｜ マスターする メス動因｜モーテイフ｜ 年報｜ヤールブヒ｜ 静坐の時間（Quiet hour）
		(6)	ヘシ・ベツクド 木乃伊｜ミイラ｜
15	A	①	アナアキズム ブルジヨア4／ブルジヨワ
		②	—
		③	—
		④	ヴィタミン ヒステリー8 ホルマリン消毒
		⑤	自己主義｜エゴイズム｜ イスイト教會 ヴアンダリズム エロトマニア 樂天主義｜オプチミズム｜ カソリック教派 吉利支丹｜きりしたん｜ サンタ・フエエ（聖き信仰の意） ジヤーナリズム ダダイスト ダダイズム デイプソマニア ニヒリズム 伴天連｜バテレン｜ モハメット教 耶蘇｜やそ｜教
		⑥	鉄砲 espingardas
	B	(1)	オールバック2 オパール カナキン ギガン嶋 クロース コート サラサ サラタ嶋 サントメ嶋 ジヤガタラ嶋 シヤツ3 スカアト／スカート スタイル ステツキ ダイアモンド タキシイド チヤウ嶋 バツチ ブラシ2 白金｜プラチナ｜ フロック ベンガラ嶋 ポケット マニラシヨオル モーニング2 ルビー
		(2)	アスパラガス アルコホル3 キヤラメル 珈琲｜コーヒー｜／コーヒー2 シエリ シガレツト バナナ パン3 ライスカレー
		(3)	ウエートレス エプロン2 エレベーター カアペツト ガイド5 ガイドブック カフエ／カフエー4 カンテラ キヤデラツク クツシヨン3 ゴム2 コンクリイト スタンド2 ストーブ タオル テーブル バー バスケツト バキユームクリナー パラソル2 バラツク3 ハンドル バンガロー チラシ(ビラ)／ビラ10 ビル3 ブールボアール 頁｜ページ｜ペツト 鈴｜ベル｜ ペン ボーイ ホース ホーム ボール ポスター2 ホテル2 假面｜マスク｜／マスク マドマゼル ムシウ モーター モダーンガール モダーンボーイ ラヂオ3 ランプ3 硝子
		(4)	シネマフアン シンフオニイ ステーヂ・ダンス スポーツ ダンス ダンシング・ホール ダンス・ホール2 ハーモニカ2 フアン プログラム プロツト
		(5)	アドヴアイス ＝｜イコール｜ ヴイクター エキゾチツクな 等々｜エトセトラ｜ エネルギー 挿話｜エピソード｜ オアシス カロリー（熱量） グリーン クラシツク ゴツシツプ シヤン ジヤンク スタート スター ストーム ［異人種｜ストレンヂヤー｜ 放浪人｜ストレンジヤー｜ センチメンタリズム センチメンタル 型｜タイプ｜／タイプ 十年間｜デケード｜ 絶望｜デスペラシイ｜ デスペレートな デリケエトな トレース ノスタルチヤ11 ハイカラ 背景｜バツク｜ ハツピーエンド ヒント プラス フリボラスな ポーズ3 マイナス マスタービルダー マスト ムーヴメント 近代的利便｜モダアン・コンヴイニエンス｜3 ユートピヤ3 相手｜ライバル｜ ライン 顧望｜ルツキングバツクウアード｜ レデーメード3 浪漫的｜ロマンチツク｜な 友情｜フレンドシツプ｜

		(6)	タイフォン　ジプシイ2　ツウファオ　ヨソク（東方の邦又日の國）　Yego（端・或は發點 —日は東の—）
16	A	①	ブル的／ブル根性　ブルヂヨア／ブルジヨア5　ブルヂョア・デモクラシイ2　プチ・ブルヂョア2　プロレタリヤ4／プロレタリア　ボルセヴィズム
		②	—
		③	—
		④	ヒステリー5　怪物｜モンスター｜
		⑤	基督｜キリスト｜教　マキヤヴェリズム　コンマーシヤリズム　ジヤーナリズム　ニヒリスト
		⑥	
	B	(1)	ヴェール　靴下止｜ガーター｜／ガーター2　ケープ　コート4　襦袢｜じゆばん｜　ストッキング2　ずぼん　ネル　ハイ・ヒール　補片｜パッチ｜2　ハンカチ　フエルトターバン　フラシテン　淺黒｜ブルーネット｜　ポケット　ボンネ　マント　ユニホーム　ルビー5　レエス　最新流行｜レーテストフアシヨン｜
		(2)	アイスクリーム　カロリー　キヤラメル　タバコ　パン3　ビール　フオーク
		(3)	アスフアルト　エレベーター2　オフキス　ガール3　ガイド　カットグラス　ガラス／硝子｜がらす｜3　歌々留多｜かるた｜　コック　コンクリート2　ゴンドラ　シート　ショウウキンドウ2／ショウウインダウ2／ショーウインドー　ストーブ2／ストオヴ3　タクシー7／タクシイ　園タク／タク　ダンスホール2　デパーアトメント　デパアトメントストア　卓｜テーブル｜　ドア3　トランク　トランプ　トンネル　パイロット　ハウスワイフ　バラツク2　ビヤホール2　ビラ2　ビル2　ビルヂング　ピンセット　プラットホーム／プラットフオーム　頁｜ペイジ｜／頁｜ページ｜2／ページ　ベッド　ペン4　ベンチ　ホテル3　麻雀｜マージヤン｜　マイクロホン　マダム4　マツチ3　モダンガール32／モダン・ガール12／モダンガアル6／モーダンガール5／モダン・ガアル11／現今の娘｜モダン・ガール｜　モダーンボーイ　モダンマダム　戀人｜ラヴア｜　ラヂオ3　ラヂオフワン　ランプ3　瓦斯
		(4)	カンヴアス　グラヴ　コンサート　スキー　スケッチ　スケート　ダニューブワルツ　ばす、けつと、ほを／バスケット、ボール／バスケットボール2　ハバネラ　ピアノ／ピヤノ　フアン　プレーボールド　プログラム2　拳闘｜ボクシング｜
		(5)	アツピールする2　老｜アルト｜　インプレツシヨン　ヴヅドに　カーレント　カムフラージユ　接吻｜キス｜／キス　ギヤツプ2　苦力｜クーリー｜　クライマツクス　グループ3　コース2　コントラスト　シーズン　ジヤパテス・スタイル　嚴格｜シリアス｜なる／シリアスなる　表徴｜シンボル｜　スイートで　スケール2　スタート2　タイプ4　タツチ　ツアイス　デザイン　デリカシイ　デリケートな2　ノツクする　ハイカラ　ヒステリツク｜なる2　桃色｜ピンク｜　プーアな　フモール　プロ　ポイント　マーク　ムーヴメント　モダン3／モダーン4　ユートピア　ユーモア　ユニオキユラ5　若｜ヤング｜　ルール　レクチユア　ロマンテイスト
		(6)	アグレ、ダツクリング　クリスマス　ジヨフアー／シヨフアー

〔外来語の注記〕

5年　コヴエタスネス Covetousness は欲張りの意味。エイフエルヅフト Die Eifersucht. は嫉妬の意味。ミスグンスト Die Missgunst は嫉妬心の意味。ナイド Der Neid. は嫉妬心の意味。Schadenfrende. は「他人の不幸は蜜の味」のような感情。

7年　ブリリアンチンとはポマードの別称。ヘル、メルトンは生地の種類。ワツチエはワツテ（脱脂綿）のことか。

8年　ギヤスとはガスのこと。スコポラミンは薬品名。courting parlors は

客間のこと。

9年　サクラメントは秘跡のこと。

10年　ドレッドノートは恐れ知らずの意味。軍艦名から。サフラヂェットは
闘争的女性参政権活動家のこと。トスカはロシア語で心がふさいだ状態の
意味。サンジカリズムは労働組合運動。fin de siècle｛フアンドシエクル｝
は世紀末のこと。Weltschmerz は悲劇的世界観のこと。ボヘミアンは民
族名から一般名詞化しているようにも取れるが、今回は取らなかった。

11年　ワイプリッヒ・クルツールはドイツ語で「女性文化」のこと。fe は英
語の faith（信仰）に当たる。レセエ・フエアは自由放任の意味。オーシー
ズはオアシスのことか。

12年　スペートはシャベルの意味。プロリオピスカスは類人猿の種類。

13年　サブウルバンはサバーバン〈郊外〉の意味か。パチルスはドイツ語で
細菌の意味。Societasはラテン語で会社のこと。

14年　アンプロンプツは即興曲（アンプロンプテュ）のこと。カイドリ（和
語）は打掛のこと。倶樂部にはふりがなはなく、漢字表記のみ。ヘシ・
ペックトは「ヘン・ペックト」（henpecked＝尻に敷かれる意味）であろ
う。ユンゲンクンストは若者芸術の意味か。「ハーシツト・ランド」は不
明、土地名と思われ、採らなかった。

15年　ヴァンダリズム（vandalism）とは、芸術品を破壊する行為。カナキ
ンはポルトガル語、布地の一種。硝子にはふりがなはなく、漢字表記の
み。「ギガン嶋、サラタ嶋、アレシヤ嶋」は縞物の名前。シエリは酒の名
前。ツウファオは台風のこと。ブールボアールはフランス語でチップのこ
と。

16年　フラシテン（plush）は布地の一種。フモールはドイツ語。カバン
の語源は諸説あるが、不明のため和語とした。アグレ、ダックリングは
Ugly Duckling で、醜いアヒルの子のこと。ジヨフアー・シヨフアーは
chauffeur でお抱え運転手のこと。ユニオキュラは uniocular（単眼）の
こと。

【資料３】　『中央公論』『婦人公論』に見る和語等のカタカナ表記の例

	中央公論	婦人公論
1	まア　アッサリ　アット　アッと　アテに　アト　アレ3　イザ2　イヤ　どうでもイ、　エラかった2　エラさう　エライ3　オシヤレ　オット　キッカケ　クドク　コ、　英雄さ・親愛サ・下手サ　ザット2　ジリジリ　スタスタ　白|セリフ|　ソックリ　チト3　チヤント　ト　ハッハと　ハラ〳〵　フイと　フラリ　マア　モー2　ヤツ、ボン〳〵	—
2		—
3	アトに　イザ2　何處|イヅコ|　ウツかり　ウネリ　了|ヲハ|り　斯々|カク〳〵|　キ符|じるし|　ゴーンと　コンな　サテ　ソコで　ソラ　ソンな2　度毎|タビゴト|に　ダラシの無い3　力|チカ|ラ2　一ツ2　ツマラぬ　ツマリ　ドーセ　何處|ドコ|　ドン〳〵　許|バカ|り　ハキ〳〵　ペーペー　ポツ〳〵　呪禁|マジナヒ|　又|マタ|　モ一つ　ヤジリ屋　已|ヤ|まざらん　分|ワカ|り　故|ワザ|と	—
4	アチラ　ウント　エライ5　コラ　サッパリ　ジット　ソコデ　ソレ　チヤンと　ツマリ　ドン〳〵　ハット　ボンヤリ　マツサ　ワケ	—
5	イザ　何日|イツ|　エライ　エリヌキ　オイそれと　約|ツマ|り　ドン〳〵　ビクとも　ボツ〳〵　モー2　モト〳〵　ヤット　ヨリ2	イザと云ふ場合　コソ〳〵　六ツかしい
6	アハゝゝゝゝゝ　イザ　オイそれ　キジ　ダテウ　マンマと　モリ返す	ゴロゴロ　ザット　ドンヨリ　並ニ　ハガキ　ピカ〳〵4　ポツ〳〵　ホンの2　メツタに　ヤシの木
7	イザ　エライ　グズ〳〵　ケチ　ケチ〳〵　一ケ年・●ケしい　テキハキ　ドサクサ	イ、エ　イケません　イザ　イヤで〳〵2　ウヨ〳〵　お茶ッピー　片ッ端　グツと　さア　サマスベタ　ソロ〳〵　ダマクラかす　ドーといふ　ヒガミ2　ヒマ2　ピンからキリまで　ホンの　マサカ　六ツかしい　モジヤ〳〵　モテ囃す　ヤキモキ　ヤハリ　ヨボ〳〵　ワケ
8	アノ2　イヂメ6オレ2　ドタン場2　ドン底2　ビク〳〵2　ポキリ　ミカド2　ヨリ12	イヂ　カサム　カミサン　ズン〳〵　つッこんで　手ッ取り早く　トント　ハツと　モ少しモウ
9	イヤ　ウツカリ　オイ　オイソレと　コ、　ダニ　トシテ　ドン〳〵　ボロ　ボンヤリ	サーンゲサンゲ3　シテ　(主人公)6　ツレ4　ペラ〳〵　ロツコンシヨウジヨウ3
10	ウツカリ　チヨイ〳〵　ドン〳〵　ピツタリ	ズン〳〵
11	イツ　イヌサル　イルカ　オー　オクビ　キヌザル　サソク　サッパリ　スラリ　ニ依ル／二對スル2　ペテン	スラ〳〵3　チラつき　ポカンと
12	アノ2　イソギンチヤク　イタチ　オウムガイ2 オモチヤ　カイガラムシ　カチ〳〵　カナヘビ　ギシ〳〵　ギザギザ　クモ　コモリネズミ　シコタマ　シヤミセンガイ　スツパくて　セミ　タコ2　ダニ　テントウムシ　トカゲ2　ドサクサ　ドシン　ハツキリ3　ヒキクルメたる　ヘビ　ボンヤリ　モウセンゴケ　ヤドカリ　ヤマアラシ　ヤンワリ　リス　ワイワイ2　ワニ2	サッパリ　ハツキリ

13	イカサマ2 エライ オメ〳〵 ガアガア ゴツタ返し2 ゾロ〳〵 トントン拍子 ハイ〳〵 金ピカ ピクピク2 ヒヨロ〳〵 ヘマ ポンチ絵 ヤリツケアはねば ヤリツケル ヨリ2 闊|シキキ|	アの2 アノ イナゴ イヤだ5 イヤがる イヤ がらせ エイこと4 オドカス ガラクタ カラ ダ キタナイ キツパリ キメテ グツト ゴザ コンナ ザツクバランな シキリに ジロ〳〵 スゴヤかに2 スツカリ2 ゼイタク セチ辛 い ソー11 ソシテ4 ダガ2 チラツク ツイ ドー6 ドレ丈け ドン底 ドンナ ナーニ ナ マジ ネ ヒドイ ホンの2 ボンクラ ホン トー3 まア2 モチ2 モツト4 ヤツト ユツ クリ ロウソク
14	ソレ ダラシの無い 片ッ端／手ッ取り早く ド レだけ ブラドつて ベラボウに ムキに ヤレ	元気のイ、 イキナリ イツとなく ウツカリ 2 ウナリ2 オカヅ オツチヨコチヨイ オツ ぼり出す カイドリ ガサ〳〵2 ガマン コン ナ サムライ シカモ2 チヤンポン ツモリ2 ドウ ドコ2 ドツチ8 ノンキ8 ピタリ ビチ 〳〵 シツキリなし ピツタリ ヒヨツコリ ニ タ2 ポツ〳〵 ボロ ホントウ マダ4 ママ メしく ミジメな ヨリ
15	カゴヌケ サイフ ズント ブマ ホク〳〵	ことア・ぢや・なア3・珍しかア イケません イヤ3 ウソ エ、2 オヤ カーツ〳〵 カーン と ガク〳〵 カサ〳〵 カビ ガブ〳〵 カラ リと キザ5キロ〳〵 ギラ〳〵 キラリキラ リ キンツパ グーツ グツタリ グツと2 ゲ クリゲクリ ゲロゲロツ ケロリ コキ使う ゴ ツタ返す サア サアツと ザーツと ザンギリ シツ6 シツハタ 柳條|シマ|1／シマ7 シマ リ シマザラシ1／絛布|シマサラシ|1 シマモ メン ジメついて スーツと2 スヂ2 ズラツと ゾツと ソロソロ タイフウ タテシボ チヤン と2 チラシ（ビラ）1／チラシ チラ〳〵2 チ ラリと4 チロ〳〵 チンチコジ（天竺人）ツケ 焼刃 ツムロ袴 ツンと ヅングリ 江戸ツ子2・ おつちよこちよい・はねツ返り・ひツくるめて・ 獨りッ子・ぽーツと・ヤツつけられ デカデカ ドカリと トテも ニコニコ ニツコリ ヌキに 猫パ〳〵 ハキ〳〵2 バク〳〵 ハツと バツ と バツトした ハメ 金ピカ3 ピカ〳〵 ビ ツクリ ヒ〳〵 ヒリ〳〵 ピリ〳〵 フウワリ 2 ブカ〳〵 ブツツリ フト2 フニヤ〳〵 ヘ エ2 ホツと2 ホンの ボンヤリ マア2 ムカ 〳〵 ムカ〳〵ツと メド モウ5 モツコ4 モ ツと リンゴ
16	イラ〳〵 グラツキだす 軍|グン|闊 コウ2 コゾツテ シミ〳〵／ スキを与える スタる スツカリ ズン〳〵 ソロバン2 ニツ／はツき り ツムジを曲げる タ、キ潰す ドウ2 ドン ドン バラ〳〵 ヒゞが入る フンドシ ヘソク リ金2 ボロ モ一つ3 ヨリ3	アツと アハア イザ イヤ イヤな イライラ ウウン ウソ オシツコ オツトリと カゴ カ サ〳〵 ガタ馬車 カツ〳〵の カワ カワウソ キチンと キモノ キンゲンな グイと クラ 〳〵 クラ〳〵ツと コリヤ コンナに ザツク、 ザザツ、ザツ、サツサツサツ、サツ、サツ、サ 、サツ サツ、ザツク、ザツク、ザツク、ザツク サヤサヤ サラの サワリ ジツと シヨンボリ スーツと スベ〳〵 スボリと ソツと ダ タ ツ、タツ、タツ、タツ タビ タマ タン ダ ラリ チ、チ、ゲミに2 チヤリンと ツバ 辻 ツかり・うツかり・おやツ・九ツ・したくツて・ 只ツ・残つた・ひツ掻き・もツけの・やツぱり デコボコ ドツと ドテラ ドヤ〳〵 トントン トントン2 だナ・さかいナ・かいナ ニセ ニ ツコリ ハツと パツと バツコする ハラハラ バラ〳〵 ピツタリ ピンと ブス〳〵 フト フワリフワリ ブランコ ベソをかく 銀 ヘエ 半ベラ ホツと3 ホヤ ホン ホンネ ホンモ ノ マア2 メチヤ〳〵 メラ〳〵 ムダ モ少 し モウ モサヒキ6 モツと モツトモツト ヤキが廻る ヨリ ロクな

5　大正期の『中央公論』『婦人公論』における抽象的な概念を表す外来語の使用

星野　祐子

1　はじめに

　明治期の文明開化をきっかけに、思想や学問、教育や生活様式など、さまざまなレベルにおいて、西洋化や近代化が推進された。と同時に、英米語をはじめとする外来語が日本語の語彙体系に大量に組み込まれることになった。しかし、開国直後の明治期では、外来語を整備し、体系化するまでには至らない。明治期は、大量に入ってきた外来語をとりあえず受け入れる「外来語流入期」として位置づけられる。

　続く大正期は、外来語のカタカナ表記が徐々に定着し、表記の標準化が図られた時期である。また、外来語辞典が続々と刊行され、外来語研究が盛んに行われた。一般庶民においても、外来語が身近なものになりつつあり、外来語の大衆化が推し進められることになった。明治期が「外来語流入期」なら、大正期は「外来語受容期」となる。

　さて、大正期を中心にした外来語研究は、外来語の表記のあり方を調査する研究、語彙的特徴を明らかにする研究、経年調査による量的推移をみる計量的な研究などが主流である。その一方で、外来語の使用をテクストの中で捉えなおす研究は十分になされていない。当該文脈の中で外来語を用いる理由や表現効果については、概説的な指摘が中心である。さらに、今回資料とした『中央公論』や『婦人公論』には、難解な外来語の使用もみられるが、そうした外来語使用に伴うテクストの特徴についても言及はなされていない。そこで、本稿では、抽象的な概念を表す外来語の使用に注目し、外来語使用の実態やテクスト中の外来語のふるまい、さらに、外来語の理解を促す文章構造の工夫について考察する。

2　先行研究

　大正期における外来語の増加に関して、宮島（1967：10）は、「明治時代には主として漢語がふえたが、大正・昭和時代には外来語の増加がこれ

をおいこした」と述べる。また、大正期に外来語の受容が積極的になされた背景には、中・高等教育制度の整備が挙げられる[1]。米川（1985：11）は、教育の普及・拡大に伴い文化の大衆化が進み、エリート層が拡大し、活字文化の浸透が促されたことを指摘する。その上で、活字を通して、外来語が一般の人々の中に入り、発展していったことに言及する。大正期は、まさに外来語が一般に広まる途上の時期であるといってもよい。

　ここでは、外来語の研究について、外来語の表記方法に注目する研究、外来語使用の通時的推移を指摘する量的研究、当該時期における語彙的特徴を指摘する語彙研究の３領域の成果を確認する。主として、大正期を対象とした研究成果を取り上げる。

(1) 表記研究

　外来語の表記についての研究は、国立国語研究所（1987）、石綿（1989）、石井（2013、2014）などがある。それぞれ、調査対象年の異なりはあるものの、大正期に関しては、漢字表記からカタカナ表記への移行が認められるといった結論を導く。

(2) 量的研究

　量的研究としては、国立国語研究所（1987）、松井（1991）、橋本（2010）、鄧（2013）などがある。

　国立国語研究所（1987）は、1906〜76年に発行された『中央公論』を対象に、10年おき各年延べ１万語の標本を抽出し、外来語の確実な増加を報告した。

　松井（1991）は、新語辞典を資料に、大正初期から昭和10年にかけての外来語収録状況を調査した。調査の結果、大正期に新語として収録された語は、５割近くが外来語で、昭和期に入ると６割を超えるという。

　橋本（2010）は、新聞の社説を対象にし、現代にいたるまで、約100年間の外来語の量的推移を論じる。通時的な研究の結果、外来語の増加は「Ｓ字カーブモデル」として捉えられることを示した[2]。

　以上が、長期間を対象にした研究の成果である。

対して、鄧（2013）は大正期のみに注目した。具体的には、大正期に刊行された10種の新語辞典を、発行年をもとに初期、中期、後期に分け、調査対象とした17,911語の外来語が、どの段階で収録されているかを調査した。調査の結果、新語辞典に見られる外来語は、大正初期の段階で既に8割近くが掲載され、その多くは明治期、及び明治以前の時代から日本語に組み入れられた外来語であることを指摘した。

⑶　語彙研究

　外来語の語彙研究には、楳垣（1963）、飛田編（1981）、松岡（1982）、米川（1985）、石綿（2001）など多くの研究がある。ターゲットとなる時代を区分し、時代背景と外来語の受容との関係を論じる研究、分野毎に外来語の特徴を整理する研究など、それぞれの関心において研究がなされている。以下では、大正期の語彙の傾向について先行研究の指摘をまとめる。

　楳垣（1963）は、「明治期には気取った感じを与えた外来語も、大正期には普通の日常語として受け取られるようになった」（p. 84）と述べる。さらに、大正期は「外国文化の影響がかなりしみ込んで、新思想・新文学の形で具体化され、専門用語が大量に取り入れられ、演劇・映画・スポーツなどによって外来語が大衆化された」（p. 86）時期であると指摘する。外来語の大衆化に関しては、米川（1985：14）にも言及があり、大正期では、外来語を用いた慣用的表現（用語慣用句[3]）や外来語の略語が出現し、外来語の使いこなしがみられるとする。このように、大正期には外来語の定着が進み、日本語の語彙体系において、外来語がかなり一般化してきたことがうかがえる。

　その一方で、大正期には、難解な外来語の使用も見受けられるとの指摘がある。以下、竹浪（1981：202）の指摘を引用してみよう。

　　大正時代における英語出自の政治・経済関係外来語には、二語あるいは三語連接した長大なものとか、高い英語の素養が必要な難解な単語とか、衒学的ともいうべきものがあって、あたかも、外国語をどこまで外来語として使用できるか、その可能性を試しているかのような観がある。

こうした高度の外来語使用に比例して、重要な、後々も頻繁に使用される外来語も多く登場するが、その一方、その場限りで消えるうたかたのような外来語が氾濫したこともこの時代の特徴のようである。

つまり、大正期における外来語使用には、明治期以前に日本語に入ってきた定着度の高い外来語を使いこなす一方で、実験的な使用もみられるという、2つの方向性をみることができる。

以上、外来語の表記に注目する研究、外来語の定着を通時的にみる量的研究、外来語が頻用される語彙定着のあり方を探る研究の3領域について先行研究を整理した。

3　資料の概要と対象とした外来語について

今回、資料とした『中央公論』と『婦人公論』について、その特徴と対象とした外来語の範囲について述べる。

(1)　資料の概要

『中央公論』は、1887（明治20）年創刊された総合雑誌で、時代を映し出す評論や小説が掲載されている。読者層は知識人エリート層が想定される。本稿では大正1年から大正16年[1]の各1月号に収録されている公論記事を分析対象とする。

一方、『婦人公論』は、1916（大正5）年、『中央公論』の女性版として創刊され、家族のあり方や女性の生き方、社会問題を扱う論説が掲載される。読者層としては教養ある女性、高学歴の女性が想定される。分析対象は、創刊年にあたる大正5年から大正16年の各1月号に収録されている公論記事である。

このように、両誌のターゲットは教養を有した読者層であり、使用される語には硬く抽象的な語が多く確認される。そうした傾向は、外来語使用においても同様で、本文中に用いられる外来語が、西洋の思想や文化、政治経済を読み解くキーワードになっている場合も少なくない。しかし、キーワードとなる外来語が、読者にとっては初見であったり、馴染みがな

かったりということも十分あり得ただろう。理解の及ばない外来語については、辞書を引きながら記事を読み進めてもよいわけだが、メッセージ性の強い啓蒙的な雑誌であるからこそ、外来語への確かな理解を促す工夫が、記事中に施されていると考えられる。

⑵　対象とした外来語の範囲

「外来語」とは、外国語が翻訳されずに、発音、語形、表記などの形式面において日本語の体系に受容された語を指す。「外来語」の研究に「漢語」を含める立場もあるが（石綿 2001）、ここでは「漢語」は対象外とする。また、本稿では、外来語の日本語語彙体系への取り込みに注目するので、原語表記の外国語は分析対象としない。

さらに、本稿で扱う抽象的な外来語とは、具体的なモノを指さない外来語を指す。固有名詞では文化名、社会・経済用語、社会運動などが相当する。一般名詞では、抽象的な概念を表す語、精神的な活動に関わる語などが相当する。

4　研究課題

先行研究ですでに明らかにされた点と、今回資料とする『中央公論』、『婦人公論』の特性を考慮し、本稿での研究課題を設定したい。

まず、分析にあたっては、文脈の中で外来語のふるまいを考える文体論的アプローチを採る。外来語を扱う従来の研究は、語レベルを対象にした研究が多く、外来語の使用実態や外来語を用いる効果を文体の観点から取り扱うものは少ない。また、外来語を用いる理由について、石綿（2001：83）では、「新しい事物・考え方の表現」「新しい感じの表現」「いままでのものと相違のある表現」「専門化時代の専門語」「国際化時代の影響」「婉曲表現」「言語構造に由来するもの」の7項目を挙げる。いずれの項目も概説的な説明が中心であり、実際のコンテクストに照らし合わせて、外来語使用を分析するものではない。

それでは、『中央公論』『婦人公論』という、啓蒙的かつ進歩的な雑誌において、外来語はどのように使われているのだろうか。啓蒙的な役割を担

う雑誌だからこそ、外来語が表すニュアンスをうまく本文に取り込みながら、記事の理解を促しているはずである。そこで、以下の3つの研究課題を立てた。

① 抽象度の高い外来語が用いられる背景にはどのようなものがあるか
② 抽象度の高い外来語を読み手に理解させる工夫にはどのようなものがあるか
③ 抽象度の高い外来語が用いられる文章の構文上の特徴にはどのようなものがあるか

以下、研究課題に従って、研究を進めていく。

5 抽象度の高い外来語の使用背景

まず、抽象度の高い外来語が用いられる背景を探る。ここでは、『中央公論』『婦人公論』という雑誌の特性を活かした使用を確認する。

外来語使用の動機としては、外来語の響きや軽さを活かした修辞的な用法[5]も想定されるが、ここでは、修辞的な要素は捨象して分析を進める。

(1) キーワードとなる場合

当該トピックを展開するにあたって、外来語がキーワードとなる場合、原語の音を活かしたカタカナ表記がみられる。

例1 中世の都市の工匠等が自らの安全と利益とを擁護するために案出した一つの組織は所謂 ギルド であつた。ギルド の起原及發達に就ては學者の間に異論がある。この異論の大半は大陸に於ける ギルド と、英國に於けるそれとが種々なる意味に於て區別して考察されなければならぬ筈であるに拘らず、その區別が無視されてゐるがために生ずるのではないかと私は考へてゐる。(林癸未夫「生存慾と行爲慾と所有慾との飽和を理想として」『中央公論』大正12年, p. 78)

例2　非常な政界の大波瀾を捲き起し一九一一年八月十八日國王の裁可を得たる英國の所謂「議会法（パーリアメント・アクト）」は、一七一六年來の定則たりし下院議員の任期七年なりしを五年に改めたる外、上下兩院の衝突の解決の爲め次の如き新原則を定めた。（吉野作造「憲政の本義を説いて其有終の美を濟すの途を論ず」『中央公論』大正5年，p. 112）

例3　さて家庭（かてい）を上（うへ）のような關係（くわんけい）のものと考（かんが）へるとき、家庭の中心（ちうしん）をなすもの夫（をつと）と妻（つま）との男女（だんぢよ）であること、及びこの二人の男女の關係（くわんけい）が所謂　結婚（マリエージ）と呼（よ）ばれるところのものであることは改（あらた）めて云（い）ふまでもないのである。（略）以下少（いか すこ）しばかり、このことについて、近代（きんだい）の西洋（せいやう）の思想家（しさうか）の意見（いけん）を紹介（せうかい）し、解説（かいせつ）して見（み）よう。（本間久雄「結婚革命の諸提唱」『婦人公論』大正12年，p. 38）

　例1の場合は、『中央公論』の読者層において、外来語「ギルド」が、ある程度浸透していることを、連体詞「所謂」が暗に示している。事実、下線以降に「ギルドの起源及發達」に関する学説が続き、ここでは、「ギルド」という語自体は、読者にとっては理解語彙であると考えられている。
　また、例2にも、連体詞「所謂」の使用が確認される。さらに、「議会法（パーリアメント・アクト）」には、「非常な政界の大波瀾を捲き起し一九一一年八月十八日國王の裁可を得たる英國の」といった修飾要素が伴っている。通常、主題の「は」に続く内容が、当該文の新情報に相当するため、ここでの新情報は「一七一六年來の定則たりし下院議員の任期七年なりしを五年に改めたる外、上下兩院の衝突の解決の爲め次の如き新原則を定めた」ということになる。以上のことから、「議会法（パーリアメント・アクト）」に係る要素は、ある程度、既知の情報として導入されており、さらに、「所謂」により、「議会法（パーリアメント・アクト）」が、理解語彙に相当される概念であることが暗示される。また、ここで注目した「パーリアメント・アクト」は、翻訳漢語のルビであるため、「パーリアメント・アクト」が、たとえ読者にとって既知でなくとも、本行の「議会法」により、理解の保障はなされている。
　例3は、例1、例2とは異なり、「結婚」そのものは専門性の高い語で

はないが、あえて「マリエージ」とルビをふることで、欧米での「結婚」のあり方を意識した見解が、本文中に展開されることを示唆する。

　また、以下に取り上げる例4では、前言の換言をマークする「即ち」に続き、キーワードとなるべき語「ピユーリタン」が提示されている。その際、カッコ書きで翻訳漢語の「清教徒」が示され、キーワード「ピユーリタン」への理解が促されている。引用部分以降は、単独の「ピユーリタン」が用いられているため、初出の際の配慮として捉えることができる。

例4　智識道徳の點に於ては全英國民中最も卓抜せる階級に屬するものであつた。即ち彼等は ピユーリタン （清教徒）である。（吉野作造「憲政の本義を説いて其有終の美を濟すの途を論ず」『中央公論』大正5年，p. 23）

　続く、例5は、漢語では十分言い当てることのできない概念を、外来語を用いて細かく定義している例である。

例5　尤も一概に人民投票といふても細かく見ると之に二つの種類がある。第一は洋語 イニシアチーヴ といふもので、人民の方から進んで或る種の立法を議會に建議するのである。之は最近瑞西を始め米國の二三州に認めらるゝもので、全然新しい制度である。之に反して第二は議會で決定した事を更に人民に諮るもので、洋語 レフェレンダム と稱するものである。（吉野作造「憲政の本義を説いて其有終の美を濟すの途を論ず」『中央公論』大正5年，p. 76）

　例5では、「人民投票」を解説する概念として「イニシアチーヴ」と「レフェレンダム」という二つの外来語が使用されている。ここでは「イニシアチーヴ」と「レフェレンダム」の理解が十分でなくても問題ではない。読み手は周辺文脈から当該語の意味を理解することができる。重要なのは、「人民投票」を説明する概念の“名付け”に、外来語が活用されたということであり、外来語により“名付け”られた概念は、本文中で際立

つ存在、すなわち、キーワードとなるということである。また、両外来語を導入するにあたっては、「といふ」や「と稱する」という引用マーカーが使われたり、「第一」「第二」という列挙を示す語が伴ったりと、構文に類似性がみられる。キーワードに注目を促す構文上の工夫であるといえよう。

　以上、キーワードとして外来語が本文中に取り入れられる場合を確認した。まず、外来語で指し示す専門的概念が、ある程度理解されていると考えられる場合は、「所謂」や「即ち」といった語が伴うことが多かった。「所謂」や「即ち」が、読み手に共有されているであろう重要概念を引き出す合図となっている。

　また、漢語や和語でも指し示せる概念を、あえて外来語で表記することで、従来の理論ではない欧米理論に立脚する話題が展開されることを予期させるという用法がみられた。さらに、従来語では説明できない概念を導入する際にも外来語が用いられていた。『中央公論』や『婦人公論』が啓蒙的な雑誌だからこそ、新しい概念を紹介するために、外来語の使用は欠かせないのである。

⑵　意味の限定に機能する場合

　原語に近い音を併記したり、あるいはルビとして表記したりすることで、漢語が指し示す内容を、より限定的に伝えることができる。

　まず、本行で示された漢語に対して、専門的な意味を付す意味で、外来語のルビがふられた例を示す。

　　例6　古典藝術の美として何よりも貴ばれる釣合即ちプロポオションなども、よく考へて見ると決して單なる 法則 や規範ではなくて、つまり事物を有の儘に見て、その 眞と實 を掴まうとする理知の顯現に外ならない。（厨川白村「異教思想の勝利」『中央公論』大正3年，p.105）

　例6で注目したい例は「法則」である。「カノン」の訳語は「法則」で

あるが、もし、ルビが付されなければ、後続の「規範」と一様に扱われ、美術領域におけるタームとしては、認識されにくい。つまり、ルビの「カノン」は、美術用語でいうところの「法則」を指し示す機能がある。

　また、「眞と實」についても、ルビがふられている。ここで「眞」と「實」に振られたルビは、「カノン」のように、指し示す領域の限定に機能しているわけではないだろう。しかし、あえてルビがふられることで、「眞」と「實」は「古典藝術の美」を支える絶対的な観念として印象付けられる。外来語が専門用語を表すことを活かした記述である。

　続いて取り上げるのは、ある概念を導入するにあたって、外来語で付記を行い、意味の限定を行っている例である。例7、例8がその例である。

例7　眞成の日本人（仏蘭西人が謂ふ所の ヴレージヤポネー ）は、正義の基礎に築かれた信念と自恃との上に立たねばならぬ。（福本日南「當世男に向つて神風主義を宣傳す」『中央公論』大正5年，p.165）

例8　尤もかういふのは、婦人が家庭的の仕事や家政上の仕事を等閑に附すべきだといふ意味ではない。一家内における夫と妻との經濟的關係はギルマン夫人の所謂眞の意味の 協同組合 でなければならない。（本間久雄「結婚革命の諸提唱」『婦人公論』大正12年，p.40）

　例7の「眞成」の日本人とは、ここでは、フランス人に「ヴレージヤポネー」と称されている日本人を指すと意味が限定されている。「眞成」とフランス語の「veri」は、辞書的には同義であり、本例においては、「ヴレージヤポネー」とあえて付すことで、「眞成」の意味内容に注目が促されている。

　例8の場合も、単なる「協同組合」ではなく、「ギルマン夫人」の「パートナアシツプ」であると意味が限定されている。「所謂」が伴っている点からも、ギルマン夫人が提唱する「協同組合」は、『中央公論』の読者層

5　大正期の『中央公論』『婦人公論』における抽象的な概念を表す外来語の使用　103

にはある程度浸透しており、一義に解釈できる概念とみなされていることがわかる。

　以上、外来語の使用が意味の限定に働いている例を分析した。ここでは、ルビの使用により翻訳漢語では表せない意味を伝えたり、読者にとって既知であろう概念の導入により文の確かな解釈を促したり、意味の限定化に外来語が関わっている例を確認した。『中央公論』『婦人公論』は、欧米の思想や立場が、日本との関わりで語られることが多い。だからこそ、外来語使用により対欧米を意識させ、既有の知識の活用を促しながら、記述の理解を得るよう工夫がなされているのだろう。

(3)　特別なニュアンスの伝達を意図する場合

　荒川（1932）は、「モダン語の価値」として、「ニュアンスの相違」、「便利さ」、「隠語または婉曲表現」、「新しい表現の必要」、「社会の好尚」を挙げている。おそらく大正時代においても、外来語に対しては、こうした価値づけがなされていたことだろう。ここでは、上記のような特別なニュアンスを外来語の使用に読み取ってみたい。

　例9　然しながら人間の智慧は如何に進歩しても、宇宙の根本の 智慧［ウイズドム］
　　　　より見る時は、實に憐れ果敢なきものである。（内ヶ崎作三郎「欧
　　　　洲戦後の婦人問題」『婦人公論』大正6年，p. 51）

　例9の場合は、「智慧」のルビが「人間」の被修飾語である場合と、「宇宙の根本」の被修飾語である場合とで異なっている。ここでは、英語「wisdom」の音をカタカナ表記した「ウイズドム」が、人間の「智慧」と比較され、「ウイズドム」は、人間の「智慧」とは異なり、ダイナミックで高く評価されるべきものとして扱われている。これは、総ルビの『婦人公論』ならではの使われ方であり、欧米由来のものに積極的に価値を認める同時代の思潮を反映しているといえる。

　では、以下の例10はどうであろうか。

例10　なほ此外手を廻して婦人雑誌の口畫に、其寫眞を出したがるヴニテイーの強い若い婦人のあると等しく、くだらぬ文章や詩歌を作つて、傳手を求めて新聞や雑誌に掲載して貰うことを無上の榮譽と心得る青年がある。（宮田脩「からつぽの得意」『婦人公論』大正７年，p. 27）

例10は「からつぽの得意」というタイトルの言論であり、引用部以外で「ヴニテイー」に相当する箇所はすべて「虚栄心」と書かれている。したがって「ヴニテイー」は有標となり、本例は特別なニュアンスをもって伝達されることになる。ちなみに、大正期は大衆雑誌が数多く刊行された時期である。時代の最先端をいく雑誌に、自らの写真が掲載されることを望む女性を、使い古されていない外来語で形容することで、滑稽さを表しているのではないのだろうか。

以下の例11の場合も、「ブールジヨア、ドラマ」は、「通俗劇」の意味を補足しつつ、周辺文脈の支援を受け、やや皮肉めいたニュアンスを伝達する。

例11　結婚生活 夫婦生活が、眞面目に劇の題目となつたのは、イプセン以後のことで、その前には殆んど見るべきものはない。最も十八世紀の中頃の通俗劇所謂「　ブールジヨア　、ドラマ」といふものゝ中には結婚生活を題材にしたものも可なりあるが、しかしそれこそ所謂笑劇式のもので、今日の私達が、眞面目に兎や角云ふべきものではないと云はれている。（本間久雄「近代劇に描かれたる結婚問題」『婦人公論』大正６年，p. 17）

『外来語辞典増補版』[6]によると、「ブルジョア」は「［佛］資本家階級。有産階級。「プロレタリア」（其項参照）の對。近來ブルジョア文化（資本家的文化）など盛に用ゐられる」と定義される。つまり、「ブルジョア」自身にネガティブなニュアンスはない。ところが、ここでは「ブールジヨア、ドラマ」と「通俗劇」に並んで言及されることで、軽い印象が伝達さ

れている。「眞面目に兎や角云ふべきものではない」ほどの程度を表すにあたって、カタカナ表記の見た目の軽さ、カジュアルさがうまく活かされているといえるだろう。

　以下より、ここまでの内容を整理する。

　本節では、『中央公論』『婦人公論』という具体的なテクストの中で、外来語がいかに用いられているかを、文脈に即して考えた。繰り返しになるが、『中央公論』『婦人公論』では、欧米の政治経済や思想・言説などが多く取り上げられている。そのため、記事を読み解くキーワードとして外来語が用いられたり、従来語や翻訳漢語では伝えきれない意味の限定を外来語が担ったりしていた。これらの用法は、記事を展開するうえで必然的な用法であるといえる。

　また、用いられた外来語が称賛や皮肉などの特別なニュアンスをもって使われることがあった。これらの用法は、先に取り上げた用法と比べて、必然的な用法というわけではないが、あえて外来語で表現する点に、特別な意味を見いだすことができる。あわせて、使い古されていない外来語を意図的に使用することが、読み物としての娯楽性を高めていたといえる。

6　抽象度の高い外来語を読み手に理解させる工夫

　前節では、外来語を用いる必然性を、周辺文脈を手がかりにしながら考察した。本節では、抽象度の高い外来語、または、読み手にとって新規となる外来語の理解を促す工夫を、形式面に注目しながら考えていく。

(1)　翻訳漢語が併記される

　翻訳漢語および従来語を本行に、外来語をルビとする方法が最も簡便な方法である。当該語の意味の理解は、本行で記述された漢語とルビをもってなされる。既出の例でいうと、「議会法」（例2）、「協同組合」（例8）、「智慧」（例9）などが相当する。

　また、「ピユーリタン（清教徒）」（例4）のように、本行に外来語、（　）書きに翻訳漢語が記される場合や、以下の例12のように、語釈に近い形で（　）書きがなされる場合もある。

例12　繪畫及びそれに關係ある技術方面に於ては所謂 プレラファエル
　　　（ラファエル以前に復古する一派）たるもの出で來り、（蘇峰學人
　　　「毛禮卿及其時代」『中央公論』大正13年，p. 196）

⑵　語釈が付される
　⑴で取り上げた工夫は、ルビや（　）書きによる付記で、形式的で画一
的な表記方法であった。⑵では文レベルによる工夫を取り上げる。語釈が
必要な外来語の多くは、「外来語の導入→語釈」の順番で構成される。な
お、先に取り上げた例５にも、引用マーカーの「といふ」や「と稱する」
といった語が共起していたが、こうした引用マーカーの共起により、語へ
の注目を促すことができる。
　以下の例13では「コンメンダなる」の「なる」が、例14では「デモクラ
シーとは」の「とは」が、新規の外来語導入のマーカーとなり、読み手の
注目を促している。

例13　合資會社は中世の伊太利の貿易商人の間に行はれたる コンメン
　　　ダ なる契約に創つたものだと傳へられる。此 コンメンダ なるも
　　　のは、或金持と或商人とがあつて金持は單に資本のみを提供して自
　　　らは營業に携らない。（林癸未夫「生存慾と行爲慾と所有慾との飽
　　　和を理想として」『中央公論』大正12年，p. 82）

例14　新らしい意味の デモクラシー とは卽ち言葉の本義の要求する通
　　　り、全人民、眞正デモス全體を包含した所の眞箇のデモクラシーで
　　　ある。（福田德三「資本的侵略主義に対抗、眞正のデモクラシーを
　　　発揚」『中央公論』大正８年，p. 157）

　また、ある特定の概念（例13でいえば「コンメンダ」、例14でいえば
「デモクラシー」）を指し示すのではなく、例15のように事物の性質に関わ
る様相を外来語で示し、直後に解説を付しているパターンもある。

例15　併しそれのみが、過激派政府繼續の要素では無い、之よりも一層
　　　の重大なる其要素は　アダプタビリテー　である。郎ちその時局の變
　　　動、形勢の變化に對して、適應的に製作を變更し行く、廣い自由を
　　　示して居ることである、言ひ換ふれば彼等は主義によつて立つ政府
　　　なるに拘らず、實際政治に於ては驚くべき千變萬化を敢て更に憚ら
　　　ぬことである。（米田實「勞農露国の外交」『中央公論』大正12年，
　　　p. 46）

　例15は「郎ち」以下に、「アダプタビリテー」の解説が続いている。解
説文には「適應的」「千變萬化」という同義語・関連語も見られる。さら
に「言ひ換ふれば」以降は、記事内容を汲んだ形で、「アダプタビリテー」
の内容が具体的に述べられる。たとえ「アダプタビリテー」が理解語彙で
なくても、文脈から十分に「アダプタビリテー」の意味を特定することが
できるだろう。
　以上、外来語の導入直後に、外来語の解説が続く例を確認した。ここで
は、解説の導入を暗示させる形式的なマーカーが伴っていることが明らか
になった。

⑶　喩えや比喩が用いられる
　『中央公論』『婦人公論』に限るわけではなく、さらに時代が関わってい
るものでもないが、外来語の理解を促す方法として、何かに喩える用法や
比喩を用いた用法がみられた。
　まず、何かに喩える用法として、身近なものを連想させることで、当該
語の理解を促す例を見てみよう。

例16　靜に此東京の精神狀態を御覽なさい。千八百七十一年に於ける佛
　　　國コムミュン亂の金輪や金粉が公衆の前にちらついてならぬ。（中
　　　略）以上は戰敗後に於ける佛國の大勢であつたが、巴里の空氣は全
　　　く之と別殊の光景を呈した。是より先き獨軍の重圍に對し、府内の
　　　各　コムミュン　我東京でいへば　は（福本日南「極東に於ける佛國コムミュ
　　　　　　　　　　　自ら各區に當る

ン亂再現の兆候」『中央公論』大正3年，p. 83)

　割注での喩えで、都区制度を引き合いに出し「コムミュン」の解説を行っている。本例は「極東に於ける佛國コムミュン亂再現の兆候」という記事の一部であり、ここでの「コムミュン」はキーワードに相当する。ただし、先行する「コムミュン亂」は、いわゆる「パリコミューン」を指し、労働者階級を主とする民衆によって樹立された社会主義政権のことを指す。対して、「各コムミュン」は、それぞれの自治体を意味するものであるため、先行の「コムミュン」との相違を意識させるべく、改めて注記がなされたものと考えらえる。

　続いて、比喩による説明を取り上げる。比喩による説明は、読み手に想像力を要求するため、語釈を付す方法よりも解釈に要するコストは高い。しかし、比喩の伝達がうまくいけば、メッセージを、より鮮やかな印象をもって、読み手に届けることができる。また、読み物としての娯楽性を高めることもできる。以下では、比喩であることを表すマーカーとして「〜のやうに」が共起している。

　　例17　『頂上に空席が多くある』とは、コンコードの哲人が懦夫を勵ます爲に發した格言であるが、實際に於ては、事業界は、どの方面も極めて ビユーロークラチツク なものであるから、エジプトの沙漠の金字塔のやうに、上になるに従つて、次第に狭まつて居る。それ故、右のエマソンの格言に従つて頂上の空席を狙ふもの〻努力は、大抵は空望の殘骸となるべき運命の下に在るのである。(大山郁夫「民衆文化の世界へ」『中央公論』大正9年，p. 86)

　例17の場合は、実際の事業界が格言(『頂上に空席が多くある』)と相反しているという記述と、エジプトのピラミッドの形がイメージされることと、頂上の空席を狙っても成功しないということが、「ビユーロークラチツク」を理解する手がかりとなっている。もっとも、「ビユーロークラチツク」の理解には個人差があるとは思うが、誰もがイメージできる比喩を

用いることは、外来語の理解を促す一助になるだろう。

　以上、喩えや比喩を用いて、外来語の理解を確かなものにする方法に言及した。

⑷　小見出しに関連づけられる

　これまでの議論で、本文中に登場する外来語には、キーワードとしての役割を見いだせることが明らかになった。通常、キーワードは本文中に複数回登場し、さらに、結束性を認めることのできる関連語句が、テクスト内に配される。そこで、以下では、タイトル、小見出しと本文に現れた外来語を関連づけ、外来語の理解を促す工夫を考えていきたい。

　例18

　　タイトル……生存慾と行爲慾と所有慾との飽和を理想として

　　小見出し……三慾を體現する勞働者と企業家と資本家

　　本文……而して彼等を富の生産といふ一問題の關する限りに於て命名するならば、第一の部類の人は勞働者と呼ばるゝものであり、第二の部類の人は資本家と呼ばるゝものであり、第三の部類の人は企業家と呼ばるゝものである。畢竟經濟上の觀念としては、勞働者は生存慾の、資本家は所有慾の、企業家は行爲慾の パーソニフイケーション と看做すべきものと私はするのである。（林癸未夫「生存慾と行為慾と所有慾との飽和を理想として」『中央公論』大正12年．p.75）

　例18の場合、「パーソニフイケーション」が理解の難しい外来語となる。ここで、タイトル、小見出し、本文の関連をみてみたい。まず、タイトルには、本文中で取り上げる3つの欲が具体的に示される。続く、小見出しには、タイトルで示された3つの欲が「三慾」としてまとめられ、「勞働者と企業家と資本家」の三者が、「三慾」を「體現する」者として関連づけられる。次に、本文を見てみると、「勞働者は生存慾の、資本家は所有慾の、企業家は行爲慾のパーソニフイケーションと看做すべき」と小見出

しの記述の具体化がなされており、「パーソニフイケーション」は、小見出しの記述「體現」と類似の意を持つものとして捉えることができる。また、「そのように仮定する」という意味の「看做す」という語も「パーソニフイケーション」を理解する手がかりとなっている。

例19も、小見出しに取り上げられた語が、本文中では外来語として用いられている例である。例18と同様の記事からの引用である。

例19

タイトル……生存慾と行爲慾と所有慾との飽和を理想として

小見出し……重商主義から重工主義へ

本文……伊太利の貿易業者や問屋商人の間に發育した資本主義は、次第に北上して、獨逸、和蘭、仏蘭西、西班牙、葡萄牙の諸國に一しきり繁昌した後に、英國に入つて空前の發展を遂げた。從つて經濟思想史上に所謂 マーカンテイリズム を確立したものは獨り英國商人だけではなかつたにしても、マーカンテイリズム の總決算によつて、其利益の主たる部分を取得したものは疑ひもなく英國の貿易商人であつた。（中略）

マーカンテイリズム の發現は當然工業の發達を促した。（中略）

しかのみならず産業革命の當時に在つては、經濟思想の亦其面目を改め、過去の マーカンテイリズム は次第に凋落して、インダストリアリズム が新に勢力を加へつゝあつた。此思想の變化を一言にして畫せば、黄金卽ち富の觀念が生産力即ち富の觀念に代り、國家主義が個人主義に代り、保護主義が自由主義に代り、重商主義が重工主義に代つたことを意味するのである。（林癸未夫「生存慾と行爲慾と所有慾との飽和を理想として」『中央公論』大正12年，pp. 84-85)

例19では、小見出しに漢語が用いられており、漢語と同義である外来語が「マーカンテイリズム」と「インダストリアリズム」となる。ここでのテーマは、「重商主義」＝「マーカンテイリズム」から、「重工主義」

5　大正期の『中央公論』『婦人公論』における抽象的な概念を表す外来語の使用　111

＝「インダストリアリズム」への推移であり、その「推移」に関連する表現をテクスト内に見つけることができる。例えば、下線部の「發達を促した」「凋落して」「勢力を加へつゝ」「代つた」などが「推移」の関連語句として位置づけられる。

そのため、たとえ、「マーカンテイリズム」と「インダストリアリズム」が初出の段階で理解できなくても、コンテクストを手がかりに、これらの意味を類推することができる。

以上、例18、例19と、タイトルや小見出しを解釈に活用することで、外来語の理解が促進されるパターンを確認した。語釈や翻訳漢語で外来語を理解するよりは、読み手にとって解釈のコストは大きいものの、記事を大局的に捉えることで、外来語の意味を理解することは可能となる。

⑸　周辺文脈に手がかりが配される

最後に、外来語の解釈にあたって、周辺文脈を手がかりとするパターンを挙げる。ここで取り上げる例は、先述のパターンと異なり、外来語を理解するにあたっての明示的な指標が伴わない。つまり、ルビや（　）書きのような、形式的にわかりやすい形での解説や「所謂」「即ち」などのマーカーが共起しない例である。

明示的でない分、当該語の理解が十分でない場合、文意の把握が難しいケースも想定されるが、関連語句や構文上の類似性を見つけ出すことで、外来語が指し示す意味を理解することができる。

例20　資本主義勃興以前の生産は唯個人の日常生活の必要を充たすに足る程度に限られてゐた。人々は自己の用を充たすがための必要品は出來るだけ自身之れを製作するを原則とし、自身製作することの出來ない物品のみを他人に依頼した。依頼を受けた者は自己の用を充たすがためにする勞力の餘剰を以て、他人の物品を製作したが、依頼を受けなければ決して自己の必要品以外の物を製作しなかつた。即ち一切の生産は交換を目的としないで直接の使用を目的としてゐたのである。斯くの如き時代に於ては産業上に傭主被傭者の雇傭關

係はなくして、唯主従若くは師弟の關係があつたばかりである。然るに資本主義の勃興はこの關係を一變せしめた。すべての物品は使用のためよりも交換のために製作された。需要よりも供給が常にイニシアチーヴを有つやうになつた。明敏にして打算的なる企業家は、人間故有の美的觀念や安易豊富を求むる本能を刺激するがために、常に新奇巧妙なる發明を奨勵し、且迅速にそれを企業化することを怠らなかつた。斯くの如くにして供給は需要を指導し、需要は更に次の供給を誘發した。(林癸未夫「勞働政策上の差別觀から平等觀へ」『中央公論』大正11年, pp. 25-26)

　例20では、「イニシアチーヴ」の理解が、周辺文脈の支援により促されていることをみてみたい。まず、下線部「すべての物品は使用のためよりも交換のために製作された」は、「需要よりも供給が常にイニシアチーヴを有つやうになつた」の具体的な内容である。また、下線部「すべて〜」にも「需要よりも〜」にも、比較・対照を表す際に用いられる格助詞「より」が使用され、一文の中に類似のパターンをみることができる。さらに、引用部分の最終文にも、換言に相当する部分、「供給は需要を指導し」を指摘することができ、「イニシアチーヴ」の理解が促される。

　以下の例21においても、下線部「變化も殆ど無制限」が「プラスチック」の意味の指定に関わっている。また、すぐ後に続く「極めて柔軟」という表現も「プラスチック」を解釈する手がかりとなっている。

例21　刺激の變化の大さ次第、度數次第で、或る民族、又は、國民の性格の上に生ずる變化も殆ど無制限であり得る。これだけのことは、單に、議論ではなくして、歴史に依り現在の生活に依つて、優に幾度も證明された事實である。この觀察よりして、如何なる民族、又は、國民に就いて云つても、其の國民性は、極めてプラスチックであり、極めて柔軟であると云ふことが云へる。(田中王堂「學問の獨立の意義と範圍と順序とを論ず」『中央公論』大正7年, p. 86)

以上、周辺文脈に配された関連語が、外来語の手がかりになるパターンを述べた。

ここで、外来語の理解を促す方法について改めてまとめる。まず、最も単純で明快な方法は、形式的かつ明示的なマーカーを用いて語釈を行うものである。明示的なマーカーが伴うという点では、喩えや比喩を手がかりとするパターンもそうである。その他、タイトルや小見出し、周辺文脈にも、当該語の理解につながるヒントを求めることができる。ただし、周辺的な文脈を手がかりに外来語を理解する方法は、与えられたテクストを大局的に捉え、その構造を掴む必要があるため、読み手には、情報を適切に理解し、整理するスキルが求められる。

7　抽象度の高い外来語が用いられる文章の構文上の特徴

分析の最後に、記事の異なりを超え、広範囲に使用された外来語に注目する。例として、ある特定のジャンルや話題と語彙的な結びつきがなく、かつ抽象度の高い「パラドックス」とその異形を扱う。調査の結果、「パラドックス」とその異形は、品詞の異なりはあるものの7例確認することができた。本行が漢語で、ルビに「パラドクス」、「パラドックス」と記載された例が2例、本行に「パラドックス」とその異形が用いられた例が5例である。

まず、本行が漢語で、「パラドクス」、「パラドックス」とルビがふられた例を確認してみよう。以下で引用する例22、例23の場合、「パラドクス」、「パラドックス」の意味は、本行の漢語で理解が促されるため、当該文脈の理解は容易となる。

例22　希臘の昔から思想家を悩ました大きな問題の一つは數學的「無限」に關する解釋であつた。それがまたいろ〳〵な難問題を牽き起した。エレア學派のツェノーンが提出した有名な 逆題《パラドックス》 の如きはその一つである。それがカントルに到つて漸く正しい解釋をえた。今までの考では無限とは唯だあらゆる極限《リミット》を超過する空想的な或る量のやうに思はれてゐたものが、彼の證明に由れば無限は他の

有限の數の如く明らかに存在する。換言すれば、我等の想像上で would pass するばかりでなく、事實 has passed した所の『具體的無限』がある。で、一見しては何でもないやうな此の發見が、何れだけ科學や哲學に影響を及ぼしたかわからない。（中澤臨川「思想藝術の現在」『中央公論』大正４年，p. 66）

例23　英國氣質を以て呑氣な平穩なものとするのは恐らく皮相の見だら
う。概して柔和になつて來た數世紀の風俗もいまだに、かの陰鬱な
る北人の特性を沒却するに足らぬ。英人が人生の幽暗なる方面につ
いて先入見を有つてゐる事は、文學の上によく現はれてゐるので、
ピオウルフにもハムレットにも、實際の人物ではバンヤンにドクタ
ア・ジヨンソンに南歐清明の國土では想像もつかぬ深刻な氣分があ
る。陰氣な風で歡樂に耽ると昔フロアサルが評した言葉が、まだ通
用すると思ふのは、大陸のさかり場で英國の士女を親しく見た者の
感じる所だらう。英人の一見遲鈍なる外面の下には思ひがけない感
情の働が潛んでゐて、どこか重々しい威嚴を全體に附加へる。
　　かう考えて來ると、いかにも一般の説にわざと反對したやうな
奇　論［パラドクス］に聞えるが、英國の歷史や文學を研究して見ると、どうもさ
う思はれる。然し何故世人は英國を以てあゝも穩かな常識一點張の
國と思つて了つてゐるかといふに、多分、英國の一時代だけを取つ
て、輕率な概括論をするからだらう。（上田敏「現代の英國」『中央
公論』大正１年，p. 48）

例22の場合は、「逆題」に「パラドックス」とルビがふられている。「逆
題」が本文中に導入された経緯をみてみると、まず、カントに至る以前
の「無限」の解釈が引かれ、その後「エレア學派のツェノーンが提出した
有名な逆題［パラドックス］の如きはその一つである」と、「逆題」を含む一文が続く。こ
こで、「逆題」の用いられ方を見ると、本ジャンルに関心を持っているで
あろう読者にとって、「エレア學派」の「ツェノーン」[7]の「逆題」は、本
文に前触れなく登場させても違和感のない「有名」な理論であることが理

解される。つまり、「ツェノーン」の「逆題」といえば、ある特定のパラドックスを想定することができ、例22の「逆題」は、「ツェノーン」と結びつくことで、固有名詞としての役割を果たすことになる。

　例23の場合はどうであろうか。例23も、例22と同様、「パラドクス」とルビがふられている。本行で記載された「奇論」は、何らかの論と比較されたうえで「奇」と評されるわけだが、筆者の主張が「奇論」となりうる前提として、下線部の「英國氣質を以て呑氣な平穏なものとする」という考え方、「世人は英國を以てあゝも穏かな常識一點張の國と思つて了つてゐる」という風潮がある。しかし、「英國の歴史や文學を研究」している筆者からすれば、「英國氣質を以て呑氣な平穏なものとする」のは「皮相の見」ということになり、例23では、「世人」の見方と筆者の見方の二つの論が確認される。つまり、「パラドックス」とその異形が用いられる環境としては、二つの論が展開されるという構文上の特徴を指摘することができる。

　次に、例22、例23とは異なり、漢語の併記がない場合を見てみよう。漢語の併記がない場合、読み手は、周辺文脈の理解を活用しながら、外来語の理解を確かなものとする。以下、本行に外来語が用いられた例を５例引用する。先述の例23のように、「パラドックス」が用いられる環境に、文体的な特徴を指摘することができるだろうか。下線部分が「パラドックス」を理解するうえで手がかりとなる表現である。

　例24　今日、わが國の學風と學者とに對する非難者は云ふのである、『今日わが國の學者の所説の大數は悉とく、西洋人の學説の飜譯でなければ、飜案に過ぎない、多少自分の意見で立案したものでも、其れに曳かれる史實や、統計は全く西洋よりの借り物である』と。如何にも、この非難者の云ふのは事實である。然し、この事實あるがために、わが國の學者が、彼等の素養を西洋の學問に求め過ぎた結果であると診察するのは、間違つて居る。わたくしに云はせれば（俗人の耳には、一つの パラドックス と聽けようが）、彼等がさうあるのは、さうあらざるを得ぬのは、西洋の學問に食傷したか

116

らではなくして、其より来たる榮養が不足であるからである。つまり、（例へて云へば）、是れまで、菜食のみに馴れた胃腑の所有者が、急に、彼れの生活狀態と、身體組織との變化から、肉食を必要とするやうになつた。が、彼れは彼れの胃腑の特徴に應ずるやうに、肉を調理することを知らぬために肉を取ることに依つて、反つて、榮養の不足を引き起して居るやうなものである。（田中王堂「學問の獨立の意義と範囲と順序とを論ず」『中央公論』大正7年，pp. 80-81）

例24では、まず、西洋の学問が引き合いに出され、日本の学風と学者に対する非難が示される。その上で、先述された一般的な見解に対する書き手の意見が、「俗人の耳」には、一種の逆説として聴こえるであろうことが述べられる。

例25　斯ういふ風に、ブルジヨア文化の雰囲氣が、ひしひしと我々の周圍を立て罩め、ぞつこん我々の想念に浸潤して居るのは何のためであるか。それは無論、ブルジヨア文化の基底を爲して居る差別感の肯定の上に至られたる時代精神の發祥地でもあり、同時にまたその支持者でもある資本階級が、現代社會生活上に於ける支配的地位を占め、從つて現代の文化生活の指揮者となつて居るためである。資本階級が、現代社會生活上に於ける支配的地位を占めてゐるといふことは、一見すれば、ブルジヨア文化に極めて堅牢なる基礎を與へて居るやうでもあるが、併し同時に、この同じ資本階級が現代文化生活の指揮者となつて居るといふことは、やがてブルジヨア文化の將來の崩落の期を早めるといふ結果に導くべき可能性を持つて居るのでもある。こゝに、社會進化の バラドツクス がある。（大山郁夫「民衆文化の世界へ」『中央公論』大正9年，pp. 70-71）

例25では、「資本階級が現代文化生活の指揮者」となっていることが、ブルジョア文化に「堅牢なる基礎」を与えながらも、ブルジョア文化の

「将来の崩落」を促すものになるという、相対する見方が紹介される。本例でも「一見すれば」「併し同時に」という語が、「パラドックス」に相当する考え方が導入されるキューとなっている。

　以下の例26も、同じ公論記事からの引用であるが、「實際生活の事相」の記述の後、「却つて」という語がキューとなり、「パラドキシカル」な結果が述べられる。「却つて～である」という構文は、予想とは反対になるさまを導くため、ブルジヨア文化に関する別の捉え方が提示されることが「却つて」でマークされることになる。

　　例26　ブルジヨア文化の下に於ても、その道徳的標語の一つとして、
　　　　『人道』といふことが強調せられてゐることは事實である。けれど
　　　　も、その實際生活の事相を見れば、このブルジヨア文化の支持者た
　　　　る資本階級に歸屬すべきものとせられてゐる利潤の獲得を中心とす
　　　　る産業組織は、期せずして、その下に無數の隊伍を成して蠢動して
　　　　居る勞働者の群れから、その勞働力の成果を剩餘價値の形式に於て
　　　　絞り取ると同時に、その家庭を奪ひ、郷土を奪ひ、祖國を奪ひ、青
　　　　春を奪ひ、愛を奪ひ、生の喜びを奪ふのである。そこに何の人道が
　　　　あるか。ブルジヨア文化の支持者たる資本階級も、流石にこの自然
　　　　の缺陷に心附いて來ると、直ちに例の溫情主義を持出して、それを
　　　　補塡しようと試みるのが常例になつて居る。けれども、ブルジヨア
　　　　文化の使徒たちが、虐げられたるものゝ心を和げんために盛に使
　　　　用する『受くるものより與ふるものは幸ひなり』。などいふ福音は、
　　　　却つて、ブルジヨア文化の道徳の特産物たる溫情主義の弱點を、最
　　　　も露骨に曝らけ出すといふ、 パラドキシカル な結果に導くのであ
　　　　る。すなはち、溫情主義の場合に在つては、慥かに、受ける側に在
　　　　るものよりは、與へる側に在るものゝ方が幸ひである。（大山郁
　　　　夫「民衆文化の世界へ」『中央公論』大正９年，pp. 78-79）

　例27、例28もこれまでみてきた例と同様、「一見」「一つの」という、一立場を示す表現が先行し、「パラドキシカル」、「パラドックス」が導入さ

れている。

例27　かういふことを考へると、我々は必然的に、一種の平等感を基調としてゐるものだといはれている『民衆の時代』にも、如何に多量の英雄崇拜氣分が尚ほ殘存して居るかを思はせられるばかりではなく、更らに一歩進めて、かうした意味に於ける『民衆の時代』の産物として、別に新たなる一種の英雄崇拜氣分が或る過程に依つて醸成せられて來たのだといつた、一見極めて パラドキシカル に思はれるやうなことをさへ考へさせられるのである。（大山郁夫「現代文化生活に於ける天才主義」『中央公論』大正11年，p. 150）

例28　嘗てベエコンは『知識は其れ自らからの正しき用を知らぬ。其れを正しく用ゐるものは其れの外にあり、上にある智慧である。』と言つた。（中略）わたくしは、ベエコンのこの意見に反對する。強いて智慧と知識を引き離し、あのカントの有名な宣言を翻案して『知識を伴はない智慧は空虚であり、智慧を伴はない知識は盲目である』とするのは、智慧の性質を知らず、知識の作用を知らないところから生じた謬見であるとわたくしは斷言する。智慧は知識までに分化して、始めて本來の目的を完成するのである。然し、こゝでは詳しく說明して居られない事情からして、久しい間智慧に止まつて居た。それが近世に到つて、好機會を得て知識まで分化することが出來たのである。されば、わたくしから言はせれば、眞理は『智慧は其れ自づからの正しき用をなさぬ。其れを正しく用ゐるものは其れの自然の發展たる知識である。』であらねばならぬ。
　　俗耳には一つの パラドックス と聞えるかも知れぬこのわたくしの主張の意味をわたくしは說明するであらう。（田中王堂「科學の道德化、生活化」『中央公論』大正12年，p. 22）

　以上、漢語による併記を伴わない５例について、その特徴を指摘した。ここで、改めて、「パラドックス」が用いられる環境について、構文上の

特徴を2点指摘する。1点目は、大局的には「Aでもあるが、実はBでもある」という解釈の転換を紹介する文章構造になっている点である。2点目は、「一見」そうである、あくまで「一つの」考え方である、という一つの立場や捉え方を明示する表現が伴う点である。このように、「パラドックス」が用いられた部分には、テクストの個別性を超えて共通する特徴を指摘することができる。そして、読み手はパターン化されたテクストを手がかりに「パラドックス」の意味を類推することができる。

　ところで、「パラドックス」のように、テクストパターンの構成に関わる語は「談話構成語」として捉えることができる（マッカーシー 1995、髙﨑 2011）。マッカーシー（1995）では、談話構成語は、文法語（grammar words）と語彙語（lexical words）の中間に位置するような語とされ、具体的な語として、「issue」「problem」「dilemma」などが挙げられている。髙﨑（2011）は、マッカーシー（1995）の議論をふまえ「問題」の働きを確認し、「点」「動き」「アプローチ」についても同様に、談話構成機能を分析する。また、橋本（2010）は、「ケース」「レベル」「テーマ」「システム」「バランス」「ルール」「イメージ」といった外来語が、社説の「説明」や「論述」部分で多用され、文章構成に係る語として機能していることを指摘している。これらも談話構成語としての機能を持つ外来語として考えてよいだろう。

　ここでは「パラドックス」に注目して分析を行ったが、現在よりも外来語が頻用されていない大正期において、抽象的な概念を表す「パラドックス」は比較的難易度が高い。しかし、周辺文脈を活用することで「パラドックス」の意味を推定し、テクスト内での「パラドックス」の機能を理解することが可能となる。さらに、カタカナ表記の外来語は、漢字ひらがな交じり文を基本とする日本語文の中で、視覚的にも目立つ。そうした特徴もあり、談話構成語としての外来語は、文章構造の理解を促す手がかりを、明示的な形で読者に与える。

　また、『中央公論』や『婦人公論』の読者層は、教養のある知識層である。だからこそ、読み手も、与えられたキューを手がかりに、積極的にテクストを解釈する姿勢が求められたのだといえよう。

8　まとめと今後の課題

　大正期に刊行された『中央公論』と『婦人公論』を対象に、抽象度の高い外来語の使用背景、抽象度の高い外来語の理解を促すための工夫、そうした特徴を持つ外来語が含まれる文章の構文上の特徴を分析した。

　両雑誌とも、啓蒙的な雑誌だからこそ、身近なテーマのみならず抽象度の高いテーマが扱われる。文中に用いられる外来語についても同様のことがいえる。ただし、そうした外来語を理解するための手がかりは両雑誌のテクストに散りばめられていた。語釈が付される単純なものから、比喩を用いたもの、文脈を手がかりに意味を類推していくものまで、そのバリエーションは語レベル、文レベル、文体レベルとさまざまに及ぶ。そして、読み手は、それらの手がかりをもとに、読み手は当該テクストにおける外来語の意味を理解することになる。読者層が教養のある知識人だからこそ、抽象的な外来語の使用にあたって、明示的な語釈をせずとも、周辺文脈に何らかの工夫を施すことで、外来語の意味を伝えることができるのである。

　以下より、今後の課題を述べる。本稿では『中央公論』と『婦人公論』の異なりは捨象し分析を行ったが、想定する読者の性別により、扱うテーマには異なりが見られる。特に『婦人公論』には、女性の生き方に関する記事が多く登場し、家庭での役割、女性の社会進出など、女性にとって身近なトピックが掲載される。そうしたトピックの相違やターゲットとする読者層の異なりが、抽象的な外来語の使用にどのような影響を与えるかを考えてみたい。また、談話構成語としての機能を持つ外来語に注目し、広範囲に用いられる外来語をリスト化し、トピックの異なりを超えて用いられる談話構成語の特徴を明らかにする。さらに、広範囲に使用される談話構成語について、大正期での使用と現在の使用とを比較し、機能の相違や共通点を調査してみたい。

注1　米川（1985）、石綿（1988、2001）など。
　2　Ｓ字カーブモデルとは、「はじめはゆっくり、半ばで急速に、最終段階では再び穏やかに」（p. 248）という増加パターンを指す。

3 「スタートを切る」「ピッチを上げる」「ベストを尽くす」「メートルを上げる」「モーションをかける」など。
4 大正15年12月25日に元号が昭和に改まったことより、昭和元年にあたる年の新年号は、大正16年1月号として発刊された。
5 「サムシング」と「ナッシング」を対句の形で用いてリズムを意識するものや、「インテリゼンス」や「解脱した心が、慈に先生のペンに現れて居る」といった比喩的な使い方が見られた。
6 勝屋英造編（1922）『外来語辞典』（第二回増補拾五版）二松堂文庫
7 「ツェノーン」は「ゼノン」とも称される。

参考文献

荒川惣兵衛（1932）『外来語學序説（「モダン語」研究)』自家版（1986年復刻版、名著普及会）

石井久美子（2013）「大正期の『婦人公論』における外来語表記の変遷」『人間文化創成科学論叢』15　お茶の水女子大学大学院人間文化創成科学研究科．pp. 1-9

石井久美子（2014）「大正期の『中央公論』『婦人公論』における外来語表記の特徴」『人間文化創成科学論叢』16　お茶の水女子大学大学院人間文化創成科学研究科．pp. 1-9

石綿敏雄（1988）「外来語のゆくえ」『言語生活』436　筑摩書房　pp. 26-33

石綿敏雄（1989）「外来語の表記」佐藤喜代治編『漢字講座　第4巻　漢字と仮名』明治書院．pp. 312-334

石綿敏雄（1989）「外来語カタカナ表記の歴史」『日本語学』8号　明治書院．pp. 80-88

石綿敏雄（2001）『外来語の総合的研究』東京堂出版

楳垣実（1963）『日本外来語の研究』研究社

楳垣実（1956）「外来語の歴史と特質」『言語生活』58　筑摩書房．pp. 16-26

国立国語研究所（1987）『国立国語研究所報告89　雑誌用語の変遷』秀英出版

髙﨑みどり（2011）「文章論・文体論と語彙」斎藤倫明・石井正彦編『これからの語彙論』ひつじ書房，pp. 113-124

竹浪聡（1981）「新聞に現れた特色―政治と経済の外来語」飛田良文編『英米外来語の世界』南雲堂，pp. 199-225

橋本和佳（2010）『現代日本語における外来語の量的推移に関する研究』ひつじ書房

松井栄一（1991）「新語辞典の性格（４）」『山梨大学教育学部研究報告』42　山梨大学教育学部，pp. 1-10

飛田良文編（1981）『英米外来語の世界』南雲堂

松岡洸司（1982）「外来語の歴史」森岡健二編『講座日本語４　語彙史』明治書院，pp. 90-114

宮島達夫（1967）「現代語いの形成」『ことばの研究　第３集』秀英出版，pp. 1-50

米川明彦（1985）「近代における外来語の定着過程」『京都府立生活文化センター年報』9　京都府立大学生活文化センター，pp. 3-22

鄧牧（2013）「大正期における外来語の増加に関する計量的分析」『国立国語研究所論集』6　国立国語研究所，pp. 1-18

McCarthy, M.（1991）*Discourse Analysis for Language Teachers*. Cambridge University Press.［安藤貞雄・加藤克美訳『語学教師のための談話分析』大修館書店 1995］

6　大正期の『中央公論』『婦人公論』に見られる翻訳型の外来語について

立川　和美

1　はじめに―「翻訳」をめぐるいくつかの議論

　明治の開国以後、西欧から外来語の流入が増加したが、大正期に入ると、雑誌や新聞、さらに1925年に始まったラジオ放送といったメディアを通じて、外来語は広く用いられるようになった。これらの中には、漢字の音や意味を用いて新たに作りだされた翻訳漢語も多く、現代日本語でも、当時つくられた翻訳語は多数用いられている。こうした事実について斎藤（2015）は、「ある単語を日本語に輸入する際には、元の英語の文脈ではどのような意味か、その意味をできるだけ保持したまま日本語の中で用いるにはどのような形が適当かを繊細に考える言語横断的な感性が必要となる」とした上で、「福沢諭吉の『版権』や西周の『哲学』など、漢学と洋学の素養のある知識人が考えだした訳語は日本語の生態系にも馴染み、長持ち」していると指摘している。

　また、翻訳語の特徴については、柳父（1982）の指摘する「和製漢語（翻訳語）」が持つ「カセット（宝石箱）効果」が知られている。彼は、「私たちの国は、一貫して翻訳受け入れ国」であり、「翻訳されるべき先進文明のことばには、必ず『隠なる日本語』で表現できない意味がある」と考え、「長い間私たちの伝統で、むずかしそうな漢字には、良くはわからないが、何か重要な意味がある」と受け取る傾向があるとして、これを「カセット効果」と名付けている（カセット［cassette］とは小さな宝石箱のことで、中味が何かはわからなくても人を魅惑し惹きつけるものとされる）。さらに丸山・加藤（1998）では、日本文化の特徴の一つである翻訳文化とは、「その国の文化的自立を脅かすものでは」なく、「逆に文化的自立を強化する面を含む」とし、その理由は、「翻訳は外国の概念や思想の単なる受容」ではなく、「外来文化の自国の伝統による変容」であるためだと考えている[1]。以上から、外来語の受け入れには日本語自体の変化が不可避であり、「翻訳」とは、日本文化（日本語）の特性を生かしつつ

外国語を取り込んでいく技法の一種であると解釈できる[2]。

　以上を踏まえ、本稿では、大正期の『中央公論』と『婦人公論』に見られる翻訳型の外来語を観察し、この特徴的な外来語の受容について質的側面から議論を行いたい。また今回の調査では、地名や人名、書籍名を示す固有名詞、および引用を調査対象から除外する[3]。たとえば、大正期の雑誌のテクストでは、外国の国名は音訳の漢字表記を中心に一部翻訳型の意訳も見られる。これは文字数の節約等の理由で頻用されたものと考えられ、外来語全体に占める割合も高いのだが、今回は分析の対象外とする。外来語の表記を考察する場合には、こうした翻訳の形式も極めて興味深い対象であるが、石野（1983）が、外来語においては「どのような分け方をしたとしても、事柄の性質上、恣意的だと言う批判を免れることはできない」が、語彙調査の目的からは「固有名詞は普通一般の言葉とは別にするのが望ましい場合が多い」としている他、国立国語研究所（1962）における雑誌90種を対象とした調査でも、外来語の使用率については固有名詞（人名・地名）を除いた残りの語だけで計算されているといった先行研究に、今回は倣うこととする。よって、本稿の対象とする翻訳型の外来語は、テクストの中の極めて小さな部分を構成する要素とはなるが、翻訳型の外来語という語そのものが持つ特性を考えながらテクストを分析していくことは、『中央公論』及び『婦人公論』のテクストの特性を明らかにする上での一つの手がかりとなるのではないかと考えられる。以下では、両誌に見られる翻訳型の外来語に関して具体的に調査を進めていきたい。

2　『中央公論』『婦人公論』の広告部分における翻訳型外来語

　広告では一般に、地名の他、「沙翁」や「大沙翁」（『中央公論』大正5年）のような人名を示す固有名詞が多く認められたが、前述のとおりこれらについては稿を改めて論ずる。

　さて、まず『婦人公論』の広告についてであるが、翻訳外来語の数は少なく、音訳である「瓦斯」が大正12年、13年、14年、15年に1例ずつ見られる他、「基督」と「頁」がやはり1例ずつ大正14年に見られる。またこの雑誌のテクストの本文は総ルビであるが、広告でルビがあるのは、大正

14年の「基督」と「頁」に限られていた。

　次に『中央公論』の広告だが、ここでは江戸時代より用いられていたポルトガル語由来の「歌留多」（大正6年）、「煙草」（大正13年、14年、15年、16年）の他、英語由来の翻訳外来語がいくつかの広告に多用されている。以下では、こうした英語由来の語について、その出現の様相を具体的に示しながら論じていきたい。

　大正7年に集中して翻訳型外来語が出現する「健脳丸」（脳病や脳神経病の薬）の広告では、「飛行機」、「戦闘飛行機」、「潜航艇」、「捕獲網」（すべてカタカナルビ判読不能）、「装甲自動車（タンク）」のように、外来語の発音のルビが付いた例が多い（「敵が毒瓦斯（ガス）を發明すれば味方は巨大な装甲自動車を創造する」、「敵が隼の如な飛行機（カタカナルビ）を製作すれば味方は大鷲の様な戦闘飛行機（カナルビ）で駆逐する」、「敵が潜航艇（カタカナルビ）で暴れ廻れば味方は海峡一面の捕獲網（カナルビ）を張る」等）。

　この広告では、すでに第一次世界大戦の開始から5年が経過し、状況が深刻であることを示した後、戦争に勝つためには知恵が必要で頭が良くなければならないという説明と共に、薬の宣伝が行われている。「健脳丸」の広告は大正5年〜大正9年の『中央公論』に掲載されているが、上記のような外来語表記は大正7年にのみ認められた。

　また、大正9年に「平和（ピース）」という例があったが、これは「ピースダービー」という帽子（商品名）の表記の一部で、固有名詞の一部に翻訳語が用いられるというイレギュラーなケースである。大正7年と10年の広告では同じ商品名を「ピースダービー」とカタカナのみで表記している一方、この大正9年だけは「平和（ピース）ダービー」と漢字翻訳語にカタカナルビをふっている。また同製品の大正10年の広告では、「中山帽子は我鷹印帽子の獨特製品（スペシアリチー）で専売特許のピースダービーの聲價は已に皆さまご承知ご存じます（ママ）」と、漢語のみで十分に意味が通じる「獨特製品」という表現に、あえて外来語の発音ルビ（スペシアリチー）をふり、広告全体にハイカラなイメージを作り出している。これは、「ピースダービー」という商品名を持つ帽子は、「獨特製品」という表現よりも「スペシアリチー」とする方がふさわしいという広告発信者の意図に基づく表記の工夫だと考

えられる。

さらに、大正10年の「ゼピー紳士液」の広告には、「新化粧術」という表記例が見られた。ここでは「男性専用の化粧液　ゼピー紳士液」という見出しの次に、「ゴリゴリと剃刀を当てる其お顔の保護として研究された此ゼピー紳士液」とあり、続く英語の説明では商品名が「ZEPY」と表記されている。カタカナと英語との両表記を用いることで、変化に富んだ視覚的効果が生みだされているといえよう。この「ゼピー」ブランドは、「ゼピー薬洗粉」、「ゼピー液状白粉」、「ゼピー粉末白粉」、「ゼピー十番香油」、「ゼピー化粧布」など多種の商品を展開しており、大正５年以降、繰り返し広告欄に登場している。「新化粧術」については、この広告の補足説明の部分「説明書及び新化粧術一冊　三銭切手送れば無代進呈す」という記述で登場するが、実はこの部分は縦書き表記となっているため、この「アメリカみやげ」はルビではなく並列表現だと考えることもできる。つまりこれは、「新化粧術」と「アメリカみやげ」との双方を「両用表記」と捉え、どちらか一方を従属的なものとはみなさないとするものである。当時、エステティック（美顔術）がアメリカから輸入され、上流階級の婦人に人気を博したことから、「新化粧術」が持つ「アメリカから（舶来）の最新の施術」という特性を併記し、強調しているものとする解釈である[4]。

この他、大正10年に見られた「高帽」は"derby hat"（山高帽子）、「中折」は"soft felt hat"（中折れ帽子）、大正11年の「萬年鉛筆」は"fountain pen"と、それぞれ原語の発音の部分的なルビがふられている。

以上から、『中央公論』の広告で用いられている翻訳型の外来語は、漢語の持つ重厚感を残しつつも、外来語の持つ特別感といったイメージを援用し、商品やブランドとしての魅力をアピールしていると考えられる。

また、広告のキャッチコピーや見出しにおける翻訳外来語は、公論本文などのそれとは異なり、端的で簡潔な表現の中に入れ込まれる形で印象的に用いられている。省略表現の多い広告では、たとえばカタカナ表記の外来語が用いられた場合、通常のテクストのように前後の文脈からその意味を類推することは難しい。音訳で漢字表記を行っても、もとの外国語を知らなければその意味は通常理解できないだろう。よって、翻訳型外来語の

使用は、読者がその意味を理解しやすいという点で便利な方法だったはずである。さらに、外来語が翻訳漢語に発音のルビが付されたことによって、読者はより生の形に近い外国の文化や言葉を感じ取ることができた。これは漢語だけで表現する以上に、「舶来」というイメージを与える文体効果が期待されていたとみられる。

　この他、翻訳外来語が複合語で登場する例が見られたことに関しては、それだけ複雑な形式の語がテクストの中で必要とされたと言うことができる。これは『中央公論』の読者層が、そうした語を外来語で取り入れることに抵抗のない知的レベルであったことを示す一つの証といえよう。

3　『中央公論』『婦人公論』における翻訳型外来語の原語

　本節では、両雑誌に登場した外来語の原語について述べていきたい。『中央公論』、『婦人公論』共に、外来語の原語は英語が圧倒的であった。明治以前に入ってきたポルトガル語とオランダ語に加えて、大正期にはドイツ語やロシア語、フランス語等が加わったが、やはり圧倒的に英国や米国から流入した英語由来の語が外来語の中心だったのである。米川（2012）では、関東大震災（大正12年〈1923年〉9月1日発生）を「それまでの文化や経済を破壊し、ヨーロッパ文明からアメリカ文明へ一挙に方向転換させる大事件」だとし、「復興計画において、建築、道路、上下水道、自動車、鉄道、ラジオ、通信など、すべてアメリカ文明を採用し、映画・音楽・スポーツなどの娯楽もアメリカのものを求め」、「アメリカニズムが急速に進行したのがこの時期から昭和初期にかけて」だったとしているが[5]、こうしたアメリカニズムは、英語由来の外来語の増加に拍車をかけたものと推測される。

　『中央公論』における英語以外の西欧語由来の外来語の例としては、ポルトガル語は「煙草」のような既に国内に流通している物品を表す例が多く、ラテン語（自然状態〈Status naturalis〉等）、ドイツ語（價值傳換等）やロシア語（獨裁政治等）は学術的内容を持つ政治や労働運動を表す語が中心であった。また、こうした外来語の出現は、テクストの扱う内容と密接に関係しており、その典型例を次に示す。

例1　それは架空の 自然状態（Status naturalis） に對する憧憬より來
　　　るのではなくして・・・（大山郁夫「現代日本に於ける政治的進化
　　　と其社會的背景」『中央公論』大正7年，p. 20）

　このように、テクストの内容によって、用いられる外来語の原語は一定
の傾向が認められた。特に『中央公論』では全般的に政治経済など社会科
学に関係する言葉が多く、比較的ドイツ語やロシア語の出現率が高かった。
　一方『婦人公論』では、オランダ語は「加持教（カトリック）」のような宗教に関する
語、ポルトガル語は「羅紗（らしや）」のような衣料に関する語として登場し（例
2）、その他に珍しいところでは梵語「懺摩（えんま）」といった例もあった。『婦人
公論』においても『中央公論』と同様に、外来語の原語はテクストが扱う
テーマに関係していた。ただし、一般に、女性誌には服飾等のフランス語
由来の語が多いといわれているが、『婦人公論』ではその他にドイツ語由
来の「内分泌物（ホルモン）」のような医学用語もしばしば見られ、科学的な内容のテ
クストではこのような外来語が積極的に用いられていたことが注目される
（例3）。すなわち『婦人公論』は、女性誌としてそうした科学的領域のテ
クストを掲載することで他の女性誌との差別化を図り、読者に対してこう
した外来語の理解を求めていたことがわかる。さらに読者の大部分であっ
た女性たちにとっては、こうした『婦人公論』の編集姿勢が大きな魅力の
一つとなっていたのではないだろうか。

例2　中學生の如きもその制服を 羅紗（らしや） にし、メルトンにし、ヘルにし、
　　　セルにせるは・・・（高島米峰「誰に見せんとはするぞ」『婦人公
　　　論』大正7年，p. 14）

例3　軆内の血液に向つて一定の 内分泌物（ホルモン） が與へられ、これが身軆に
　　　於ける新陳代謝に影響を及ぼし・・・（永井潜「女子の結婚適齢」
　　　『婦人公論』大正5年，p. 40）

4 『婦人公論』公論部分における翻訳型外来語

　本節では、『婦人公論』の公論部分に見られた翻訳型外来語について調査を行うが、公論は雑誌の中心的内容を担う部分であるため、『婦人公論』の歴史について木村（2010）を参考にまとめておきたい（詳しい説明は本書の「1　はじめに」「2　資料の説明」でなされているので、ここではごく簡単に触れるにとどめる）。『婦人公論』は、『中央公論』で特集された夏期増刊「婦人問題号」（大正2年7月）を契機に、大正5年（1916）に『中央公論』の姉妹誌として誕生した。筆者は男性のみならず女性も含まれ、中流家庭の高学歴女性を読者対象としている（職業婦人や女学生等が中心で、大正11年には都市部での購読雑誌第一位となった）。

　その内容は、発刊当初の大正6年（1917）には「社会と婦人」といった男性から女性への啓蒙書的なテーマが取り上げられているが、大正7年（1918）8月の富山米騒動、第一次世界大戦による異常な物価高、大正8年（1919）の婦人選挙運動などの動きを受け、この頃には労働問題や婦人問題、国際問題も扱うようになっている。さらに大正10年（1921）には「恋愛」をテーマとした号も見られ、女性の自由な生き方を主張する記事も多くなっている。前節でも述べたが、新しい時代を生きる女性をターゲットとし、政治経済、科学などの広い領域を扱ったテクストが、公論部分に掲載されている。以下では、この公論部分に見られた翻訳外来語について論じていきたい。

　まず、翻訳型の外来語の異なり出現回数は、大正12、15、16年に比較的多いが、年によって変動がある。これは、テクストの内容や書き手の属性とも関わることであるため一概には言えないが、おおむね年が下るにつれて若干の増加傾向が認められるといってよいだろう。

　品詞については、外来語はもともと「モノ」を表す名詞として日本語に入り込み、そこから「する」をつけて動詞に、もしくは「な」をつけて形容詞や形容動詞になるという特性があるが、今回のデータでも、動詞「捨象して」、形容動詞「厳格なる」、「新鮮な」などが見られ、外来語をさまざまな品詞の形で用いようとする書き手の姿勢がうかがわれた。

例4　一切の差別を 捨象 （アブストラクト）して、人は人である。（高島平三郎「人格概念の更正」『婦人公論』大正12年，p. 65）

例5　それが 厳格 （シリアス）なる文藝批評家であればあるほど一歩もゆづらない態度をもつて第一義的提言をもち出すからである。（生田花世「現代女流作家心境論」『婦人公論』大正16年，p. 32）

例6　新しい時代にふさはしい、あたらしい家庭の建設——生き生きとした 新鮮 （フレッシュ）な團樂——新しい温かさ！新しい心易さ！新しい慰安！（相馬泰三「今後婦人の行くべき道　新しい輝き」『婦人公論』大正11年，p. 73）

　次に意味分野について見てみたい。本稿では、分類語彙表の分類を基本とし、国立国語研究所（2007）「外来語に関する意識調査」における「外来語をわかりやすく言い換えてほしい分野」（「政治・経済」「医療・福祉」「コンピュータ関連」「ファッション」「スポーツ」「料理」「音楽」）を参考に、以下の8項目の観点から考察を進めていく。

1　政治・経済・法律・労働社会運動：（例）社會連帯主義（ソリダリティ）　協同組合（パートナアシップ）
2　抽象的名詞・形容詞・形容動詞：（例）能率（エイシエンシー）　純潔（ピューリテー）　生存（エキジステンス）
3　科学：（例）マンモス（巨象）
4　衣：（例）靴下止（ガーター）　更紗（さらさ）　襦袢（じゅばん）
5　食・嗜好品：（例）珈琲（コーヒー）　酒精（アルコール）
6　具体的事物（衣・食を除く）：（例）瓦斯（がす）　硝子（がらす）　仮面（マスク）
7　音楽・スポーツ・ゲーム：（例）歌劇（オペラ）　和聲（ハアモニイ）　麻雀　拳闘（ボクシング）
8　その他：（例）仙（セント）　瓦（ぐらむ）　less（より少ない）

　『婦人公論』に見られる外来語全体では、「4衣」、「5食・嗜好品」、「6具体的事物」が多く、これらは、分類語彙表ではいずれも「1.4生産物及び用具」に含まれる。翻訳型の外来語でも、例えば「煙草（たばこ）」や「羅紗（らしや）」の

ように、南蛮貿易で入って来たポルトガル語由来の受容時期が早いものは、ここに含まれる。しかし翻訳型の外来語の中心となるのは、「2抽象的名詞・形容詞・形容動詞」といった思想・文化・宗教などを表す語が含まれる意味領域であり、またこうした抽象的な意味を持つ「表徴」、「動因」、「叡智」などの翻訳漢語は、英語由来のものが圧倒的であった。これらは分類語彙表の「1.1抽象関係」に該当する。

　次に、表記方法についてであるが、漢字のみ（例：瓦斯）の他、ルビをふった形として漢語翻訳＋発音カナルビ（例：絶對的標準、煙草）や漢字仮名交じり＋発音カナルビ（例：可き）も見られた。併記の形としては、漢語翻訳＋アルファベット併記（例：女 femina）、発音カナ表記＋漢語翻訳併記（例：ソリダリテー 連帯責任）などが認められた。カナは基本的に外来語の発音を表記しているのだが、これらについては、「親聯合國」（pro align）のように本来の発音と若干の違いがある例や、「基督者」、「切支丹」（Christian）のように発音の揺れが認められる例もあった。

　さて、翻訳型の外来語は漢語で表されているため、漢字を通して意味が読み手に類推される点で有効な表現法だといえる。しかしこれにも関わらず、あえてカタカナで発音のふりがなをふっている例も多く見られた。これは、書き手が読み手と同様の知的領域を共有したいという願望を表明し、両者の一体感を強調するストラテジーではないかと考えられる。加えて、カタカナやひらがなで外来語の発音を表すという表現技術は、大正12年の外来語の仮名表記の制度化と関わるものと考えられるが、難解な意味を持つ外来語の使用に際しては、上記のような書き手の意図を反映し、加えて読者の理解にも配慮するということで、発音表記付きの翻訳漢語が用いられていたとも推測される。

　また、「漢語翻訳＋発音ルビ」の中には、「相手」、「事務室」、「背景」といった、現代語における用法と比較して、漢語とカタカナルビとの意味にずれが認められる例が見られた。現代日本語では、たとえば単に「相手」という意味で「ライバル」という外来語を用いることは少なく、「競争相手」という限定された意味で用いるのが普通であろう。『婦人公論』のテクスト中でもライバルは「競争相手」の意で用いられているが、翻訳漢語

は「相手」とされている。

例7　その、仲間とし□の親しみと憐みと　相手（ライバル）　としての憎みと畏れと
　　　が・・・（□は不明）（橋爪健「同時代の青年として『新時代の女
　　　性』を観る」『婦人公論』大正15年，p. 40）

「オツフイース」については、以下の例のような「事務室」や（教員
の）「研究室」といった一つの部屋を示すこともあるが、現代語では「事
務所」や「職場」といったより広い空間や概念を指す使い方が中心だとい
えよう。

例8　洋服を着て洋風の　事務室（オツフイース）　の椅子に腰掛けてタイピストの叩いた
　　　簿書を檢する時の頭が・・・（魯庵生「上下思想とルパシカ思想」
　　　『婦人公論』大正14年，p. 17）

この他、「背景」は「バック」とルビがふられていたが、「バック」には
「背後」や「背面」といった意味もある。そのため、このようにルビをふ
ることは意味を広げてしまう可能性があり、その点から考えると漢語のみ
の表記ほうが適切ではないかとも感じられる。いずれも現代日本語に残っ
てはいる例として、意味の範囲や用いられ方に特徴のある興味深い用法で
ある。
　また、現代語では一般的に外国語という語感が持たれ、当時も漢語のみ
のほうがわかりやすかったのではないかと予想される「十年間（デケード）」、「戀人（ラヴア）」、
「熱意（エンシユージアズム）」、「絶望（デスペラシイ）」、「中間（メデイアム）」、「役割（ロール）」といった例、「能率的標準（エフイシエント・スタンダード）」や
「近代的利便（モダアン・コンギニエンス）」といった専門性が高く一般の読者に向けて使用する語とし
ては不自然かとも感じられる例も見られた。いずれも特定の分野の専門家
が、術語に準じた意識で外来語を用いたり、外来語を用いることで気取っ
た特権階級としての意識を示したりしたものだと考えられる。

例9　現代人の目標とす可き生活の標準は生活の　能率的標準（エフイシエント・スタンダード）　と称

す可きものでなければならぬと思ふ、（森本厚吉「社會改造と家庭
文化生活論」『婦人公論』大正12年，p. 10）

この他、「顧望（ルツキングバツクウアード）」、「現今の娘（モダンガール）」といったユニークな成句もある。

例10　自由で遠慮のないその時分の女性が興味を以つて近づくなら筆者
はどうした｜顧望（ルツキングバツクウアード）｜を以つて答へていゝか今から心配になる
譯である。（新居格「婦人十年後の戯畫（三）末梢に咲く姿」『婦人
公論』大正15年，p. 57）

例11　それでお話の｜現今の娘（モダンガール）｜は聲こそ大なれ私は其弊に陥つてゐる人
は極めて少數と考へます、（鳩山春子「（十二）その輕佻浮華は小説
の罪」『婦人公論』大正16年，p. 67）

前者は日本語の漢語を英語句の訳とし、後者は当時定着していた外来語
に日本語訳を句としてあてている。こうした「語」と「句」という異なる
言語単位を同列に扱い、ルビという形で外来語をテクストに挿入する手法
は、書き手が明らかに意図的に、その語に特別な意味を込めようとした結
果だといえよう。翻訳型の外来語に、そのテクスト内容から生まれる特有
の意味（場合によっては、そのテクスト内でのみ了解される書き手と読み
手だけの意味）を持たせようとするものといってよいのではないだろうか。

5　『中央公論』公論部分における翻訳型外来語

　本節では、『中央公論』の公論部分を取り上げるが、その前に『中央公
論』の歴史を簡単にまとめておく（詳細は「1　はじめに」「2　資料の説
明」ですでに述べられているので、ここでは概観するにとどめる）。『中央
公論』は、明治20（1887）年に公刊された『反省会雑誌』を母体とし、明
治32（1899）年に『中央公論』として創刊された。今回の分析対象となる
大正期は、この雑誌の黄金期と言われている。知的エリートを読者層とし、
筆者は男性のみ（教授、博士、外交官、政治家、評論家、思想家等）で、

社会科学をテーマとする内容が中心とされている。以下、いくつかの観点から翻訳型の外来語について分析を進めていきたい。

(1) 翻訳型外来語の出現傾向

　国立国語研究所（1987）では、1906年から1976年の雑誌『中央公論』のテクストの語彙を10年おきに調査し、20世紀後半に外来語の増加が認められるとしているが、今回の調査では、翻訳型の外来語は大正期中期（1920年頃）から後期に向けて増加傾向が見られた。ただし、大正末期になるとカタカナ表記の外来語の比率が高くなる一方、翻訳語の割合は低くなっている。これは、前述した大正12年の外来語の仮名表記の制度化に加え、大正14（1925）年のラジオ放送開始によって、「音」としての外来語が広く浸透していったこととが関係しているのではないかと考えられる[6]。

　日本語の語彙の中で外来語が増加する理由には、叙述されている内容が外来の事物に関わるものであることを受信者に意識させたいと発信者が欲していることが挙げられる。漢語翻訳を用いた外来語は、日本語にすでに定着している漢字を用いて外来語を表す点で、受信者がこうした発信者の意図を汲み取りながら抵抗なく外来語を吸収していけるという性質を持っており、これが外来語使用の拡大にもつながったのであろう。

　さて、翻訳型の外来語は『婦人公論』より『中央公論』の方が圧倒的に多いものの、記事のテーマによってその様相は大きく異なる。出現例の中には、当時一般に定着していた表現とは言い切れないような当該テクストの中でのみ有効な臨時的使用も多い。特に大正期の社会状況とも大きく関係しているものしては、例12に示した大正9年の「Money（軍資金）」や「Munition（軍需品）」があり、これは、大正3（1914）年に勃発した第一次世界大戦に関するテクストに出現している。社会の近代化が急激に進んでいた当時、『中央公論』はそうした世相を反映するテクストを公論部分に数多く掲載していた。大正5（1916）年10月に寺内内閣が成立すると、吉野作造が「憲政の本義を説いて其有終の美を済すの道を論ず」という民本主義論を『中央公論』に発表し、この後、雑誌内でのデモクラシー言論が活発化している。大正6（1917）年のロシア革命、大正9（1920）年の

日本最初のメーデーなどを受け、大正7年から大正9年には、特に公論部分で社会科学に関係した意味を持つ翻訳型の外来語が目立つようになっている。

例12　一國をして優勝の地位に立たしむるには第一に Men（人）第二に Money（軍資金）第三に Munition（軍需品）を要し・・・（堀江歸一「欧州戦争と経済思潮の動揺」『中央公論』大正9年，p. 167）

　こうした傾向は大正10（1921）年以後も続く。公論のテーマは当時の社会についての思想を論じるものが中心となっていき、政治・経済領域の翻訳型外来語もさらに増加する。大正期の『中央公論』の公論部分は、デモクラシーをめぐる活発な議論をやりとりする「場」としての機能を果たしていたという特性から、特にこの雑誌の公論のテーマには、上記のような傾向が強く認められたのだろう。その中での翻訳型の外来語の使用に着目すると、繰り返しになるが、書き手が意図的に専門的な用語を（ある場合は臨時的に）翻訳して使用する例が見られる。これは、漢語表記の方がカタカナ等の発音表記に比べて外来語の意味が理解されやすいことを知った上で使用するものである。つまり、書き手は「外来語」というよりも「外国語」という性格を保持したままでテクストの中に入れ込みたい語が発生した場合、アルファベット表記や発音のカナ表記のみでは読者には理解ができないと懸念されるために翻訳型の外来語を用いるわけである。ただ，翻訳の形で外来語を提示した場合、意味が理解されやすくなる一方、今度は書き手が意図した「外来語」としての提示というインパクトや、自らの主張、説得力は弱まってしまう可能性も心配される。そこで、翻訳型の外来語のみではなく、あえてルビや併記によってその外来語の発音や原語の綴りなどを示すことによって、当該の語の原語は外国語であること、そうした語を用いて展開されている叙述内容は、広く国際社会に通用するものであることを読者に認識させる効果を狙ったのではないかと思われる。

⑵　表記のパタン

　まず、「漢語訳のみ」の表記で示されている語についてであるが[7]、全般的に、「弗（ドル）」など単位を表す名詞が多く、多くは「一弗」などの混種語で出現している。それ以外は「加特力」や「基督」などの宗教関連の語、「瓦斯」や「倶楽部」、「燐寸」、「煙草」、「阿片」といった、具体的事物や嗜好品のような生活に密着した語であり、これらはいずれも日本語の語彙として定着している様子がうかがえる。

　次に、漢語訳にルビや併記を伴った表記のパタンを見ていくが、語そのものは１回限りの出現である例が多い（繰り返して、同じ翻訳型の外来語が出現するという例は少ない）。以下、例を示す（翻訳型の外来語が含まれる例のみを扱う。Ａのタイプが最も多く、次いで、Ｂ、Ｃ・・・の順であった）。

（Ａ）　漢語訳＋カナ発音ルビ
　　　代議政治（レプレゼンタチブ）　合理派（ラシオナリスト）　民本化（デモクラチゼーション）　軍國主義（ミリタリズム）　観光客（ツーリスト）
　　　帰桔（コンセクエンス）

（Ｂ）　漢語訳＋原語アルファベット併記
　　　群婚（Group Marriage）労働組合（Trade Union）發動者（initiator）

（Ｃ）　原語アルファベット＋漢語訳併記
　　　Money（軍資金）　　Men（人）

（Ｄ）　漢語訳＋カナ発音併記
　　　内分泌物ホルモン　　創意（イニシアチヴ）

（Ｅ）　カナ発音＋漢語訳併記
　　　ピューリタン（清教徒）　　モササウリア（滄龍）

（Ｆ）　その他
　　　原語アルファベット＋漢語訳ルビ　pseudo-democracy（仮面的民本主義）
　　　漢語訳＋日本語ルビ＋カナ発音併記　讒言（たはこと）（ナンセンス）　　等

　まず、『中央公論』における翻訳型の外来語の表記スタイルとして最も多かった「（Ａ）翻訳漢語＋カナ発音ルビ」の形式を見てみたい。

例13 $\boxed{人間}^{マン}$ は好いのだ。しかし $\boxed{團集}^{メン}$ が悪いのだ。（千葉龜雄「平和思想の徹底のために」『中央公論』大正11年，p. 178）

　翻訳型の外来語の半数以上はこの表記スタイルで、大正期全体を通してこの形式は出現している。さらにこのタイプの特徴としては、「直接民主$^{ダイレクト、デモ}$主義$_{クラシー}$」、「社會的基所$_{コンミユニテイキツチエン}$」のように２つ以上の語から成る合成語が多いことが挙げられる。

　次に多かったのが「（B）翻訳漢語＋原語アルファベット併記」、次いで「（C）原語アルファベット＋漢語訳併記」であるが、この示し方の特徴は、発音表記がないということである。これは、『中央公論』の読者層がこうしたアルファベットの原語を読みこなす力を持っているという前提で、テクストが書かれていたことを示すものといえよう。それは、原語を理解している者にとっては、「カナ発音（A）・（D）・（E）」の形式よりも、「原語アルファベット併記（B）・（C）」の形式の方がずっと理解しやすいはずだからである。また「原語アルファベット」を示すということは、より直接的にもとの外国語を示すことである。「カナ発音」が読み手に「外来語を意識」させるにとどまる一方で、「原語アルファベット」は「外国語そのもの」を強調することができ、それは当該テクストの内容が同時代的に海外の動向を盛り込んでいることを積極的にアピールすることにもつながる。（A）や（D）、（E）のカナによる外来語の発音表記は、単に「音としての外来語」の提示という表層的なレベルにとどまってしまう。また、この「原語アルファベット」を併記する（B）と（C）のタイプは、両方合わせて翻訳型外来語全体の３分の１近くに及んでいた。これは、『中央公論』の筆者と読者との双方が、こうした言葉を使いこなしていたことを意味しているといえよう（ただし、筆者やテーマによっては、使用に偏りも見られた）。

　ただ、こうした外国語を理解できる知的階級を読者層の中心としていたにせよ、限られた人々を対象にしているだけでは、『中央公論』という雑誌で行われる議論は閉じられたものとなってしまう恐れもある。こうした「デモクラシー」論に加わりたいと考えているより広い一般の読者層に

とっては、テクスト内でのアルファベット表記の出現は、和語や漢語だけで構成されるテクストに比べて、「異質」な印象や読みにくさ、違和感を覚えるものであったに違いない。そこで、翻訳型の外来語を用いることは、読者に原語を意識させながらも意味を理解させる方策として有効であったはずである。そしてこのような形式で大量の外来語をテクストに入れ込むことは、読者が使いこなせる外来語を増大させ、これは新たな読者層の拡大にも結びついていったものと考えられる。

(3) 接尾辞

翻訳型の外来語では、「〜化」、「〜派」、「〜学」、「〜的」の形が多く見られた。以下にその例を示したい。

・〜化　日本化（ジャパナイス）　正常化（ジャスチフアイ）　亜米利加化（アメリカニゼーション）
・〜派　合理派（ラショナリスト）　自由統一派（リベラル・ユニオリスト）　不可思議派（アグノスチック）
・〜学　一般経済学（Political Economy）　國民経済学（National Economy）
・〜的　本源的（オリヂナル）　古典的（クラシック）　潜在的天才（potential genius）

こうした接尾辞は、いずれも抽象的な意味を持つ語となるが、さらにこれらの中には、2語以上を組み合わせた語や句となっている語といった、一語内に多くの意味を持つ複雑な語も見られる。これらはいずれも啓蒙の意味を持った概念を示し、もともと日本語にはない知識の伝達のための外来語使用で、日常語ではない。このように読者に馴染みのない、わかりにくい外来語は、テクストの理解を妨げるという点で、必ずしも積極的に使用されるものではないというのが一般的であろう。しかし、読者に「私は難解な外来語を多用したテクストを読みこなしている」というイメージを持たせることは、従来、日本語にはなかった意味や概念を持つ西欧の語を書き手が発信しているということを意識化させることを可能にする。つまり、難解な内容や極端に専門的な（学術論文のような）文体というテクストの特徴の一端を、翻訳型の外来語が担っているわけだが、こうしたマイ

ナスの方向に働く恐れのあるテクストの独特な文体が、雑誌自体が目指す方向性の明確化や、読者層の確立に貢献していたと見ることもできよう。

　次に、本節で取り上げた接尾辞に注目し、翻訳型の外来語について考えてみたい。語基と接辞の組み合わせによってさまざまな概念を表すタイプの「的」は、名詞およびそれに準ずる語に付いて多くの派生語をつくるが、前に来る要素に「～のような」、「～に関する」といった内容を持って2つ以上の語をひとつながりの語としてまとめる機能も持っている。前述の「句となる語」は、「潜在的天才（potential genius）」のように、「的」を用いるものが多いのは、この機能によるものである。また「チック」という形式は「的」を外来語化した用法ともされるが（「ローマンチック」など）、「的」を用いた方が漢語中心の固い文体に見られる専門的な語感を持たせることができ、こちらを好んで使用する書き手もみられた。このように「的」は翻訳型の外来語の中で、一定の役割を果たしている。

　石井（1992）は、造語力を測る尺度として「結合力」を見る場合には、「結合力が特定の分野の造語においてのみ発揮される造語成分と、多くの分野にわたって発揮される造語成分とがあれば、後者の造語成分により大きな造語力があると考えるべき」であろうから、「さまざまな分野ごとに結合力を見ていくということが必要になる」としている。そう考えると、「化」や「派」、「学」は「的」に比べて特定の分野に特化した造語と言え、造語力の点からは比較的結合力が小さいものということができるかもしれない。しかしその一方で、今回の結果から、公論の書き手はこうした緩い結合力を自由に駆使して多くの翻訳型外来語を送り出していたことも事実であり、接尾辞の活用は翻訳型外来語をテクスト内で使用する上で有効な手段の一つであったのではないかと考えられる。

⑷　語の意味

　語の意味は記事の種類とも大きく関わり、『中央公論』の公論は政治や経済関係が中心となっていることが、語の意味にも影響している。ここでも『婦人公論』と同様に、以下の8分類を参考に考察していきたい。

1　政治・経済・法律・労働社会運動：
　　（例）現実政治（レア・ルポリチーク）　一般経済（Political Economy）　集産主義（フレフチズム）
2　抽象的名詞・形容詞・形容動詞：（例）自由（リベルテ）　正常化（ジヤスチフアイ）　自我（イッヒ）　演習（セミナリー）
3　科学：（例）葉緑体（クロ・プラスト）　植物群（フローラ）　アムモナイト（菊石）
4　衣：なし
5　食・嗜好品：（例）馬鈴薯　珈琲　煙草
6　具体的事物（衣・食を除く）：（例）仕事場（アトリエ）　観光客（ツーリスト）　護謨　戀物語（ローマンス）
7　音楽・スポーツ・ゲーム：（例）演奏場（コンサートホール）　哀歌（エレロア）
8　その他：（例）米　碼　志

　風俗や文化に関わるものが多い「4　衣」、「5　食・嗜好品」、「6　具体物」、「7　音楽・スポーツ・ゲーム」の分野は、カタカナ表記の外来語で用いられることが多く、翻訳語は『婦人公論』と同様に少なかった。以下では、翻訳型の外来語に多く見られた領域を取り上げ、考察していきたい。
　まず、「1　政治・経済・法律・労働社会運動」についてだが、大正期は、第一次世界大戦（大正3〈1914〉年）の参戦でナショナリズムが高まり、吉野作造が民本主義を提唱して（大正5〈1916〉年）大正デモクラシーが興るなど、物質面よりも精神面における西欧の影響が大きかった時代であることと、この意味領域は深く関係している。大学で学ぶ者も増えて高学歴化が進むと、外国語を理解する層が拡大し、これは外来語の受容を促した。こうした社会背景の下、政治や経済、法律、社会運動の分野で多くの外来語が用いられるようになったのは、自然の流れといえよう。たとえばその一つである翻訳型の外来語「社会」について柳父（1982）は、「先進文明を背景にもつ上等舶来のことばであり、同じような意味の日常語と対比して、より上等、より高級という漠然とした語感に支えられ」た「意味内容が抽象的」な語で、「漠然と肯定的な、意味を持つとされるために、ある時期、盛んに乱用され、流行語」となったと指摘している。これは「社会」のみならず、この意味領域に含まれる翻訳型の外来語が共通して持っている特徴だといえるだろう。『中央公論』のテクストに登場するこうした抽象的意味を持つ外来語を、読者は積極的に自らの言語生活に取

り入れていったものと推測される。知的レベルの高い層をターゲットとした『中央公論』の執筆者の主張を理解し、現実生活において同様のテーマの議論に熱中することが、読者にとっては魅力的だったのではないだろうか。外来語が持つ背景や意味の理解度には、大いに個人差があったろうが、多くの民衆が社会の変化に関心を持ち、それを議論する契機の一端を、こうした意味領域の翻訳型外来語が担っていたと見ることができる。

　また労働運動について丸山・加藤（1998）は、「共産主義や社会主義の紹介が明治10年代には既に訳されている」ことを受け、「ヨーロッパの社会主義とかをみて、政府がそれに反応して、問題が国内に出て来ないうちに、非常に早期に、社会主義に対する予防策を講」じたとしている。このように、この領域に含まれる外来語は思想統制といった社会問題ともつながっているため、大衆への浸透は次の時代がどのような方向へ向かっていくかを決定づける一つの要素ともなりえたといえよう。

　次に「2　抽象的名詞・形容詞・形容動詞」に含まれるいくつかの語について考察していきたい。

　まず「自由」という言葉を取り上げる。これは、「創造的自由 initiative」
（T 7）、「自由職業者（リベラル、プロフェッション）」（T 10）、「自　由　組　合（フライエゲウエルクシヤフテン）」（T 11）、「自由統一派（リベラル・ユニオリスト）」
（T 13）など、特に大正後期に頻出している。「自由」はもともと英語の
"freedom" や "liberty" という米国社会の発展の中で用いられることが多かった言葉だと考えられるが、翻訳語の「自由」は、そうしたもともとの文脈での意味を踏まえながらも、上記のようにさまざまな合成語の一部として日本語の中では広まっていった。もちろん「自由」という単独の語としての例も見られるが（「自由（リベルテ）」T 8）、他の漢語と一緒に用いられる例が多いことが、「自由」という翻訳型外来語の一つの特徴だといえる。現代語では、「〜の自由」、「自由に〜する」、「自由な〜」など必ずしも合成語で用いられるというわけではないことからも、合成語による使用は、大正期の『中央公論』の公論部分に見られる特徴的な現象といえよう。

　例14　本能の新鮮な活躍には、どうしても個人の｜創造的自由 initiative｜
　　　　を必要とする。（姉崎正治「人本主義の實行」『中央公論』大正 7 年,

p. 56）

例15　一八九五年ソルスベリー候が第三内閣を組織するや従来外から援
　　助したる 自由統一派 の面々も亦入閣し・・・（蘇峰學人「毛禮卿
　　及其時代」『中央公論』大正13年，p. 251）

　次に、「文化」という語を見てみたい。今回のデータでは、英語発音の
「カルチャー」ではなく、ドイツ語（"Kultur"）発音の「クルツール」と
ルビがふられていた。

例16　人間と云ふものは 文化 を持つて居るが・・・（永井潜「人及び
　　人の力」『中央公論』大正11年，p. 136）

　こうした発音表記からも分かるように、この語は、ドイツ由来の哲学
的・論理的な議論を行う際に多用されていた。ただ、この「文化」という
言葉が広まっていく際、専らこうした文脈での使用にとどまっていたとい
うわけではない。米川（2012）によると、第一次世界大戦の好況によって
人々の生活の質が向上し、それまでの生活を改善するという意味で、当
時、「文化生活」という語が流行語になったという。ここで「文化」とい
う語は、日々の実際の具体的な「生活」と結びついて用いられている。い
わゆる抽象的意味を持つコト（「文化」）が、実質的なモノ（「生活」）とつ
ながった語というわけである。この「文化生活」は、現代語では通常見る
ことのない表現であり、大正期前後に限定して使用されていたものといえ
るだろうが、こうした「抽象」性の高い翻訳型外来語を、「実質」的な語
と組み合わせて使用する感覚は、大正期の「モダン」を志向する社会状況
（外来語の使用そのものも、「モダン」であったと推測される）と関係して
いるのではないだろうか。
　こうした「コト」を示す抽象的な外来語の多くは、『中央公論』のよう
な当時の社会に対する主張が掲載された雑誌を媒介に広まっていったと考
えられるが、上記の例は、その具体的な広まりの様相の一例と見ることが

6　大正期の『中央公論』『婦人公論』に見られる翻訳型の外来語について　143

できよう。

6 まとめ

大正期の日本は、人々の識字率が高く、同時に西洋への志向も強かった。また、生活の近代化に伴い外来語も増加したが、翻訳型の外来語は、漢語によって外来語を表すという独特の外来語受容の方法だったといえる。陣内（2012）では、「南蛮菓子」が「和菓子」でも「洋菓子」でもあるという「曖昧」さについて南蛮菓子の名称表記という側面から考えており、「漢字・かな表記（原語を音訳、意訳して和語化）（金平糖 confeito 等）」、「カタカナ表記（カステラ castella、タルト torta 等）」、「混種的表記（丸ボーロ bolo、ザボン漬け zamboa 等）」のように、「専らひらがなと漢字で表記される『和菓子』名称」と、「専らカタカナで表記される『洋菓子』名称」の「中間を感じさせるものとなっている」としているが、翻訳型の外来語はこの「中間を感じさせる」という性格を持っていると考えられる。

外来語を、カタカナ表記などの形式で借用するのではなく、翻訳語を用いて使いこなすことは、表現の幅を広げたり、言外に潜むニュアンスやイメージを読み手に与えたりすることを可能にする。加えて翻訳語という形式は、外来語の日本語へのおさまりをよくするだけではなく、書き手のスマートさをも表すことができた。『婦人公論』や『中央公論』のテクストの中で、翻訳型の外来語は、こうしたさまざまな役割を担っていたと考えられる。

今回の調査では、翻訳型の外来語の出現量は必ずしも大きいとはいえず、また意味領域にも偏りが見られた。その点で、外来語として当時定着していた語のごく一部にすぎないであろう。しかし、両雑誌において書き手は積極的に外来語を用いていたことは確かであり、その際、翻訳という読み手に意味を理解しやすい、日本語への定着が期待できる形式が意識的に選択されたということは、当時の日本語に少なからぬ影響を及ぼしたはずである。人々は、和語とは異なるイメージを持つ外来語によって新しい概念を獲得していったが、特に専門分野の外来語の一般化は、広く人々の知的

好奇心を満たし、大衆の知的レベルの向上を図ることにもつながった。特に翻訳型の外来語は、その意味をつかみやすいという特徴から、理解語彙にとどまらず、早期から表現語彙としても用いられたことが推測される。

　本分析を通して、『婦人公論』、『中央公論』のテクストにおいては、知的教養の深さによって書き手と読み手はつながっていたということが強く感じられた。ドイツ語の観念的思考を表す語や、社会運動に関わるロシア語の教養は、一部の高い知的階級だけが持っていたものだろう。そして、こうした外来語を用いたテクストの発信・受信は、発信者と受信者の双方が海外（特に欧米）の考え方や状況を理解しているという共同体（場）の形式につながっていったのではないか。とりわけ当時、読み手の側には、「知識人」というスタイルの志向が強かったろう。そこで本来は専門語として使われていた外来語も、書き手はテクストで積極的に使用した。理解しやすい翻訳型の外来語を活用することは、新たにそうした共同体（場）に参加する読者の増加を促したのではないか。

　以上、本稿では、大正期の外来語受容の一面を、翻訳を通して考えてきた。調査対象とした翻訳型の外来語は、両雑誌の中の限られた用例であるが、翻訳という形をとることで他の形式の外来語とは異なる機能を持ち、興味深い特徴を備えていることが明らかとなった。

注1　丸山・加藤（1998）では、「明治初期の翻訳」について、「同時的（synchronic）」に見た場合は「西洋社会を模範とする近代化の前提の一つは、広汎な西洋の文献の翻訳」であるため「日本の『近代化』の過程と切り離しては考えることができない」とし、さらに「通時的（diachronic）」に見ると「あの驚くべき短期間に、文化のほとんどあらゆる領域にわたって、高度に洗練された翻訳をなし遂げるためには、日本社会の側にしかるべき歴史的な経緯と、言語学的手段と、さらには知的能力がなければならない」ことから、「その前段階としての徳川時代の文化を考慮せざるをえない」ことを指摘している。

　　2　この他にも、「翻訳」についてはさまざまな定義があるが、井上（2015）のように、「相異なる言語・文化」などの間の「時に相互的な変換操作・行為、およびその結果生みだされたものの総称」と、言語以外にも広く存在するものとする解釈もある。

　　3　ただし「基督」については、人名である一方、宗教的文脈において「神」とい

う意味を表す用例も見られ、その場合は特例として扱った。

4　エステティックサロンについては、明治40年に遠藤波津子が京橋に開業したのが始めとされ、その後、資生堂が大正11年に銀座の化粧部ビル２階を改装して美髪科（のちの資生堂美容室）を開業し、美顔術や美爪などの施術を行うなど、高額な料金にも関わらず賑わっていたという。その様子は、当時発表された文学作品などにも描かれている（例：「ミス・リーの美容院に行ったの。だってあそこ早く番を取らなくちゃ混むんですもの。（中略）ミス・リーの店で洗はれたり、蒸されたり、摩擦されたり、塗られたりしたばかりの顔を新たに手入れしはじめた。」（『真知子』野上弥栄子作、昭和３〜５年発表）これは、大病院を経営する田口家の娘の富美子の発言だが、「ミス・リーの美容院」とは、エステティックサロンだと考えられる。

5　また米川（2012）では、『モダン用語辞典』（1930）の「アメリカニズム」の項から「現代日本のモダンの源泉は、このアメリカであつて、昨日のアメリカの流行は、今日の日本の流行となる」との引用を行っている。

6　このようにマスメディアが発信する言説が、他のジャンルのテクストやディスコースに与える影響は少なくない。また一方、井上（2015）の「同時代文学が翻訳文学との関係で語られることは一向に珍しくないが、（中略）翻訳文学を巡る言説がマスメディアを通じて流通して読者大衆を巻き込み、同時代文学、翻訳文学をともに組み入れた磁場のごときものが形成されるようになるのは、読者大衆の出現した1920年以降のことである」といった指摘のように、翻訳文学がマスメディアを通して拡大していく状況も、大正期には顕著であった。

7　「漢語訳のみ」の表記の代表例は、以下のようであった。

亜鉛　赤紐主義　阿片　加特力　瓦斯　基督　倶楽部　珈琲　護謨　煙草　頁燐寸　基瓦　基瓦米突　瓦　志　仙　弗　噸　磅　馬克　米突　米　碼　瓱蚋　哩

参考文献

石井正彦（1992）「造語力をはかるために」『日本語学』11(5) 明治書院，pp. 16-24

石野博史（1983）『現代外来語考』大修館書店

井上健（2015）「翻訳文学あるいは文学を日本語に翻訳するということ―1920年代の翻訳小説を事例に―」『日本語学』35(1) 明治書院，pp. 6-18

木村涼子（2010）『「主婦」の誕生：婦人雑誌と女性たちの近代』吉川弘文館

麹町幸二編（1930）『モダン用語辞典』実業之日本社

国立国語研究所（1962）『現代雑誌九十種の用語用字第一分冊：総記および

語彙表』秀英出版

国立国語研究所（1987）『国立国語研究所報告89　雑誌用語の変遷』秀英出版

国立国語研究所（2007）『国立国語研究所報告126　公共媒体の外来語―「外来語」言い換え提案を支える調査研究―』秀英出版

斎藤兆史（2015）「訳読のすすめ―日本語の生態系を守るために―」『日本語学』35(1) 明治書院，pp. 41-51

陣内正敬（2012）「外来語研究の意義」陣内正敬・田中牧郎・相澤正夫編『外来語研究の新展開』おうふう，pp. 11-25

丸山真男・加藤周一（1998）『翻訳と日本の近代』岩波新書

柳父章（1982）『翻訳語成立事情』岩波書店

米川明彦（2012）「言葉の西洋化―近代化の中で―」陣内正敬・田中牧郎・相澤正夫編『外来語研究の新展開』おうふう，pp. 62-77

立川和美（2015）「大正・昭和初期の文学に見られる化粧に関する一考察」『流通経済大学論集』50(1) pp. 47-62

7 大正期『中央公論』における "論" のための外来語
―抽象名詞・テクスト構成等に注目して

髙﨑みどり

1 本稿のあらまし―"論" における使用と現代語への定着

　本稿では大正期『中央公論』の「公論」部分にみられる外来語について、外来語の使いこなしと定着、という観点から検討する。すなわち、

1. 外国語が日本語の語彙として定着しようとして実際にどのような形、意味で「公論」の文脈の中で使用されているか
2. それらの外来語のうちどのような外来語が現代語においても使用されて定着しているか
3. 使いこなされていることの証左としての "基本語化" "テクスト構成語化" の兆しはあるか

の３点について考察する。ここでは "使いこなし" と "定着" をあまり区別せずに使ってしまっている場合もあるが、厳密に言うと、当時から見れば "使いこなし"、またそれらの外来語を現代から見れば定着・非定着、ということになるかと思う。

　「定着」ということに関しては、外国語を、名詞として日本風の発音でカタカナ化して日本語の文脈に入れ込むだけでも、「外来語」としての扱いにはなるのだが、意味や形式、用法に変形変異が加えられて、もとの外国語とは違ったかたちで日本語の体系の中に加えられ、使いこなされ馴染んでいっているのも、定着の具体的なあり方であろう。加えて、日本語への定着というのは、それぞれの外来語が、ある程度の期間、使い続けられているかどうか、という時間的な面も見る必要がある。また、外来語という語種全体として、基本語化（金 2012）等で日本語の中核に移動する動きが見られる、といったふうに日本語として使いこなされ、日本語の中での位置づけを変質させてゆくのも、また定着の証左である。

　さらに、「公論」が議論・論説の場であることに注目して、議論の場で

の外来語の様相を探る。

　それらの探求を通じて、語彙を研究する時には、ひとつひとつの個別の単語やその集積の数量データとしての扱いばかりでなく、テクストのなかでどう働いて、テクストの成立に貢献しているかを見る必要も訴えたい。

　さて、上にあげた3つの観点について、各論に入る前に少し説明を加える。

　1は、その外来語の、テクストの中での使いこなしということが関係している。すなわち、語としての使いこなしとは、外国語からの外来語が、日本語として文法的扱いをされるとき、名詞ばかりでなく、形容動詞やサ変動詞としても文の成分としてなじませていくことが必要となる。さらには他の語と複合させて新たな語として使っても意味がきちんと伝わることも必要で、複合語での使用も見られるはずであり、またいちいち母音を加えるので長くなりがちな語形を省略することも、使いこなしに入るだろう。また応用的に何かを説明するために、別の良く知られている概念を持ってくるような場合の比喩表現の喩詞にも使うことも考えられる。

　そして、2の現代語への定着については、ある外来語が、100年後も一般的に使用されている実態があれば、結果として定着したと考えてよいのではないかと考えるのである。定着の有無は「分類語彙表」と現代語の国語辞典における立項の有無により確認する。ただ、100年の間、間断なく使用されていたかどうかは立証できない。一つのめやすである。また、日本語全般の長い歴史、あるいは漢語という先輩格の外来語定着の長い歴史を考慮すれば、100年は短いのではないかという異論もあろうかと思う。

　しかしながら、明治期には翻訳漢語としての取り入れが多かった欧米の新概念や事物が、大正期になって、多く外国語の日本語的な発音表記のカタカナ外来語として、翻訳を介さずに取り入れられたことが、その後の外来語増加に大きく影響している、ということがある。日本社会に無かったモノだけでなく、日本社会に無かった考え方が、いちいち漢語翻訳の余裕もないうちに、それらについて紹介・議論する必要が増大していたのであろう。それには本書「はじめに」に記した、“大正期のグローバリゼー

7　大正期『中央公論』における"論"のための外来語　149

ション″という日本社会の動きも背景にあったのである。翻訳漢語からカタカナ音訳外来語へという大正期の動きから本格的に始まり、それが行き過ぎと感じられて、一部にせよ「言い換え提案」という、いわば翻訳漢語時代に引き戻そうという動きが出てきた最近の動きまでの100年というのは、外来語の歴史として質的にも決して短くはないだろう。

　3は、議論に出てきやすいと思われる抽象名詞類や、議論の道筋をつけるテクスト構成（髙﨑 2013）の役割を果たしていそうな外来語がないかどうかに注目する。また、議論の前提として具象名詞の外来語が比喩に使われる場合も、1と合わせてみてゆく。

　以上3つの視点からの考察を以下の各節でのべていく。

2　分析対象について

　ここでは、固有名詞をのぞいた、一般名詞とそのほかの品詞を対象とする。石井（2017）によると、今回の資料中における外来語全体は22,494語で、そのうち固有名詞19,284語、一般名詞2,929語であり、そのほか感動詞2語、接頭辞1語、引用159、不明119となっており、固有名詞が圧倒的に多い。本稿では、この固有名詞以外の一般名詞外来語類を対象とする。

　今回のデータでは、石井（2017）によると外来語の表記形式は、単表記形式・ルビ形式・併記形式[1]に、漢字、カタカナ、ひらがな、アルファベットが組み合わさり、13種類の表記形式が見られるという（pp. 112-113）。ここでは、アルファベットだけのものは除外し、本行か（　）内か、あるいはルビに、カタカナ表記で表されているもののみに限定することとしたい。したがって、次のような例[2]の　　　囲みの語は除外する。

　　例1　ラテン語 には ager と云ふ字あり、（永井柳太郎「肉食人種と菜
　　　　食人種の異同を論じて東西文明の調和を説く」『中央公論』大正6
　　　　年，p. 6）

　この場合の「ラテン語」は固有名詞として除外、「ager」もアルファベットのみでカタカナ部分が無いので除外する。次のような例のカタカナ

部分は対象とする。

例2　或は革命派を壓迫するがために、其の憤怨を招き、延きて日本
　　　貨物に對する ボイコット を起さんことを怖る、ものあり、(社論
　　　「支那問題解決案」『中央公論』大正1年，p. 5)

例3　其共有の牧場は "ager publicus"（アーヂル　ププリクス）と稱して居た。(永井柳太郎「肉
　　　食人種と菜食人種の異同を論じて東西文明の調和を説く」『中央公
　　　論』大正6年，p. 7)

例4　佛蘭西革命の直ぐ後で、一時反動の爲阻まれた政治的社會的 合
　　　理主義（ラシオナリズム） の波瀾は（上田敏「現代の英國」『中央公論』大正1年，p.
　　　51)

例5　彼の權威ある名によって長生法即ち「 マクロビオチック 」
　　　Macrobiotique なる書物を著はして不老法を説いて居るが、(永井
　　　潛「スタイナハ氏『若返り法』の生理的根據」『中央公論』大正10
　　　年，p. 19)

　この、カタカナ単表記形式「ボイコット」、アルファベットや漢語を本
行とするカタカナルビ部分「アーヂル　ププリクス」「ラシオナリズム」
や、アルファベット（あるいは漢語）との併記形式「マクロビオチック」
等を外来語として採取する。
　ここで表記について少し触れておく。石井（2017）によると、先に触れ
た13種類の表記形式の内、公論の一般名詞で最も多く72.99％を占めるの
がカタカナ単表記形式（例2「ボイコット」）で、漢語にカタカナルビ形
式（例4「合理主義（ラシオナリズム）」）が10.34％でそれに次ぎ、その他の形式はごく少数
だという。今後はこの2つのタイプを特に区別しないでカタカナ外来語と
して扱うが、やはり後者の翻訳漢語に原語音訳ルビという組み合わせが気
になるのである。

7　大正期『中央公論』における"論"のための外来語　151

milk→牛乳、bed→寝台等、具体的な外来のモノに対する外来語は、ファッション性さえ問わなければ翻訳・置き換えですむが、「公論」に多い、新しい思想や政治・経済情勢を表す外来語は、在来の語、あるいは漢字同士の組み合わせの造語に置き換えると、場合によっては新奇性がなくなり、また、創造性が生じないし、漢字の意味が独り歩きして、意味のズレが生じてくる可能性もあって、議論がしにくいのではなかろうか。

　もちろんここでも上記の例4のように翻訳漢語は一定の役割をするが、特に新しい概念を掲げるには、翻訳した漢語とはニュアンスが異なるものであることを示すためにそこに本来の原語やそのカタカナ読み「ラシオナリズム」（結果として広まれば音訳語、外来語となる）を添えずにはいられない心理が働くのだろう。この例4の「合理主義」（ラシオナリズム）のような場合、漢語が本行でカタカナルビは、ひとまずふりがなのような位置づけに見えるが、外来語中心に見れば外国語の音訳に説明としての漢語が付いている、とも言えるのではないかと思われる。そうするとそのカタカナ語が、翻訳漢語無しでも独り歩きできるだけの受容側の理解力、使用する側の高頻度での使用、文脈や文の構造に合わせた自由な使いこなし、を重ねていけば、外来語としての位置を確立するようになるかもしれない。しかし「ラシオナリズム」は、当時の外来語辞典である、勝屋英造『外来語辞典』（大正3年、以下「勝屋辞典」と略記）や上田万年『日本外来語辞典』（大正4年、以下「上田辞典」と略記）には立項が無い。また現代語の小型国語辞典[3]にも無い。

　一方同じ上田敏のこの引用部分の少し前に「かう考へて来ると、いかにも一般の説にわざと反対したやうな奇論（パラドクス）に聞こえるが、英國の歴史や文學を研究して見ると、どうもさう思はれる。」（例4に同じ）とあるのだが、同じ翻訳漢語に音訳ルビであっても、「ラシオナリズム」と異なって「パラドクス」は、これら3種の辞典とも立項がある[4]。

　すなわち「ラシオナリズム」は、この100年の間に外来語としての位置づけを獲得できず、原語音訳ルビにとどまり、ここでの「合理主義」という翻訳漢語の方は定着した。「パラドクス」の方はここでの「奇論」という翻訳漢語は定着せず、原語音訳が自立して、現代語に定着しているとい

えよう。

このようにして、カタカナ単表記とカタカナルビ形式を区別して、翻訳漢語との関係を観察すれば、表記形式と定着の関係についてなんらかの考察が得られるかもしれないが、ここでは語彙の観点から論じたく、これらを区別せずに扱っていきたい。

さてこのような基準のもとで固有名詞以外のカタカナ表記の一般名詞外来語を総計2,841語[5]採取して、上述の1、2、3の観点から見てゆく。

3　「公論」における一般名詞外来語の使いこなしの様相

先行研究をまず紹介したい。米川（1985）は、近代の外来語定着過程をみるにあたり、具体的な言語形式について、

① 　外来語＋「る」といういわゆる "ることば" の形—エンビる、コンパる

② 　サ変動詞としての形—ノックする、キッスする

③ 　転義—エスケープ、カンニング

④ 　形容動詞としての形—センチメンタルな、ロマンチックな

⑤ 　和製英語—オールドミス、ハイカラ

⑥ 　略語—アナ、アパート

⑦ 　慣用句—トップを切る、ピッチを上げる

といったパターンを挙げて、明治以降の定着の実態を考察している。

ここでは、『中央公論』の公論部分の外来語（固有名詞以外の一般名詞等：カタカナ表記のみ）について、この米川（1985）をヒントにし、いくつかの項目を加えて、どのように変形・変異されて使いこなしがなされているかを見てみた。以下(a)～(f)の6項目に分けてみることにする。

(a)　形容動詞として使う

名詞としてそのまま使用する以外に他品詞として最もバラエティに富んで使われているのが形容動詞としての使用である。以下の表は石井（2017：77）をもとに、筆者の基準で改変した。

形容動詞	な	ローマンチックな　センチメンタルな　デモクラチックな　ノーマルな　アンチデモクラチックな　ホープフルな　アカデミックな　エクセントリックな　エソテリックな　クラシックな　チヤーミングな　ツランセンデンタルな　デカダンな　ビユーロクラチックな　デリケートな　トラヂショナルな　ヒロイツクな　ホスピタルな　サイクリカルな　オートクラチックな　ナイヴな　リフアインドな　パラドキシカルな　傲慢な(ブラウド)　本源的な(オリヂナル)　プラクチカルな
	の	演繹的の(デタクチーブ)　歸納的の(インダクチーブ)　アカデミカルの　トラヂショナルの　デカダントの　ストイツクの　エポツクメーキングの 浪漫的の(ロマンテイク)　狂醉的の(デイシランビツク)　古典の(クラシツク)
	に	デモクラチツクに　パラドキシカルに　インメンネントに　エナーヂェチツクに　リテラリーに　対角線的に(ダイヤゴナル)
	で	原始的である(プリミチーヴ)　質的であつて(コーリタチブ)　單律的であり(メロヂツク)　複律的である(シンホニツク)　プラウドで　ローマンチツクであつた　ラヂキヤルである　デリケートで　ストーミーで　グレートで　プラスチツクで
	なり	實際的なり(プラクチカル)
	語幹のみ	デカダン的　流曼的(ローマンテツク)　厭世家　ルウズ　ストイツク教信者　美的(エツセテイク)　構成的(コンストラクチブ)　大きい(ビツグ) 行政的支配(エキスクユーチーブ アドミニストレーション)

　これをみると、活用形も文語形の「なり」から、口語形の「な」「の」を筆頭として「に」「で」も少なくない。また語幹のみで他の名詞と結合して複合語になるケースも少なくない。

　なかでも、「ローマンチックな[6]」は「—な」のほか「—の」「—で」が揃っており、また複合語の前接要素「流曼的厭世家(ローマンテツク)」になるなど、活躍する。

　大正3年1月号の「フリードリッヒ、ニーチエ」（中澤臨川）には、「ローマンチックな」のほか、この表の中での「ストーミーで・エナーヂェチックに・センチメンタルな・チャーミングな・プラウドな・ローマンチツクな・デリケートな・ヒロイック な・デリケートで・デイシランピックの・デカダンな・デカダン的・リテラリーに」と、異なり語13語が現れる集中ぶりが目を引く。外来語形容動詞使用の多彩さを否が応でも認めざるを得ず、何とかしてニーチエの人と学問を伝えようとする意図が感じられる。作者の文芸評論家・翻訳家の中澤臨川にとっては、欧米の人や思想の形容は、その当時の日本語のヴォキャブラリーでは不可能であると感じられたのではないか。

またこの表にある形容動詞使用例としては、他の文章だが「プラウド であると同時に プラクチカル な日本民族の本能」（杉森孝次郎「一票が 代表する自己」『中央公論』大正13年，p. 272）、「對角線的〔ダイヤゴナル〕に其角を見 せて」（佐藤功一「都市美論」『中央公論』大正13年，p. 150）、「其の國民 性は、極めて プラスチック であり、極めて柔軟であることが云へる」 （田中王堂「學問の獨立の意義と範圍と順序とを論ず」『中央公論』大正7 年，p. 86）等、「プラクチカル」以外は現在ではあまり聞き慣れない語や 用法があった。

(b) サ変動詞として使う

サ変動詞	さ	ペーブされ　ジヤステイフアイされ　純化され〔レファイン〕
	し	エキステンドした　リンチし　ジヤンプした　デヂケートして　モノポライズし
	する	スペキュレートする　　　ダンピングする　ブツシユす 正當化する〔ジヤスチフアイ〕　民本化する〔デモクラツイズ〕
	せ	ゼルマンゼーせ　亞米利加化せ〔アメリカナイズ〕　ボイコツトせ

この表も石井（2017：77）作成の表を筆者の基準で改変したものである が、形容動詞に比べると種類が少ないことが注目される。すなわち、外来 語は形容動詞と比較してサ変動詞としての使いこなしが少なくとも『中央 公論』では進んでいないというのは興味深い。

しかし少ないながらも活用は揃っており、文語形まじりや受け身や助動 詞への接続もある。「ボイコット」のサ変動詞の例が文語形交じりで「愛 蘭自治案賛成者といへば殆んど交際社会から ボイコット せらる、姿とな り」（蘇峰學人「毛禮卿及其時代」『中央公論』大正13年，p. 234）とある。 また現代語では「独占する」で済ませているが、ここではカタカナ外来語 で示されている例「さうして人間の尊敬をば自分一個だけで モノポライ ズ し様とする」（小野俊一「子孫崇拝論」『中央公論』大正12年，p. 147） も紹介しておく。

またちょっと変わったものとして次の例がある。これは外国語そのまま のアルファベットのみなので、今回の対象外だが、興味深い扱いなので紹 介しておく。「数学的無限」の存在について述べているところである。

7　大正期『中央公論』における“論”のための外来語　155

例6　換言すれば、我等の想像上で would pass するばかりでなく、事実 has passed した所の『具體的無限』がある。（中澤臨川「思想藝術の現在」『中央公論』大正4年，p. 66）

このように、時制まで入れた外国語を名詞扱いして、あらためてサ変動詞としての時制を反映させた形で受けている。これはポルトガル語・ラテン語由来の外来語が入って来た時のいわゆる「キリシタン語学」の原語の文法・語法の反映について思い起こさせる。他にも今回対象とせず、上記の表にもないが、「will した」「teach する」といった例も今回資料中にはあった。日本語の名詞化の進行の流れの中で、カタカナでなく外国語をそのまま名詞扱いして「〜ナ形容詞」「〜スル動詞」にする方途もあったのだ、と感じさせられる。

⒞　比喩表現のなかで使う──「パン」など

まず、「パン」というポルトガル語由来の外来語が、"生活"の比喩として数多く登場する。

例7　労働者を俟つに商品を以てせず、人間を以てせん事を要求する運動にして、之を以て單純なる パン の問題となすが如きは、之を要求する者自ら何を要求しつゝあるかを知らざるなり。（永井柳太郎「新議會主義を提唱す」『中央公論』大正10年，p. 106）

「パン」は「公論」の中で14回使用されているが、そのうち13回はこのような、生きる手段・生活ということの象徴として使用されていた。もともとは bread であるものを、日本語化して「ご飯」「お米」等でなくポルトガル語由来の古い外来語「パン」としているところが、折衷と言うべきか、興味深い。

また、これは固有名詞にもなるが、「バベルの塔」も、それが持っているいろいろな含意を暗示して一種の暗喩として利用される。

例8　在來の哲學者は理智の爲めには生命や行爲を犠牲に供した。恒久の眞理と云ふ美しい名のもとに沒人格的な　バベルの塔　を作り上げた。（中澤臨川「フリードリヒ、ニーチェ」『中央公論』大正3年，p. 19 ）

ニーチェはその「バベルの塔」を「打ち砕いた」人として語られている。
　また、別の文章で、英国で起きた醜聞・裁判沙汰について、「事件の眞相は取るに足らない一種の　ブラックメール　であるが、此が斯くまでも英國の社會に反響を起したと云ふ事は何を意味するか。」（鷲尾正五郎「戰後世界も亦依然として國際競爭の舞臺」『中央公論』大正8年，p. 50）とした例も、英語の比喩的表現が基になった単語をそのまま持ってきたものである。
　これらの、比喩表現の中で使用される外来語については後の具象名詞のところでも触れる。

(d)　派生・複合および省略形として使う
　　——「デモクラシー○○」「ブル○○」「プロ○○」
　表記の不統一という要因を別にしても、高頻度語については言語形式のバラエティが見られ、1つの外来語が使いこなされている形跡を、活用や派生や複合などいろいろな形に見ることができる。今回の公論における一般名詞外来語の高頻度語ベストスリーは、1位「デモクラシー」（延べ語数247）、2位「ブルジョワ」（同223）、3位「プロレタリア」（同120）である。これら上位にあるものは複合語として出てくることも多い。
　例えば、まず1位の「デモクラシー」は、「デモクラシー派」のように後ろにいろいろな語が付いて「〜思想・〜思潮・〜本源地・〜万歳」等の複合語を形成し、かつ、「世界的デモクラシー」のように前にもいろいろな語が付いて「資本的〜・政治的〜・地理的〜・消費者〜」等々、さまざまな複合語を形成する。「ボルシエヴヰキ・デモクラシー」「ブルジョワ・デモクラシー」「ポリティカル・デモクラシー」のように外来語どうしが複合することもある。

派生形は「デモクラシゼーション」「デモクラチック」「デモクラット」「アンチデモクラチック」等、またそれぞれ表記の細かな差異も勘定にいれると、多くの形を目にすることになる。

　2位の「ブルジョワ」は7位に「ブルジョワジー」という形が入っていることに加え、短縮形の「ブル」も「地方ブル」「ブル作家」「ブル派」と、多用される。もちろん複合語となることも多い。最も延べ語数の多い複合語は「ブルジョワ文化」という組み合わせであった。

　3位「プロレタリア」については、15位に「プロレタリアアート」も入っている。派生も、もともとのドイツ語やロシア語が入りまじっており、「プロレタリアン」「プロレタリアル」「プロレトクリト」が見える。やはり短縮形も多く「プロ派」「プロ文學」「新プロ文學」等が見える。複合語となることも多く、最も多い組み合わせは「プロレタリア階級」であった。すなわち頻度上位語は単独ばかりでなく、他の語と複合語して使われることも多い中で頻度があがっていることがわかった。また、派生も多く、それだけ使いこなしが進んでいたと考えられる。ただ、本書第9章で染谷氏が述べるように、外来語の複合や派生を、この時期のカタカナ外来語はまだ独立性が弱いゆえと考える立場もある。どちらにしても、日本語の中に定着させようという努力がなされていることには違いが無いだろう。

　これら3語とも当時の世相において知識人の大きな関心を呼んだ労働者階級と政治の問題に関係するキーワードともいえる語で、「デモクラシー」は英語、「ブルジョワ」はフランス語、「プロレタリア」はドイツ語、というふうに欧米の影響を受けた大正期の言論界を象徴する外来語であると言える。語としての使いこなしは進んだものの、概念に対し適切な翻訳語を造語することでさらなる日本語化を遂げるまではいかなかったといえよう。かえって、「民主主義」や「富裕層」などといった翻訳語に比べて、外来語はこの時期のこの社会運動・思潮のなかで、特定化された外来語として言論界に定着していたと言ってよい。

　これら3語は単独でも多く使用されているが、他の語で初めから複合のかたちで現れているものも少なくない。「エポックメーキング、インテリギブラーカラクテール、ショップ・スチュワード・ムーブメント、メー

ン・カーレント、デグニファイド・パート」等多数挙げられる。

　なお、複合語以上の単位として文が引用の形で出てくることがある。例えば大正11年の柳澤健「子は父に優る」では、「子　　　は
その　　　父よりも優れり」のように仏語の箴言の引用のような形で本文中に出てくる。この文章には、固有名詞、特に人名が多く、またその著書名も登場し、その中の一節が引かれることも多いのである。ともかくカタカナを連ねた引用が多く、「国家は朕なり」「王は死せり。王万歳」等がある。これらは引用と考えて今回は対象としなかった。

　(e)　形は同じでも現代と異なる意味・用法で使っている、使いこなしの
　　　試行錯誤──「レクリエーション」「ワー」「スパン」

　形は同じでも、公論の文章中で使用されている意味・用法が現代と異なっているものがある。この意味の異同は、現代と同じ意味かどうかを、先に述べた現代語の国語辞典（注3に同じ）を参照して確認した。例えば、「レクリエーション」だが、ここでは、

　例9　即ち生活を支へて行く消費は無意味な空費を少くして、未來の
　　　造り替を大にし、又利己的消費が社會的のものに進化する。（森
　　　本厚吉「結婚改造論」『中央公論』大正11年，p. 58）

　この「造り替」という和語の表す意味は、「レクリエーション」の立項があった勝屋辞典にも現代語国語辞典にも記されていない（上田辞典には立項そのものがなかった）。勝屋辞典の「レクリエーション」には「休養。娯楽。」という記述があるのみである。すなわち例9は、もとの英語にある"改造・再現"の方の意味を採った外来語なのである。これはフリガナとして提示されているのではなく、カタカナだけでは「造り替」の意味は伝わりにくいと考えてのことであったと思われる。しかし、次の例を見てみよう。

　例10　バットルに勝ちたる獨逸は恐らくワーにも勝ったであらうと

思はれる。(水野廣徳「我が軍國主義論」『中央公論』大正 8 年，p.
112)

　この例では、「ワー」がフリガナとしてでなく本行として表記されてお
り、漢語を添えなくても通用するくらい、かなり定着しているものとして
扱われている。勝屋辞典には項目「ワー（War）」だけあり、印刷ミスか
意味は書いてない。上田辞典には立項が無い。現在では「ウォー」をこの
例のように独立した語としては遇さないが、当時はこれだけで通用したか、
あるいは "battle" と "war" を対比・区別するために独立させて使用した
のかもしれない。類義語の相互差別化もテクストの中で生まれるもので、
ここでの外来語「バトル」との区別の必要が、日本語の外来語「ウォー」
を誕生させたかもしれなかったし、勝屋辞典には見出しがあるのだからそ
の可能性はあった。
　一方、次の 2 例「スパン」は比喩的に使用されているのだが、指してい
るものが今と異なっている。同じ筆者中澤臨川が書いた別の文章に 1 回ず
つ比喩として使われており、まずニーチェとワグナーとの友情について、

例11　彼等の間を渡した思想人格の橋梁の最後の スパン が取りはずさ
　　　れた時に、ニーチェの誠實な思想的良心は何條默して已むことが能
　　　きたであらう。(中澤臨川「フリードリヒ、ニーチェ」『中央公論』
　　　大正 3 年，p. 55)

そして欧州の思想・芸術の現在の傾向について、

例12　世界は今舊文明から全く新しい文明に入る橋梁の最後の スパン
　　　を越さうとしてゐる。(中澤臨川「思想、藝術の現在」『中央公論』
　　　大正 4 年，p. 53)

勝屋・上田両辞典に「スパン」の立項はない。一方、現在の「スパン」
という外来語の意味は現代の国語辞典では、

①　建物の、支柱から支柱までの間隔

②　ある一定の期間

とある。例11、12が橋の支柱のような構造物そのものを指しているように思われて、例11は、"橋梁の最後の支柱がはずされて渡れなくなっている"状態が、思想人格の共感・理解が無くなった状態をたとえており、例12は、"橋の最後の部分を渡り終えようとしている"状態が、新しい文明へと渡って来たことを例える喩詞になっていると理解される。したがって現代の国語辞典の①からは微妙にずれているように思われる。現代では空間・間隔の意味が①の第一義となり、空間が時間に転じて②の意味となり、以下のように②の意味で使用されることも少なくない。

例13　テレビ朝日系「ザ・スクープ」という報道番組でご一緒しているジャーナリストの鳥越俊太郎さんから、「キャスターたるもの、最も大事なことの一つは、歴史に精通することです。現在起きている事柄を、如何に歴史という長い スパン の中で捉えることができるかが、キャスターの資質に求められるんですよ」と、真顔で忠言されたからである。(長野智子「トミーという名のひいおじいさま」『文芸春秋』巻頭随筆　2002年3月号)[7]

例14　なぜこのような大事業を二十年毎に行うかについては古くから諸説がありますが、結果として二十年という スパン が、技術の伝承にとってよい周期であったことが継続の大きな要因であったと思います。(北白川道久「神宮は古くて常に新しい」『文芸春秋』巻頭随筆　2003年5月号)

他に、今回の公論資料で今と異なる意味・用法のものとしては「教師(マスター)」「実験品(ラボラトリー)」「ポリチカル」「ホーム」「リーグ」「マネージャー」「マン」「マスター」「マス」等がある。これらの中で「ホーム」や「マス」「マン」等今回の資料では語として独立して使用されているが、現代語からみると独立して使用されることは少なく、語の構成要素や接辞として用いる場合が

7　大正期『中央公論』における "論" のための外来語　161

多いというものがいくつか見られる。

　(f)　議論の言葉としての使いこなし──「デモクラシー」「ブルジョワ」
　　「プロレタリア」「モッブ」「マクロビオチック」

　この外来語なしには論が展開できないであろうという使われ方をして
いるものがいくつかある。例えば上記(d)でふれた「デモクラシー」「ブル
ジョワ」「プロレタリア」も、労働運動やイデオロギーを論ずるときに必
要で、当時としては漢語に置き換え難かった専門用語であり、多くの文章
で使われている。

　今回の資料には156個の文章があるが、そのうち「デモクラシー」は27
の文章、「ブルジョワ」は16、「プロレタリア」は11の文章で、各々最低
１回使用されており、多い場合は122回（大正９年　室伏高信「デモクラ
シーの制度を論ず」中の「デモクラシー」の使用回数）使用されている。

　インターナショナルな規模の動きや思潮を捉えて初めて成り立つ議論
が必要とされ、「日本はどうあるべきか」という大上段に構えたテーマに、
知識人はこうした外来語を駆使して取り組まねばならなかった。

　これほど大量に使用されなくても、議論のために必要であったと思われ
る外来語は、今回資料中から、「リベラリズム」「ファシズム」「ボルシェ
ビキ」「メンシェビキ」「マルキシズム」「ベイガニズム」「セパラチズム」
等いくつも拾うことができる。

　定着しなかった語が多いようで、今では聞いたことが無いと感じられる
語もあるのだが、その中でも聞き慣れない「モッブ」という語を見てみよ
う。この語は勝屋辞典、上田辞典のいずれにも立項が無いが、ニーチェに
ついての文章の中で、こんなふうに使われている。

　例15　彼が言語學を撰んだに就てはいろ＼〳〵の理由を擧げることが能
　　きる。第一は彼の貴族的傾向である。近代の功利主義者■利慾の
　　凡衆（モッブ）が輕んじ棄てて顧みない斯の古代寶庫は、騒擾と浮薄の世の
　　中に殆んど求めることの能きない静思、沈默、遅寛、忍耐の類ない
　　世界を與へて吳れる。（中澤臨川「フリードリヒ、ニーチェ」『中央

公論』大正3年，p. 37）　＊■は判読不明箇所

　漢語の「凡衆」というのは「平凡な民衆。一般の人々。また煩悩に迷う凡夫たち」（『日本国語大辞典』）ということでこの例15の文脈に合致している。一方、「モッブ（mob）」は「群衆。特に暴徒をいう。」（同上）とあり、英語では "A mob is a large disorganized and often violent crowd of people"（COBUILD ENGLISH DICTIONARY）と説明され、例15とはあまり合致しているとは思えず、むしろ本行カタカナ書きの下記の文章の例の方が合致しているようである。

　例16　この方の弊害が昂じると、佛國大革命當時に見た様な モッブ の
　　　　横暴を許さねばならぬ恐れがある。（吉野作造「我が國無産政黨の
　　　　辿るべき途」『中央公論』大正16年，p. 180）

　この用例部分の前後には、「民衆」「一般公民」「無産大衆」「大衆」「無産階級」等、吉野が "目覚めよ、起て" と、良き者たちとして励ます対象がいろいろな語で表現されており、それらと区別するために「モッブ」という外来語を使用したのであろう。カタカナのみで表記されていることから例13のように漢語「凡衆」をわざわざ添えるケースに比べると例16は「モッブ」が "暴徒" という英語本来の意味で定着しているとの意識があってのことと思われる。ところで、最近「フラッシュ・モブ flash mob」という形で「モブ」が甦っている。もともとは「flash mob: A large group of people who arrange (by mobile phone/cellphone or email) to gather together in a public place at exactly the same time, spend a short time doing there and then quickly all leave at the same time」（Oxford Advanced Learner's Dictionary of Current English）ということで、日本でもパフォーマンスとして流行しているようだ。政治的な意味合いは殆ど無いようであるが、組織されていないエネルギーを持った集団の偶発的な暴発とも見える行為が共通するからであろう。冒頭の例5「マクロビオチック」も健康的なライフスタイルを標榜するものとして「マクロ

ビ」などという形で最近よく耳目に触れる。いずれも今回参照資料とした、「分類語彙表」にも国語辞典にも立項が無いため、定着としては扱わなかったが、このような現象がありうることに留意したい。

　また、他の文章で、公論に見られる議論の言葉としては、メタ言語ともいえる、「パラドックス」や「イズム」「エピソード」「アフォリズム」等の語も見えるが、これらは比較的に原語との意味のずれも少なく、現在も使用されているものである。

　以上、(a)〜(f)まで使いこなしの様相を見てきた。やはり外国語が外来語になる瞬間というのは、意味も形態も不安定であるのだろう。繰り返しの使用、多くの書き手の使用、いろいろなジャンルへの広がり、といったことがあってこそ、安定した形や意味が定まり、定着の可能性が出てくる。それがまさしく日本語化し、使いこなされるというプロセスである。特に、モノを表す語よりも、抽象的な意味を持つ語、すなわち議論で使われるような観念的語彙の方が不安定で、沢山生まれて沢山消えていったのが大正期の、特に抽象的名詞類の外来語の実態であろう。

　なお、原語と外来語の意味のずれに関しては先行研究に石綿（1991）、木下（2002）があり、外来語の意味のずれが生じる理由として、英語および英語の専門用語の知識の不足、特定の意味のイメージの強さ、日本語に無い概念の移入、古い辞書の影響、の4つを挙げている（pp. 172-190）。

　これに関して、メイエ（松本明子編訳 2007）は、

　　単語が受ける形態や用法の変化はすべて間接的に意味変化の原因となる。(p. 61)

という。上記で考察したように、カタカナ化し、形容動詞やサ変動詞、接辞で混種語化し、略語化し、というような日本語への定着の工夫は、必然的に意味にもずれや変化をもたらすのである。

　しかしながら、その"意味の変化"であるが、われわれは意味の変化を感じ取れるほど、ひとつひとつの単語（外来語ばかりでなく）の意味を正

164

確に把握しているであろうか。またしてもメイエ（松本明子編訳 2007）がポーラン氏（未詳。原注、訳注ともになし）を引いて的確な指摘をしている。

　　「単語や文を理解することは、その単語や文が表す実際の物のイメージを抱くことではなく、その語によって表される事物の知覚が呼び起こすのであろうあらゆる種類の傾向の微かな兆しを自分の中に感じること」。これほど僅かしか、また不明確にしか喚起されないイメージほど、まさにそれ故に、大きな抵抗もなく変化を被りやすくなるのだ。（p. 61）

　特にモノではなく抽象的な概念をさす外来語はイメージが漠然としがちである。おしゃれな、とか新しい、とか高級な、専門的な、といったプラスの評価をされがちなのは、意味からでなくイメージという各人が自由に想像・創造できる不定形の部分がもとになっているからである。

4　「公論」における一般名詞外来語の現代語における定着の様相
　ここでは、固有名詞以外の一般名詞について、現代語にまで残って、定着しているかどうかを、現代語の国語辞典と「分類語彙表」に照らし合わせるという方法で得た結果について報告する。

⑴　分類の方法
　初めに述べたように、得られたデータから固有名詞やアルファベットで綴られた語等を除いた延べ語数2,841語、異なり語数874語を分析の対象とする。ただし後述するように、ここに固有名詞の一部を抽象的名詞類に取り込んだ。
　まず意味内容から具象的名詞類と、具体的なモノではない抽象的名詞類に分ける。単位（キログラム・ポンド・エーカー等）も抽象的名詞類とし、「ヘレニズム」や「マルクシズム」等も従来の分類であると固有名詞に入っていたが、今回は様式や思想や思潮を表すと判断したものは、抽象

的名詞類の方に入れた。すなわち固有名詞を意味領域で分けた場合、地域名や人名等、典型的な固有名詞は別として、「文化名」は種類も非常に多く、その中の文化・文明名や思想・主義名等は抽象的名詞類に近いと思われる場合が少なくなかった。「公論」の外来語の特色は抽象的な思想や出来事や制度、等々の内容を表す名詞類だと考えたため、なるべく幅広く採ることにしたのである。具象的名詞類は、「パン」「ストーブ」「バロメーター」「アトリエ」等、何らかの形があり存在として確認できるもの、と限定して採った。

　次に、抽象的名詞類（形容動詞語幹等含む）と具象的名詞類のそれぞれを、現在も使われているものと使われていないものに分けた。これは、国語辞典（注3参照）と『増補改訂分類語彙表』を参照して、どちらかに立項があれば、現在も使われ、定着しているものとして採った。国語辞典は小型のもので、約7万4千語を収録のものである。ここに立項されていれば、それほど専門用語とか、古い言葉とかいった特殊なものではなく、一般的な現代語として使用されていると考えてよいだろう。『増補改訂分類語彙表』（以下『　』無しで分類語彙表と呼ぶ）はやや古いが、現代語の範疇に入れてよいだろう。

　このようにして、例えば、「イルミネーション」は具象的名詞類に入り、「イニシアチーブ」「インスピレーション」「インターナショナル」は抽象的名詞類に入る。これらの語はいずれも国語辞典と分類語彙表に立項がある。一方「イマジニスト」「イルレスポンシブル」「インダクチーブ」も抽象的名詞類であるが、それらに立項が無いので現代語まで定着していないと判断できる。「イリウジョン」は「イリュージョン」という表記で国語辞典にあり、分類語彙表には無かったが、どちらかに出ていれば残存とみなすこととなる。

　なおいずれも表記の異同は考慮に入れないが、例として示す時に、現代語に残っている場合は国語辞典・分類語彙表の表記に従い、残っていない場合は「公論」資料の方での代表表記（多く採用されている表記または、現代語表記に近いもの）にしてあることをお断りしておく。

以上をまとめてＡＢＣの３分類で示すと

Ａ：抽象的な名詞類のうち、国語辞典か分類語彙表のどちらかに立項が
ある語（＝現代語まで残存していると認められる語）。語のリストを
章末の表Ａにまとめた。

Ｂ：抽象的な名詞類のうち、国語辞典か分類語彙表のどちらにも立項が
ない語（＝現代語まで残存していると認められない語）。語のリスト
を章末の表Ｂにまとめた。

Ｃ：具象的な名詞類。語のリストを章末の表Ｃにまとめた。

なお、Ｃについては数もあまり多くないので、国語辞典か分類語彙表立
項の有無で別に表を作らず、それらに無い語（＝現代語まで残存している
と認められない語）のみ語頭に×印を付して区別した。

また、便宜のため、発行年ごとに公論の文章別のＡ、Ｂ、Ｃの出現述べ
語数を一覧表にまとめた表Ｄ、および該当文章の題名一覧表Ｅも作成した。
いずれも章末にまとめてある。

以上のような基準で作成したデータを基に考察した結果を以下で述べる。

⑵　分類の結果

【数量的な結果】

章末のＡ、Ｂ、Ｃの３つの表から基本的な数量的データを下の①②③④
表にまとめてみた。表Ｄについては後に述べる。

①　異なり語数・延べ語数

	異なり語数	延べ語数	平均使用頻度
Ａ（抽象的名詞類のうち残存している語）	281	1494	5.3回（1語あたり）
Ｂ（抽象的名詞類のうち残存していない語）	384	827	2.2回（1語あたり）
Ａ＋Ｂ　計	665	2321	3.5回（1語あたり）
Ｃ（具象的名詞類のうち残存している語）	169	463	2.7回（1語あたり）
Ｃ×印（具象的名詞類のうち残存していない語）	40	57	1.4回（1語あたり）
Ｃ　　計	209	520	2.5回（1語あたり）
合計	874	2841	3.3回（1語あたり）

7　大正期『中央公論』における“論”のための外来語　167

② 具象的名詞類、抽象的名詞類

	異なり語数	延べ語数	1語あたりの平均使用回数
抽象的名詞類（A＋B）	665 76.1%	2321 81.7%	3.5回
具象的名詞類（C）	209 23.9%	520 18.3%	2.5回

③ 残存・非残存の様相——1

	異なり語数	異なり語数 合計	延べ語数	延べ語数 合計	1語あたり の使用回数
A Cのうち残存するもの	281 169	450 51.5%	1494 463	1957	4.3回
B Cのうち残存しないもの	384 40	424 48.5%	827 57	884	2.1回

④ 残存・非残存の様相——2 （異なり語数で比較する具象的名詞類と 抽象的名詞類）

異なり語数		残存・非残存別割合		
抽象的＝A＋B	665	残存 281 非残存 384	42.3% 57.7%	
具象的＝C	209	残存 169 非残存 40	80.9% 19.1%	

【分析】

まず表①から見てみると、

○異なり語数、延べ語数ともに、現代まで残存しているか否かに関係なく
抽象的名詞類が数として多い。

○全体で言うと、一般名詞の外来語が平均1語あたり3.3回使用されてい
ることがわかる。

○最も異なり語数、すなわち語の種類が多いのは、Bの抽象的名詞類で現
在残っていないものである。沢山出てくるがやがて沢山消えてしまうと
いうことである。

○最も延べ語数、すなわち語の使用が多いのは、Aの抽象的名詞類で現在

残っているものである。1語あたりの平均使用回数も5.3回と最も多く、頻繁に使用される語だとわかる。

という、非常に興味深い結果が出た。もう少し詳しい表②以下のデータを見てみよう。表②は、抽象・具象を対比させたものだが、わかったことは、

○表①でも指摘したが異なり・延べともに抽象的名詞類の方が多くを占めていることが、より明確にわかる。異なり・延べとも全体の約8割前後を占め、使用回数も多い。

　表③と表④は残存・非残存の様相だが、わかったことは

○表③の異なり語数合計をみると、全体では残存するものとしていないものが半々くらいのように見える。しかし表④の具象・抽象で見ると、抽象の方は42.3％が残存、具象の方は80.9％が残存で、具象の方が圧倒的に残存の割合が高い。
○表③を見ると、残存しているものの1語あたりの平均使用回数は、4.3回、残存していないものの1語あたりの平均使用回数は2.1回で、結果として現在残存して使われているものは、公論において1語あたりの使用回数が高かった語と言ってよい。

　次に表D（章末）を見る。Dには、各号の文章別のA、B、Cの延べ語数と、A＋Bすなわち非具象的名詞類の延べ語数が記されている。CとA＋Bを比較すれば、全部で156ある公論の、各文章別の具象と抽象の出方が観察できる。それでわかったことは、

○すべてゼロである文章、すなわち一般名詞の外来語が全く出てこない文章が10編あった。たとえば、大正2年の①社論「武力無き外交」（pp. 2-8）は、固有名詞「蒙」「露」「支那」は出てくるが、普通名詞外来語はゼロである。

7　大正期『中央公論』における"論"のための外来語　169

○156篇のうち、大部分、115編は抽象的名詞類の方が多かったが、23篇は具象的名詞類の方が多く、同数というのも18編（すべてゼロを10編含む）あった。

○抽象的名詞類のうち、残存している語の方が多いのは92編、残存していない語の方が多いのは42編、同数が22編（すべてゼロを10編含む）という結果だった。

○大正元年からの経年変化で、ＡとＢとどちらが多いか追っていくと、大正後期になるにつれ、徐々にＡの方、すなわち抽象的名詞類で現代まで残存している語が多い文章が増えていくことが観察できる。だんだん抽象的な外来語の使い方も安定してきて、今につながる使用になってきたのではないか、と推測できる。

(3)　個々の分析──議論の中の外来語

　次に抽象的名詞類（ＡとＢ）に属する外来語の使われ方をもう少し詳しく見てみよう。まず表Ｄから、抽象的な外来語を多数使用しているのは大正９年の④「デモクラシーの制度を論ず」（室伏高信）である。46ページから60ページまで15ページほどの文章で、この公論のなかではそれほど長いものではない。そこに178個の外来語が使われ、そのすべてが抽象的な語彙で、具象的な名詞はゼロである。そして題名にも使われている「デモクラシー」という語が122回使用されている。例えば、

　　例17　しかし労働階級の治世において政治的 デモクラシー の制度としての代議制度が、縦令それが普通選擧の段階まで到達してゐるにしても、眞に デモクラシー の制度として、デモクラシー の精神とその必然的要求とに奉仕することができるかどうか。デモクラシー の發達と デモクラシー の制度との關係如何。(pp. 47-48)

のような、集中的にこの語が現れる箇所がいくつもあり、また前章でも指摘した通り複合語となって「アメリカ・デモクラシー」「ソーシャル・デモクラシー」「パロット・ボックス・デモクラシー」「ダイレクト・デモク

ラシー」等々、さまざまな角度や例を挙げてそれについて論じている。これは、公論の議論のしかたのプロトタイプといえるだろう。

　「デモクラシー」以外の外来語としては、やはり「サンディカリズム」「コミューン」「ボルシェビキ」「ストライキ」などそれに関連のある語彙がほとんどである。

　一方、逆に、抽象的名詞類の出現がゼロである文章はいくつかあるが、なかでも大正15年②「人間生活の矛盾」（丘浅次郎）は、25ページから41ページまでの、やはり17ページくらいのものだが、外来語は13個しか出現せず、すべて具象的名詞「パラボラ」「ホルモン」「ダンス」などである。

　また、現代語への残存という点から見ると、大正13年②「わが同胞のために轉禍為福の根本策を唱説す」（田中王堂）には11個の外来語が出てくるが、すべて抽象的名詞であり、かつ、現在の辞典・分類語彙表に立項されているものばかりである。異なり語でいうと「プロセス」「パースペクティブ」「メリット」「テスト」「メンバー」「モザイク」「コンベンション」「レベル」の8語である。すなわち、これらは意味も変わらずに100年語の現在でも使用されている外来語であるといえる。

　このうちの「プロセス」「メリット」「レベル」の3語は、後で触れる金（2012）の指摘する「基本語化」した外来語のリストの中にも入っており、興味深い。さらに「プロセス」には、髙﨑（2013）で指摘した「テクスト構成」という機能の萌芽が見られる。これらについては次に述べる。

5　外来語の「基本語化」とテクスト構成および比喩

　ここでは今まで出てきたデータや語彙のリストを踏まえて、現代語に向かっての定着の様相を、抽象的名詞類について「基本語からテクスト構成への可能性」という観点、具象的名詞類について「議論のための、具象的名詞を使用した比喩表現」という観点から述べたい。

⑴　「基本語化」について

　金（2012）は、20世紀後半の通時的新聞コーパスを使って、最近は、抽象的な意味を表す外来語が基本語彙（高頻度・広範囲に使用される語群）

に進出していることを指摘し、そうした語のリスト（pp. 34-35）を増加傾向が多く見られる順に示している。そのリストの中に、今回の公論の表Aにある語をさがしてみると、

　　　アート、エピソード、サービス、システム、ジレンマ、タイプ、
　　　チャーター、データ、テーマ、ドラマ、ビジネス、プラス、プロセス、
　　　ページ、フォーラム、ポイント、マルク、マイナス、リズム、レベル

の20語が見つかった。通貨単位「マルク」等もふくまれてはいるが、これらは大正期の言論テクストに使われ、昭和・平成初期を通してジャーナリスティックないし言論系のテクストに使用される基本語彙といってよいだろう。橋本（2012）の調査した朝日新聞社説（1911年～2005年）外来語（普通名詞）のリスト1,191語（p. 272）にもこれらの20語はすべて見出せる。

　ただ、ここでは基本語彙として、数量やリストの一致ということで確認するだけではなく、公論という言論テクストの文脈の中で、どのようにそれぞれの外来語が——特に抽象的名詞類に属する外来語が——その議論の展開を支える機能を発揮しているのかを見たいと思う。それらの中には、その抽象性ゆえに、形式名詞に近いような働きをしている可能性、さらに機能語化が進んで、文脈をまとめたり要約したりする機能を発揮する可能性がないかどうか、吟味してみる。

⑵　「基本語化」から形式名詞化、テクスト構成へ
　　——「システム」「ジレンマ」「テーマ」「エピソード」「プロセス」

　まず、先に挙げた、公論にあり、金（2012）、橋本（2012）の中にもある20語の中から、「システム」「ジレンマ」「テーマ」の３語を取り上げたい。その理由は、髙﨑（1988）において、新聞社説テクストを材料に、文脈をまとめたり抽象したりして文章展開に貢献する語句をいくつか紹介しており、その中にこの３語の外来語が含まれているからである。なお、その際に指示語が伴う方が、よりまとめる範囲が明確になり、大きな範囲を受け止めることが可能であることから、「指示語＋抽象的な語句」（例：「こうしたシステム」）の組み合わせに目をつけてそれを「指示語句」と呼んだ。後に「テクスト構成語」という名称で髙﨑（2013）で論じたもので

ある。これらについては記述のゆとりがないので詳しくは髙﨑（1988）・髙﨑（2013）を参照していただきたい。

【システム】

まず「システム」を見ることにしよう。公論の同一の文章に２か所出てくる。まず、

例18　斯く申す筆者だとでも、『月』といふ單位の外に『週』と云ふ單位があり、七日目々々々毎に『日曜日』なるものゝ存する暦の システム に對して反對と唱へるわけではない。（小野俊一「子孫崇拜論」『中央公論』大正12年．p. 148）

とある。この場合、「『月』といふ単位の外に"週"と云ふ』単位があり、七日目々々々毎に『日曜日』なるものゝ存する暦」という「システム」、すなわち同格【「暦」＝「システム」】ないし上位概念への包摂【「暦」＜「システム」】という関係が成立しているのではないか。この「暦」には「『月』といふ単位の外に"週"と云ふ』単位があり、七日目々々々毎に『日曜日』なるものゝ存する」とした連体修飾節がかかっている。金（2012）は、「ケース」を例に、外来語が基本語化することと連体修飾構造において被修飾語になる用法が増えてきたこととの関連を指摘し、そのうちの同格連体名詞用法は多様な述語と共起することで、さらに形式名詞的な用法が惹起されると指摘している。上記例18の「システム」もまた、同じ文章からの次の例19も、同格連体名詞であり、形式名詞的に働いているのではないか。

　例18と同じ文章内でウエルズ（H. G. Wells "The Outline of History"）からの引用で、

例19　「上記天文學上の三現象の影響が互ひに作用して生んだ所の不規則なる氣候變化の痕跡をば、我々は殆ど連續的に讀み且つ辿ることが出來る。此れ等三つの システム の各別なる律動が互ひに不一致

を示し、其の爲めに大氣は溫和で全世界を通じ溫暖なる氣候を樂しみ得た様な長い時代もあれば（以下略）（同上 p. 168）

とある。これら２例における「システム」という語は、何かはっきりした具体的形態のものを指しているわけではなく、この２つの文脈でいえば、無くても意は通ずる形式的な語といってよいだろう。漠然と大きく前の文脈の内容を受けて「システム」という語で、捉え直して、文脈を先に進めているように見える。そこまでの節や、例19の場合だといくつかの文、文章の部分といったかなり大きな内容をまとめる相対的に上位の語、といった働きをしているのではないだろうか。議論の前提や傍証となるものごとの説明に便利な語で、他の漢語（「組織」「制度」「体系」…）に置き換えにくい、かつ議論に必要な語となっているように思える。

　こうした形式的な使い方は、現在でもされるもので、

　例20　したがって我々は、今から（あるいはもう遅すぎるのかもしれないが）少子高齢化社会において大量の外国人労働者を受け入れ、しかも安全に暮せ、民族や宗教的な衝突が生じないような社会とはどうあるべきかを考え、そのような社会 システム を造っていかねばならない。（江畑謙介「予防を躊躇う日本人」『文芸春秋』巻頭随筆2001年10月号[7]）

「そのような社会システムを造って」とは、「システム」が具体的に何をさすかは明確でないが、それがわからなくても意味は通る。「そのような」という指示語があるので、文脈に沿った漠然としたイメージは浮かぶのでわかったような気になるのであるが、かといって誰がどう造るのか、といった深い追求は拒む便利なことばである。

【ジレンマ】
　「ジレンマ」も同一文章で４回出てくる。まず小見出しに「二、隈内閣のヂレンマ」とあり、

例21　最も老練ならざるべからざる伯は客氣勝心滿々として反對黨の陣
　　　笠を相手取り喧嘩を吹き懸け、遂に本議會に入りて殆んど免れ難き
　　　ヂレムマ に遭着せり。ヂレムマ とは何ぞ、增師案の撤回か解散
　　　か兩者其一を擇ばざる可らざる苦境に外ならずして（以下略）（社
　　　論「大正政界の大勢を論ず」『中央公論』大正４年，p. 5）

とあってこの少しあとの p. 7 に、

例22　增師案撤回か議會解散かの ヂレムマ は（以下略）（同上）

とある。

　「ジレンマ」の意味は、論理学用語を別とすると「選ぶべき道が二つ
あって、そのどちらもが、望ましくない結果をもたらすという状態」（『日
本国語大辞典』）である。例21では、「何ぞ」のすぐあとにどちらも望まし
くない結果をもたらす２つの内容を述べた部分（波線部）が呼応し、例22
では２つの内容を述べた語句が連体修飾として同格となって「ジレンマ」
にかかっていく構造である。そしてこの前後のかなり広い範囲でその２つ
の内容がそれぞれに詳述されている。すなわち「ジレンマ」という語は、
前後の文脈の、論としての構成をひとことで括る語であり、問題のありか
を見えやすくし、議論を進めていくのに必要な事柄の説明としては便利な
語である。「ジレンマ」という語があれば、必ず２種類の内容が説明され
る部分がテクスト中に存在しているのだというマーカーになっている。
　現在でも、

例23　今後、ロボット学はどうなってゆくのだろう？　ロボカップから
　　　二週間後に立命館大学で開催された日本ロボット学会では、産業界
　　　と大学側の乖離が浮き彫りになった。ロボットはもっと目的達成の
　　　ための機械として特化してゆくべきだと考える産業界に対し、大学
　　　の研究者たちの間にはまだヒト型（ヒューマノイド）や人工知能に
　　　対する憧憬が強く残っていることが改めて感じ取れた。研究者は鉄

7　大正期『中央公論』における "論" のための外来語　175

腕アトムの幻想に囚われすぎなのではないか、との厳しい意見も出た。一部の研究者はロボット学の現状に強いもどかしさを感じている。

　これはロボカップで学術的に評価の高いロボットが必ずしも好成績を収められないジレンマとどこかで呼応しているような気がした。

（瀬名秀明「ロボカップ2035観戦記」『文芸春秋』巻頭随筆　2000年11月号）

として、矛盾する2つの内容を述べた語句が連体修飾として同格となって「ジレンマ」にかかっていく構造は例22と同じである。ただ、「ジレンマ」の意味する関係が必ずしも明確には表現されていないように思われる。むしろこの例23は、前の文脈での「乖離」や「もどかしさ」に関係づけて「ジレンマ」という大きな括り方をしており、この相似関係がテクストの論の構成となっている。

　いずれにせよ「ジレンマ」という語を使用できるような矛盾した、ないしは両方とも望ましくない状態・関係性の各々の要素を、その関係が鮮明になるようにそのテクスト内で説明することが約束されており、テクストの構成に関わっている点が共通している。

【テーマ】

「テーマ」はどうか。

例24　ウッドロー・ウイルソンの長広舌のなかに常に テマ として現はれてゐる『民主主義のために！』といふ標語。（柳澤健「如何にして國民思想を統一し得べき乎」『中央公論』大正8年，p. 88）

例25　私のこの短い文章に於いて取り扱はんとする所の テーマ はこの失業の性質、その原因たる恐慌、不景氣、その恐慌不景氣の原因、（中略）並びにこの世界苦たる今日の失業状態の經濟史上に於ける意味等である。（石濱知行「世界の失業苦」『中央公論』大正16年，

p. 55）

　これらは中味があまり具体的でない語で先に予告しておいて、あとから実質を満たす仕掛けで、もともと「テーマ」という語は、ある言語表現を同格関係で名付けて言う語であるため形式名詞や代名詞に似た抽象性・機能性を持っている。

　ただ、例25は、テクスト構成意識の現れと言えそうな「テーマ」の使用例と言えなくもない。この「世界の失業苦」は53ページから71ページまであって、55ページの第1章の終わりあたりにこの文がある。これは、【「テーマ」＝「この失業の」以下「意味」までの部分】となっており、「テーマ」は代名詞的に働いているし、また、「取り扱はんとする所のテーマは」は、「取り扱はんとするのは」としても差し支えないくらい、この「テーマ」の具体的意味は薄い。現代でも次のように使われている。

　例26　趣味、道楽を始めるのに、ひるむことはないのである。大切なの
　　　　は——特に年齢を重ねたとき——何よりもまず、意欲と好奇心であ
　　　　る。事実、そう難しく考えずとも、謎解きやどうしても知りたい問
　　　　題の究明といった作業は、心がわくわくするものである。
　　　　　そして、長い人生経験を積んだ人々には、必ずひとつやふたつ、
　　　　そういう テーマ や対象があるはずである。（小山慶太「新しい
　　　　『学問のすすめ』」『文芸春秋』巻頭随筆2001年3月号）

　これも、「テーマ」の本来意味する「考え、思想、観念。主題。」「中心的問題、題目。」「社会的な課題」（いずれも『日本国語大辞典』より）といった意味を包括したような上位概念を、漠然と、またそれだけ薄められてより軽く表現しており、かなり形式化していると言えよう。また、「そういう」という指示語を伴っており、先に述べた髙﨑（1988）でいう「指示語句」として前の文を受け止めて「テーマ」として名付けており、小さいながらもテクストの部分として構成する働き（髙﨑 2013）を見ることができよう。

すなわち、これら「システム」「ジレンマ」「テーマ」は、基本語として使われて、「体制」とか「矛盾」・「撞着」とか「主題」等類義の漢語よりも総括的で、実質的な意味も薄れており、形式名詞「こと」のレベルに近づいているのではないか、と思われる。それだけ語として使いこなされていると言ってよい。しかも文脈の中でさすものは、現在に近づくにつれて、より曖昧になっており、テクスト構成の働きに傾いているように思われる。

【エピソードとプロセス】

ここからは、上記３語よりも、公論の中で、テクスト構成に傾いて使用されているのではないか、と思われる２語を取り上げる。同じく金（2012）と橋本（2012）のリストにあって公論に出てきた「エピソード」「プロセス」である。

まず「エピソード」だが、トルストイについての伝記・論評の中で、

例27　ツルゲーネフと彼との關係は興味のある エピソード のやうな事件であつた。ツルゲーネフは彼の處女作の世に現はれた當時から彼に對する熱心な嘆美者の一人であつた。（中澤臨川「トルストイの芸術」『中央公論』大正２年, p. 100）

という文から始まり、以下二人の関係が、同居して世話するような間柄から、対立する関係となり、またツルゲーネフの死に際における和解の手紙を紹介する記述まで、約２ページが割かれ、この範囲が「エピソード」という語で予告されている、ということになる。これは、そうした意識は書き手になくとも、文脈の当該部分を大括りに括り、文章構成の一部分となす、テクスト構成機能の萌芽のような使用例ではないかと思われる。

「プロセス」はどうか。

英国ヴィクトリア時代のジョン・モーレー卿（文筆家・ジャーナリスト・政治家）について記した文章の中で、彼の言葉を引用して次のようにある。

例28　例えば「進化は力でない、方程〔プロセス〕である。原因ではない。法則で
　　　ある」との一句の如き、世の中の人が只進化々々といって自然に放
　　　拋しても進化は決して自働的に出で来るものではない。進化は進化
　　　を欲する人間の努力によって出で来るものであるといふ意味を最も
　　　剴切に道破したものと思はるゝ。（徳富蘇峰「毛禮卿及其時代」『中
　　　央公論』大正13年，p. 261）

　この例の「プロセス」は、これ自体に中味のある語として使用されてい
ると思われる。すなわち、英語辞典の "process" にある、
　1．A process is a series of actions which are carried out in order to
　　　achieve a particular result.
　2．A process is a series of things which happen naturally and result
　　　in a biological or chemical change. （COLLINS COBUILD ENGLISH
　　　DICTIONARY）
のうちの1にあたる意味を持っている。
　しかし、次の「わが同胞のために轉禍為福の根本策を唱説す」の例は、
やや異なる。前年の関東大震災の復興について、「物質的の復興に止まっ
て精神の改造に至らずしてやむことなきか」という観点から、

例29　然し、彼等の中、一人として、刻下に於けるわが國に對して、さ
　　　ういふ効力を有し得る哲学は如何なる種のものであるべきかを殊示
　　　し、其の哲學が如何なる　プロセス　を通してさういふ徴驗を現はし
　　　得るかを絮説するところはなかったのである。（田中王堂「わが同
　　　胞のために轉禍為福の根本策を唱説す」『中央公論』大正13年，p.
　　　13）

と論を展開するのだが、これも意味としては上記辞典の1にあたり、自律
性・独立性の高い用例に見える。しかしこの前に「如何なる」がついてい
ることに注意したい。これにより、この文脈の後、"絮説"されてその中味
が充当されることを前提とした投げかけ、テクスト構成であるという可能

7　大正期『中央公論』における "論" のための外来語　179

性もあるのである。

髙﨑（2013：58-59）では、「具体的にどのような方策が考えられるであろうか」と、ド系の指示語・不定指示代名詞で投げかけられることで、以下でその「方策」の内容が具体化されることを予想させ、続いて「方策」の具体的な内容がかなりの言語量で述べられ、その具体的な内容が終了する合図の「こうした方策が」の前までが、ひとまとまりのテクスト構成部分となっている、という例を紹介している。「方策」は外来語ではないが、漢語としても相対的に抽象的な意味内容を持っており、「どのような」も「如何なる」も不定指示として働くことは共通している。いわば"問い──答え"というテクスト構造を明確にしているといえる。

事実、例29は、このあと、「わが国の文化の欠陥の由来と性質」「わが文化の欠陥を反映する二元情操と二元生活」「二重情操と二重生活との種々相」「わが文化の改造の根本策」という章を経て、東西文明の融合論をとり上げて次のように言う。

例30　其れは、彼等が外國の文化に接觸する時に其れの啓發、若しくは、壓迫より自然に自國の文化の歓陥が意識され、其の歓陥を補填するために外國の文化が採用されることとなり、さうなつた結果として其等二つの文化が交錯して彼等の思想や行為の中にはたらくことになるのである。二種、若しくは二種以上の文化が融合されるのにはこの プロセス を外にして、他に一つも道はないのである。（同上 p. 12）

この「プロセス」は、引用文の初めからそこまでの部分をさしており、こうした時間を経た動きを同格として、英語辞典の1の意味を発動させている。そして先の例29の p. 13 の「如何なるプロセス」の投げかけに、実に29ページ分を経て、「このプロセス」として呼応したことになる。この「プロセス」はこの呼応により、呼応している部分すべてをひとくくりの部分とし、テクスト構成の機能を果たしていると考えられる。これも先にあげた【「どのような方策」──「こうした方策」】と共通する。

180

広範囲で高頻度でという性格を持つ基本語彙から出て、ある語は具象性が薄まり、抽象度が増して使われ、何かまとまった事がらを指すためだけで、"場所取り"的で、それ自体具象性のある意味を持たない、代名詞的、形式名詞的なふるまいをすることがある。それがたまたま外来語である可能性だってある。さらにそこから、文章構成の部分として、他から区別できる意味内容の塊をつくりあげる働きまで、外来語の基本語化、ひいてはテクスト構成の力の萌芽はすでに見られる。

　これらのことは、あくまで「公論」というテクストの内部で、そのテクストの目的に沿うために出来するのであって、テクストの外のどこかで個々の語に自然に起こるものではない。書き手の"伝えたい"という意志が語のふるまいを創造的にし、結果的に意味や機能を変化させるのである。それらは歴史的に徐々に移行するのではなく、いくつかの語についてはテクストの中で、語としての中味のある自律的意味と、テクストに仕えるために発揮される機能的部分が、同時に発現しうることになる。

⑶　具象的な意味を持つ名詞の使われ方
　　──「パン」「スコップ」「レンズ」「アンテナ」など
　表Cおよび前節で整理した表①〜④までを見ていただきたい。表Cは、前述したように、公論部分に出てきた外来語のうち、具象的な意味を持つ名詞の異なり語数209語の一覧である。このうち、国語辞典と分類語彙表のどちらにもなかったものには×印が付いており、それ以外の169語、すなわち80.9%が現在も使われている、すなわち定着していると考えてよいものである。抽象的な意味を持つ名詞の異なり語数は665語であり、そのうち、表Aにあるもの、すなわち国語辞典か分類語彙表にあったものは281語であり、42.3%が残存し定着していると考えられるのに比較すると、具象的な意味を持つ名詞類の方が定着度が2倍も高いということになる。

　さて、その中で、具象的な名詞類はどのように使用されているのであろうか。注目したいのは、公論の中で現実の場面としてそれらが出てくるケースよりも、比喩の中でたとえとして使用される方が目立つことなのである。さきほどの比喩のところでパンを挙げたが、「パン」と同様にいく

つかの外来語具象名詞も喩詞となって登場している。

例31　彼等が パン の爲めに愈 ペン と十露盤を抛って鶴嘴と スコープ とを握り、背廣を脱ぎ棄て、印絆纏を着るに到る時、社會問題は愈眞剣化する。（水野廣徳「行政整理の犠牲者と新卒業生の就職難問題」『中央公論』大正14年，p. 154）

　ここでは「パン」が生活のためということのたとえ、「ペン」が頭脳労働、「スコープ」（「スコップ」）が肉体労働のたとえとして用いられ、連続した比喩表現、諷喩となっている。「パン」や「ペン」ばかりでなく、公論部分では議論を進めるため、また実状を読者にわかりやすく示そうとするなかで、たとえ話的な諷喩がよく用いられ、そこに外来語の具象名詞が登場することも少なくない。

　中には同じ喩詞が４回も繰り返されている"諷喩"の例もある。

例32　社會は、それの最善意義に於いては、天日かも知れん。なほ且つ個人は、 レンズ だ。焦點を形成する特權を保有する。天日は、 レンズ によって増加される。増加されるだけは レンズ の創造だ。 レンズ の功績だ。（杉本孝次郎「個人力と社會力」『中央公論』大正11年，p. 110）

　これらは暗喩的だが直喩で比喩のマーカーを明確に示している例もある。

例33　數日を出でずして宣戦は、 スチームローラー の如くあらゆる物情を強壓して、聲高く布告された。（林癸未夫「勞働政策上の差別觀から平等觀へ」『中央公論』大正11年，p. 31）

　近代的機器であるスチームローラーは喩詞にすることができるほど、當時の日本で知られた語・存在であったのであろう。
　近代的機器といえば「アンテナ」もあるが、

例34　今次の世界戦争の休戦に關する獨逸側の提議が、外務省着電とし
　　　て現はれる遙か以前に、わが船橋強力無線電信局の　アンテナ　は、
　　　獨逸ナウエン無線局が發した電波を一瞬の間に感じて了った。
　　　　予は、臨時教育會議の官設にかゝる思想統一機關に多大の至嘱を
　　　爲し難いのは、さうした官設機關宛に着電して來るであらう外國思
　　　想が遙か以前に民衆の持つ　アンテナ　に感電してゐることを信じ
　　　てゐるからである。(柳澤健「如何にして國民思想を統一し得べき
　　　乎」『中央公論』大正8年，pp. 86-87)

のように、先にそのままの意味で「アンテナ」の語を使い、次の文で、民
衆は政府が防ごうとするよりも先に、外国思想の影響を受けることをたと
えている。また、

例35　文化とは文明の外衣である。　コスチユウム　である。装飾である。
　　　(室伏高信「文明の意義、価値、その運命」『中央公論』大正13年，
　　　p. 92)

のように「外衣」という似た語を前に持ってきて馴染のないと思われる外
来語を暗喩的に使い、畳みかけるように論述の勢いを増している例もある。
このように外来語でも説明的な記述や語が周辺文脈にあれば、比喩として
もわかりやすいものとなる。
　今でも比喩としてよく使用され、ほとんど比喩意識も薄れたかに見える
ものに、「バロメーター」(「現在の高い金利は一般我國の經濟界に對する
警戒を與へる自然的の　バロメーター　であり」(渡邊鐵藏「國民經濟力の
整頓と財政及び行政の整理」『中央公論』大正14年，p. 101)や、「バラン
スシート」(「一種の精神的『　決　算　表　』を作らうとするのである。」(中
澤臨川「思想藝術の現在」『中央公論』大正4年，p. 53)がある。今でも
使用されており、100年もたつと、擬え意識が薄れてほとんど死喩化して
いるかと思われるほどになっているものと思われる。
　珍しくお菓子「ワッフル」が出てきたので注目すると、やはり、

例36　既にニーチェにとっては、哲學者は怠惰ものを安易に導く爲めに
　　　人生の上に敷かれた軌鐵（レール）ではない。菓子屋が ワップル を作るやう
　　　に安々と型にはめた教義でもない。」（中澤臨川「フリードリッヒ、
　　　ニーチェ」『中央公論』大正３年, p. 20)

というものであった。そのほか比喩表現の喩詞相当部分に使われた具象
名詞には、「イルミネーション」「ビロオド」「ペスト」「蒸気（ベーポア）」「マーチ」
「マッチ」「マント」「モザイク」「パラボラ」「カンバス」「ストーブ」「サー
ベル」等々がある。

　例36もそうであるが、いずれも「イルミネーションのような○○」とい
うような、外来語で表される物を直接喩詞に使うのでなく、「（支那の現状
を） イルミネーション をつけて鮮かにしたが如き惨酷なる所行を眼前に
見つゝあるのである。」（竹越與三郎「また是れ南海の泡沫のみ」『中央公
論』大正３年, p. 67）の例に典型的なように、外来語を喩詞の一部とし
て取り込む表現が多い。

　表Ａ〜Ｄでも明らかなように、今回の普通名詞については、具象的名詞
類は抽象的名詞類に比べてずっと少ない。その少ない具象的名詞類が比喩
表現に多く出てくることは、やはり戦争や経済や政治、また科学研究をめ
ぐる世界情勢を紹介し、論を述べるという雑誌の目的から、そうした抽象
的な説明を伝わりやすくし、自論を説得力あるものにしようとする意図の
現れであると考えられる。

6　まとめ―“論”のための外来語とは

　以上、大正期中央公論の公論156篇の中の外来語を見てきた。ここで簡
単に述べてきたことをまとめ、改めて“論”のための外来語について考え
たい。

　幕末明治から40年以上を経た大正期『中央公論』において、外国語の音
訳から外来語として日本語になるまでの使いこなしが、形・意味・語法・
表現等の点で進行中であることが確認できた。抽象的な意味を持つ外来語

が沢山現れ、沢山消えてゆく、そのようにして昭和までつながってゆくという流れが実感できた。さらに、言論テクスト特有と思われる用語が、翻訳語ばかりでなく、カタカナの外来語抽象的名詞類としても多種多様に現れていたことも確認できた。

借用語（外来語）についてメイエ（松本明子編訳 2007）は、次のように述べる。

　　単語が本当に共通語に浸透して日常的に用いられる場合、借用語は意味の変化を受けることによってのみ、それが可能である。ある用語の正確かつ厳密な意味は、同じ利害関係が支配し、すべてを表現する必要のないある環境の狭さに起因するものである。単語は、その特別な意味を与えられた狭い環境から出れば、即座にその正確さを失い、だんだん曖昧になっていく傾向がある。（p. 88）

要するに、当時の日本語使用の全体場面に比して、大正期中央公論という場の狭さ、増えつつあったとはいえ書き手の知識人集団という、「同じ利害関係が支配し、すべてを表現する必要のないある環境の狭さ」から出て、もうちょっと広い層に受容されれば〝だんだん曖昧になっていく〟のである。それが、定着するということであり、外国語が外来語になった瞬間ではないだろうか。曖昧になっていく、というのは、同じ「システム」「ジレンマ」「テーマ」という語が公論で使われている例と、約百年後の『文芸春秋』巻頭随筆での使い方とを見た時に感じたことである。曖昧になり、正確な意味を意識しない方が、便利に幅広く使え（＝基本語化）、それだけ意味の中味が空になっていると、テクストレベルの大きな言語量を総括的に受け止めることも可能になる（＝テクスト構成）ものと思われる。そしてこれこそが使いこなしであり定着なのではないかと思われる。

それは必ずしも100年の経年変化をまたなくとも、萌芽として外来語となった瞬間から日本語に欠けていたものを補うように必然的に使用されることがあって、そのまま使用が重ねられてきたものだろう。

こうした定着の過程は、もし翻訳漢語で置き換えられてしまって埋もれ

てしまったとすると、外来語としては翻訳漢語についたカタカナルビ等としてその場限りの使用となり、定着してゆかない。先般の外来語置き換え提案も、外来語として日本語に入ったものをもう一度入った瞬間に戻して翻訳漢語に置き換えようとする試みであろう。日本語の中の外来語として使いこなされているものを、その使いこなしの途上でのさまざまな変化を取り入れていない翻訳漢語（和語もあるが）を持ってくれば、かえって違和感を生じ、受け入れがたい感じを受けた場合もあるかもしれない。

先に、外来語の形式名詞化について述べたがそれについてもメイエが云うには、

　　常に、表現する必要性が語群を作り出し、慣用によって表現効果を失ったり、力がそがれて文法形態として機能したりする。(p. 25)

ということは、公論というテクストが、外来語の語群を必要とし、また、抽象的な性質を最初から持つものは、頻用や慣用による汎用性の獲得、テクストの中でのさらなる具体性の喪失をへて、形式化をもたらすことも可能性としては有りうるだろう。それには何も100年もかからないかもしれない。

外来語は日本語として定着しなければ音訳の"外国語"という、中途半端な存在でしかないだろうと思われる。

公論という"論"を支える外来語としては、情報をになう固有名詞が圧倒的に多く石井（2017）が明らかにしたように国名、人名がその中心にあった。そして固有名詞以外の一般名詞類（少数だが形容動詞の語幹等、他の品詞も含まれるので「類」とした）が、固有名詞の情報を材料にして紹介や説明や論説を行うために使用された。そのなかを、具象的名詞類、抽象的名詞類と分けるならば、抽象的名詞類が8割を超えていた。

そしてその中にはテクスト構成の萌芽のようにみえる例もあった。

日本語が接触する外国語から外来語群へのインターフェイスにおいては、名詞的なものが圧倒的な多さを占め、その中では【固有名詞―具象名詞―抽象名詞】という区別があってそれぞれ異なる様相を見せている。モノの

裏付けを持っている具象的な語類は、すでに紹介したように、「パン＝生活」「ペン＝頭脳労働」のように比喩的表現の被喩詞として使用されていた。これも議論を分りやすくする、という重要な機能を持ってテクストの中で働いているのである。

　そして、抽象的な意味を持つ名詞群は【基本語─形式化─テクスト構成機能】という使いこなし・定着の様相の異なりを考えることが可能ではないか、と思われる。この３つは、史的変遷というよりも、「プロセス」「システム」でみたように、同じ語がテクスト構成に与ったり、自立した意味で機能したり、ということがありえたので、量的次元（高頻度・広範囲の使用が基本語彙の条件）からみるか、質的次元（文やテクストの中での機能面）からみるか、の違いではないかと思われる。

　基本語における高頻度の使用、という条件についてだが、現代日本語の頻度順辞書『Frequency Dictionary of Japanese』では、先ほどの５つの基本語彙およびテクスト構成の働きをする語の順位は、5,000語中、「テーマ」が301位、「システム」が1,319位、「エピソード」が2,964位、「プロセス」が3,868位、「ジレンマ」は5,000位以内に入っていなかった。「テーマ」の301位は外来語としてはトップである。抽象的名詞類の「テーマ」が具象名詞の「テレビ」（408位）や「パソコン」（683位）などを抑えているのが興味深かった。

　大正期公論における抽象的名詞のうちのいくつかは、やがて金（2012）の基本語化した外来語のリスト中にも見出せる。一方、大正期公論の中でも、テクスト構成の働きを担うと思われる外来語使用も見出せた。「テーマ」や「プロセス」や「ジレンマ」は、現代語まで生き残り、論の展開や構成に関与するテクスト構成の機能も引き継がれた。

　もちろん同じ語がテクスト構成に与ったり、そうでなくて自立した意味で機能したり、ということがありうるわけである。そしてテクスト構成という働きから、さらに、曖昧に文脈を受け継ぐことや、婉曲化、朧化といったモダリティの方向に向かうものも出てくるだろう。金（2012）が基本語化していると例に挙げる上位語化した「トラブル」も、結局婉曲という変化も見てとることができるのではないか。また一方でそうした曖昧さ

や雰囲気的なものをまとう日本語化した外来語は、やがて日本語の中で、日本語の本質といえるような部分に関わってくるのかもしれない。

『中央公論』という雑誌自体も、大正期に入って総合雑誌として知的権威の頂点に駆け上るという変貌を遂げている。永峰（1997）によれば、『中央公論』は大正期に入ると発行部数も拡大の一途をたどり、読者層も広がって教員・学生をはじめとする知的階層全般の愛読するところとなり地方までその傾向は及んだという（pp. 150-155）。その知的権威を支えた一端が、欧米・アジアの情勢分析や新思潮の紹介を担う外来語であったことは間違いない。

この100年、コミュニケーションツールやメディアや社会情勢など、日本語をとりまく環境が大きく変化したなかで、そうした動きを反映する外来語は、すぐ生まれすぐ消える、という、中味の出入りの激しい語彙であると考えられる。そんななかで大正期から"生き残った"外来語とはどのようなものであるかを考察することは、語彙史の上からも意義があると考えられる。今回は抽象的名詞類の残存率の高さが目立ったが、抽象的名詞類の残存率42.2%というのも決して低い数字ではない。今後は質的吟味を施して、生き残った理由について追究したいと思う。

雑誌の中でも限られた層しか読者層として持たない『中央公論』の各年1号、16冊分のしかも「公論」部分のみであるが、それだけに純粋な"論のための外来語"という観点を持てたことは新鮮な経験であった。加えて、この「公論」部分が言論誌としての『中央公論』の看板的な地位を持っており、また『中央公論』そのものも言論誌としての性格を保持したまま明治から今につながっている雑誌であることから、ここから今後の定点観測的な外来語研究にも発展させたいと考えている。

これらの分析を通じて、表面上の数値、同形同語の判定だけでは、外来語受容・定着の様相は捉えきれず、何とか使いこなそうと日本語化する力が働くことや、テクストが要求するように語彙も変容するということを計算に入れて丁寧に分析する必要があると感じた。

今後増加すると思われるコーパス言語学についても以前は到底できなかった規模の研究が可能な反面、形式の一致だけで捉えてしまい、テクス

ト形態や書き手の個別性、言葉が背負っている社会や文化等への目配りなしに何かを計量的側面のみで判断することの危うさを思った。

　語は意味を持つことから語となるが、最終的には機能をあたかも自ら見つけていくかのようである。その揺籃がテクストであると言えよう。

注1　石井（2017）によると、単表記形式は本行で1種類の文字のみで表記されているもの（「デモクラシー」等）、ルビ形式は本行にルビとしてカタカナ外来語が記されているもの（「譲^{コンセッション}与」等）、併記形式は、カッコ内またはカッコ無しでカタカナ外来語や原語や翻訳漢語が並んで記されているもの（「創意（イニシアチヴ）」等）である。

2　原文はすべて縦書き。原文の表記は、引用した例文表記には反映させたが、本文で語として論じるときは、通用表記にしたところがある（例：ブルジヨワ→ブルジョア）。旧漢字体や符号は一部反映できなかったものがある。また、以下の例文にも□囲みや〜〜が付されている場合があるが、すべて原文には無く、筆者が付したものである。

3　『三省堂現代新国語辞典』第4版　市川孝・見坊豪紀・遠藤織枝・髙﨑みどり・小野正弘・飯間浩明編　2018年現在は第5版が出ているが、科研開始時の最新版であり、筆者が外来語の選定に関与したこともあって4版をそのまま使用した。以下、本文中ではこれをカッコ無しで「国語辞典」と記す。

4　勝屋辞典には、「パラドックス（一）逆説。仮論。異論。（二）語逆理順」とあり、上田辞典には「paradokkusu　堅白異同ノ辯、僻論」、国語辞典には「パラドックス　逆説。」とある。

5　この数字は石井（2017）より若干少ないが、ここで述べたように、いくつか除外したものがあるためである。

6　「ローマンチック」には「ロオマンチック」「ロマンティック」等いくつかの表記のヴァリエーションがあるが、本稿では表記の問題を取り上げないため、多く出現しているもの、出現順で最初に出てきたもの、等で代表させてある。他の語も同様である。

7　以下で現代の使用例として示した『文芸春秋』巻頭随筆は、ほぼ2,000字程度の長さで、職業もさまざまな著名人が書き手となっておりテーマも変化に富んでいる。各例は平成15・16年度科研費補助金：基盤研究C2「日本語の談話における結束性の研究」（研究代表者：髙﨑みどり、課題番号15520296）において作成した『文芸春秋』1999年4月号〜2003年8月号の巻頭随筆500編のデータから検索により得た。データのみしか手元に無いため、掲載ページは省略に従う。

参考・引用文献

石井久美子（2017）『大正期の言論誌に見る外来語の研究』三弥井書店

石綿敏雄（1991）「外来語の歴史」辻村敏樹編『講座日本語と日本語教育10』明治書院，pp. 275-297

石綿敏雄（2001）『外来語の総合的研究』東京堂出版

楳垣実（1963）『日本外来語の研究』研究社

沖森卓也・阿久津智（2015）『日本語ライブラリー　ことばの借用』朝倉書店

加藤周一（1991）「明治初期の翻訳」『日本近代思想体15　翻訳の思想』岩波書店，pp. 342-380

亀井秀雄（2014）『日本人の「翻訳」―言語資本の形成をめぐって』岩波書店

木下哲生（2002）「英語と意味のずれがある外来語」飛田良文・佐藤武義編『現代日本語講座4　語彙』明治書院，pp. 172-190

金愛蘭（2012）「外来語の基本語化」陣内正敬他編『外来語研究の新展開』おうふう，pp. 29-45

小林千草（2009）『シリーズ　現代日本語の世界4　現代外来語の世界』おうふう

今野真二（2012）『百年前の日本語―書きことばが揺れた時代』岩波書店

斎藤倫明編（2016）『講座　言語研究の革新と継承2　日本語語彙論Ⅱ』ひつじ書房

髙﨑みどり（1988）「文章展開における"指示語句"の機能」『国文学　言語と文芸』103大塚国語国文学会，pp. 67-88

髙﨑みどり（2013）「文章中の語彙の機能について―"テクスト構成機能"という観点から―」山崎誠プロジェクトリーダー『テキストにおける語彙の分布と文章構造　成果報告書』国立国語研究所，pp. 41-66

竹浪聰（1981）「新聞に現れた特色―政治と経済の外来語」飛田良文編『英米外来語の世界』南雲堂，pp. 199-225

中村明（1977）「大正時代の文章活動」『現代作文講座⑧』明治書院，pp.
　277-324

永嶺重敏（1997）『雑誌と読者の近代』日本エディタースクール出版部

橋本和佳（2012）『現代日本語における外来語の量的推移に関する研究』ひ
　つじ書房

メイエ，アントワーヌ著　松本明子編訳（2007）『いかにして言語は変わる
　か―アントワーヌ・メイエ文法化論集』ひつじ書房

山田雄一郎（2005）『外来語の社会学―隠語化するコミュニケーション』春
　風社

米川明彦（1985）「近代における外来語の定着過程」『京都府立大学生活文化
　センター年報』第9号，pp. 3-22

＊使用辞書類

• 勝屋英造編（1914）『外来語辞典』二松堂書店―総語数約7,000語

• 上田萬年他編（1915）『日本外来語辞典』三省堂―収載語数約6,000語

• 『日本国語大辞典』（2003）第2版　小学館

• 市川孝・見坊豪紀・遠藤織枝・髙﨑みどり・小野正弘・飯間浩明編（2011）
　『三省堂現代新国語辞典』第4版　三省堂

• 国立国語研究所編（2004）『分類語彙表　増補改訂版』大日本図書

• Oxford Advanced Learner's Dictionary of Current English, ©2018
　Oxford University Press

• COLLINS COBUILD ENGLISH DICTIONARY, 改訂新版（1995）Harper
　Collins Publishers

• Yukio Tono, Makoto Yamazaki, and Kikuo Maekawa（2012）a FRE-
　QUENCY dictionary of JAPANESE, Routledge

＊＊章末表Ａ・Ｂ・Ｃ・Ｄ・Ｅについて

これについての説明は先述したが、念のため再掲する。

- 表Ａは、公論で使用された外来語非具象名詞類で、現代語の国語辞典か分類語彙表に立項がある外来語259語の一覧である。
- 表Ｂは、公論で使用された外来語非具象名詞類で、現代語の国語辞典にも分類語彙表にも立項がない外来語384語の一覧である。
- 表Ｃは、公論で使用された外来語具象名詞類209語で、現代語の国語辞典か分類語彙表に立項がない語40語には×印を付してあり、あとは立項のあるものばかりである。
- 表Ｄは、発行年ごとに公論の文章別のＡ、Ｂ、Ｃの出現延べ語数を一覧表にまとめた。

文章の題名一覧は表Ｅにあるので、ご参照いただきたい。

表A　抽象的名詞類（形容動詞語幹等含む）のうち国語辞典・分類語彙表の両方あるいはどちらかに立項のある語

ア行	アート	アカデミー	アカデミック	アナーキズム	アフォリズム
	アメリカナイズ	アルファ	アンチ	イージーゴーイング	イズム
	イデオロギー	イニシアチブ	イリュージョン	インスピレーション	
	インターナショナル		インフォーマル	インポテンツ	エキセントリック
	エゴ	エゴイズム	エッセンス	エトランジェ	エネルギー
	エピキュリアン	エピソード	エポックメーキング		オーソリティ
	オーダー	オーバータイム	オポチュニスト	オフィシャル	オリジナリティ
	オリジナル	オリンピック			

カ行	カーブ	カオス	カタストロフィ	カテゴリー	カノン
	カモフラージュ	カリカチュア	カルテル	カルチャー	
	キャスティングボート		ギャップ	ギルト	クーデター
	クオリティ	クライシス	クラシック	クラス	クラブ
	クリスマス	グループ	ゲーム	コース	ゴール
	コレクション	コンビネーション	コンベンション	コンポジション	

サ行	サークル	サービス	サイエンス	サンジカリズム	シーズン
	シノニム	ゼネレーション	システム	シンフォニー	ジャーナリズム
	ジャンプ	ショック	ジレンマ	シンボル	スタイル
	スタンダード	ストイック	ストライキ	スパルタ	スポーツ
	スパン	スマート	スローガン	センセーション	センチメンタリズム
	センチメンタル	セツルメント	セミナー	センテンス	ソーシャル
	ソーシャリズム				

タ行	タイプ	タスク	タッチ	ダンピング	チームワーク
	チップ	チャーミング	チャンピオン	ディレッタント	ディテール
	ディメンション	データ	テーマ	デカダン	デカダンス
	テロル	テキストブック	テクニック	テスト	デマ（ゴーグ）
	デモクラシー	デモンストレーション		デリケート	テレパシー
	テロリズム	テンポ	ドグマ	ドクトル	トラディショナル
	ドラマ				

ナ行	ナイト	ナショナリスト	ナショナリズム	ナチュラル	ナッシング
	ナンセンス	ニュース	ノーマル		

ハ行	パースペクティブ	パーセンテイジ	ハーモニー	バイブル	パトロン
	パッション	バトル	パノラマ	パラドキシカル	パラドックス
	パラボラ	バランス	バランスシート	バロメーター	ハングリー
	ピース	ビジネス	ビジョン	ヒステリー	ビッグ
	ヒポコンデリー	ヒューマニスト	ヒューマニズム	ヒューマニティ	ヒューマン
	ピューリタン	ヒロイズム	ヒロイック	ヒント	ファシスト
	ファシズム	ファッショ	フィクション	フェアプレー	フェロー
	フォーマル	フォーラム	プチ・ブルジョワ	プッシュ	プライド
	プラクティカル	プラグマティズム	プラス	プラン	プリミティブ
	ブルジョワ	ブルジョワジー	プロレタリア	プレミアム	ブローカー
	プログラム	プロセス	プロパガンダ	プロポーション	プロレタリアート
	フロント	ページ	ページェント	ペテン	ヘレニズム
	ボイコット	ポイント	ボーナス	ホープ	ホーム
	ホームシック	ポケットマネー	ポリティカル	ポンチ絵＊	

マ行	マイナス	マキシム	マキャベリズム	マジョリティ	マスター
	マチネー	マス	マネージャー	マルキスト	マルキシズム
	ミクロコスモス	ミニチュア	ミリタリー	ミリタリズム	ムード
	メーデー	メカニズム	メリット	メロディ	メンバー
	モード	モザイク	モダン	モチーフ	モットー
ヤ行	ヤンキー	ユートピア	ユートピアン	ユニバーサル	
ラ行	ライフ	ライブラリー	ライン	ラジカル	ラボラトリー
	リアリスト	リアリズム	リアリティ	リーグ	リーダー
	リーフレット	リーベ	リコール	リズム	リフレイン
	リベラリズム	リミット	リング	リンチ	ルーズ
	レール	レクリエーション	レベル	ロマンティシズム	ロジック
	ロックアウト	ロマネスク	ローマン(派)*	ロマンス	ロマンチック
	ロマンティシズム				

○単位を表すもの

キロ	キログラム	キロメートル	グラム	トン
フィート	ヘクタール	マイル	メートル	ヤード
シリング	セント	ドル	フラン	ペンス
ポンド	マルク	リラ	ルーブル	カロリー
パーセント	ヘルツ			

合計　281語　　＊「ポンチ絵」のように混種語になったものも入れた。(以下同)

表B　抽象的名詞類（形容動詞語幹等含む）のうち、国語辞典・分類語彙表ともに立項の無い語

ア行	アーヂルプブリクス		アーヂルプリバトス		
	アービトラリーオーソリテー		アヽラリテー	アイコノクラスト	アイドラツリ
	アイドリズム	アウトルック	アカデミカル	アクチイヴィズム	アクト
	アグノストッタ	アジ	アヂラス	アセイット	アダプタビリテー
	アダプテーション	アダムイズム	アドミニストレーション		アドーレッセンス
	アニマリズム	アビス	アブロクシメイシ	アポシオシス	
	アミュズメントタクス		アムビッション	アメリカニズム	
	アメリカニゼーション		アモーラル	アリストクラシー	アルテイメエト
	アルトイズム	アルメイツ・ローン		アン・ノンム・リーソル	
	アンチデモクラチック		アンチモニー	アンビュラス	イーブンエターナル
	イッヒ	イナクション	イマジニスト	イマジニズム	イムペラトール
	イムペリアル、オペラ		イルレスポンシブル		
	インテルナショナリスト		インターナショナリズム		インダクチーブ
	インダストリアリズム		インディビデュアリズム		インデイフィレンス
	インデペンデントヲピニオン		インテリギブラー、カラクテール		インテリゲンツィヤ
	インテリセンス	インテレスト	インドースメント	インンペタス	インマネント
	ヴィセローイ	ヴォルト	ウムヴェアツング	ウント	エウヽリアリズム
	エーカー	エクスクユーチーフ		エキステンド	エキジステンス
	エグリーズ	エクレクティシズム		エゴメニア	
	エスプリ・ゼオメトラリク		エソテリック	エチモロジー	エッセテイク
	エナーヂュテック	エナージズム	エナマチオン	エッフィシェンシー	
	エマンシペーション		エミグラント	エランヴィタアル	エンコミエンダス
	エンシレージ	エンド	エンバンクメント	オートクラシー	オートクラチック

| | オウトビオグラフィ | | オートマチズム | |
| | オフイシアルバイオグラフィー | | オメイズム | オルガニズム |

カ行　ガイスト　　　　　カタクリズム　　　　キネマフアン　　　　キャピタリスチック・デモクラシー
　　　キュビト　　　　　ギルド・ソーシアリズム　　　　　　　ギルドマスター　　　キロマンシー
　　　コータリチブ　　　クオーンテテイ　　　クラシズム　　　　クラテオ
　　　クラフト・ユニオニズム　　　　　　クリーグス・ミニスター　　　　　　　　　クリスタルビジョン
　　　クルークハイト　　グレーテスト、ステートメント　　　グレート　　　　　　グレート、メン
　　　キヨエニグリッヒ　ゲフユールスポリチーク　　　　　　ゲマインザーム　　　ゲロコミイ
　　　コーア　　　　　　コーカス　　　　　　コオロマンテイシズム　　　　　　　コスモス
　　　コスモタリズム　　コスモポリス　　　　コスモポリタニズム
　　　コスモポリタニゼーション　　　　　コップ　　　　　　　コンミューン　　　コムミュナール
　　　コンミユニテイキッチェン　　　　　コンモン、ロー　　　コルヂアル、アンタント
　　　コルパスクル　　　コレスポンデンツ　コロニー　　　　　　コンストラクチブ　コンスポンダンス
　　　コンセクエンス　　コンセッション　　コンバージョン　　　コンビニエンス　　コンヴェンション
　　　コンミッション　　コンメンダ　　　　コンレード

サ行　サルコベーション　サイクリカル　　　サイマルタネアスリー　　　　　　　　サタニズム
　　　サブシスト　　　　サブリミチ　　　　サブリミナル　　　　サムシング　　　サンヂカリスト
　　　サンヂカ、ウーブリエ　　　　　　　システマチカア　　　シヴィル、リーバーテー
　　　ジャーネーマン　　ジヤステイス　　　ジヤスチフアイ　　　ジャパナイス　　ショウウィニズム
　　　ジョーナリスト　　ジョーイ　　　　　ショップ・スチユワード
　　　ショップ・スチユワード・ムーブメント　　　　　シリジアス、アクセテイシズム
　　　シングル・プレー　シンセリチー　　　シンホニック　　　　シンフル　　　　シムボリズム
　　　スウィートハート　ステーツマンシップ　　　　　　　　　ステーツメン　　ストレンゲス
　　　スパルタクス・グルッペ　　　　　　スペキュレート　　　スポンタナイチー　スポンテニアス
　　　スライヂイング、スケール　　　　　スラヴィズム　　　　スラヴ（排斥主義）セイント
　　　セオソフィー　　　セツルメントウオーク　　　　　　　　セパラチズム
　　　（大）セルヴィア（主義）　　　　　ゼルマンゼー　　　　ソーシャル・デモクラシー
　　　ソール　　　　　　ソヴィエット　　　ソヴイエート式　　　ソヴイエット（勢力）
　　　ソヴィエット・システム　　　　　　サイエート・ロシヤ（文壇）　　　　　ソフィスト
　　　ソリダリティ

タ行　ダイヤゴナルー（的）　　　　　　　ダイレクト・デモクラシ　　　　　　　　ダウンパウス
　　　ヂエスト　　　　　チノテーターシクブ　　　　　　　　チャーター　　　　チャーチスト
　　　チュートニズム　　ツユーミリナリ　　ツアーリズム　　　　ツオル　　　　　ツランセンデンタル
　　　ツルイズム　　　　デイアレイクテイク　　　　　　　　ディグニファイド・パート
　　　デイシランピク　　デイフエレンシエーション　　　　　デカダント
　　　デモクラシゼーション　　　　　　　デモクラチック　　　デモクラット　　　デモクラアト
　　　デモクラチゼーション　　　　　　　デモクラチック・ガヴァーメント　　　　デモス
　　　デモラシー　　　　デレガチオン　　　テムペラメント　　　ドミニオン　　　トラスト
　　　トラデシヨニズム　トリデモクラット　トルス　　　　　　　トルストイズム　ツレードユニオン
　　　ドロア・ジウィル

ナ行　ナイイブ　　　　　ナサモニアンオージレー　　　　　　ナショナル・ガルド
　　　ナシヨナル、ギルヅ　　　　　　　　ナチユリズム　　　　ナツセント、スタート
　　　ニュー、スタート　ニュージャーナリズム　　　　　　　ニウビユクス　　　ニオ、ペイガニズム
　　　ニオクラシ、ズム　ニオヘレニズム　　ネセツサリー・エルイル　　　　　　　ネセシチー
　　　ネッサンス（式）　ネバリズム

ハ行　パーソニフイケーション　　　　　　パーパス・ユニオン　　　　　　　　　パアリアメント
　　　ハイアー、マン　　ハイパーツロフイ　パターナル、ガヴァアーメント　　　　バックワード
　　　バトミアール　　　パニチー　　　　　パブリック、サーヴァント　　　　　　バラック

バロット・ボックス・デモクラシー　　ビーイング　　ヒューマン・ドキュメント
ピューリタニズム　ビューロークラチック　　　　　　　ビュロクラシイ　　フイリステン
フース　　フエビヤニズム　フオイイレトニスト　　　　　　　　フチー、アンタント
フニストメーター　フヽーナ　　ブラウド　　ブラクチカル、マインド
プラグマチスト　　ブラック　　ブラックメール　　プラトニツクラヴ
フランス・サンヂカリズム　　フリードム　　ブル　　　　ブルーテリズム
ブルジョワ・デモクラシイ　　ブルジョワ・イデオロギー　　フレクチビズム
プレコグニジョン　プレジュヂス　　レプレゼンタチヴ・デモクラシー　　プロゼクション
プロペイション　プロポジション　プロレタリア・ポリチシアン　　プロレタリアン
プロレトクリト　プロレタリエル　ペイガニズム　　ペイガン
ベターメント、タクス　　ヒブルイズム　　ペヤアヘン　　ホープフル
ホーリー　　ポジチビスト　　ホスピタル　　ポテンツ　　ポピユラリチー
ポリシエイキロシア（共産党）　　ポリティカル・デモクラシー　　ポリックス
ボルシエヴイキ　ボルシェヴイキ・デモクラシー　　ボルシェヴィスト　ボルシエヴイズム
ホロロジー

マ行　マーカンテイリズム　　　　　　　　　マクロビオチック　マスフワクチユアー
　　　マハトフエアヘルトネス　　　ミイツカゼルネ　　ミスチシズム　　ミユニシバルバンク
　　　ミリオネア　　メード・イン・ジャーマニー　　　ミリュー　　ミル
　　　ミルレース　　ムジック　　ムラトー　　メイルドフイスト　メーン・カーレント
　　　メタモーホシス　メロヂック　　メン　　メンシエヴイキ　メンシエヴイスト
　　　メンシエイズム　モア　　モダーニスト　　モツプ　　モナステイシズム
　　　モノポライズ　モメンタム

ヤ行　ユーゲント　　ユーゲントスタイル　　　　　　ユージエニツクス　ユートビック
　　　ユンカー　　ヨツチング

ラ行　ライオットアクト　ライト、ツー、メーキ、ウオア　　ライヒス　　ラウス
　　　ラジオ、アクチビチー　　　　ラヂカリズム　　ラシヨナリスト　ラシオナリズム
　　　ラブメーキング　リテラリー　　リーバーテー　　リフアインド　　リフオメイション
　　　リベラル、プロフエツシヨン　　リベルチ　　レアヽルポリチーク
　　　レーゲルメーチヒ　レエゾン・デエトル　　　レコレクシヨンス　レジメンテーション
　　　レヂオナリズムス　レツドテープ　　レニニズム　　レバルティーミエントス
　　　レフアイン　　レフエレンダム　レフレシユメント　レボリユーシヨニスト
　　　レマークブル、メン　　　　　　ロイアルチ　　ロイヤリテイ　　ロー

ワ行　ワー　　　　ワーヅ　　　　イクイチー　　ヲヴアーシヤドウ

合計　384語

表C　具象的名詞類で、国語辞典・分類語彙表に立項のある語（×印はどちらにも立項の無い語）

ア行　アーケード　　アーチ　　アトリエ　　アヘン　　アメーバ
　　　×アメリカン・バー　　　　アンテナ　　イルミネーション　×ヴェヒクル＊
　　　ウラニウム　　エーテル　　エキス　　エム＊　　エメラルド
　　　エレクトロン　オーケストラ　オーバーシューズ　オペラ　　オペラハウス
　　　×オペラバッグ　オペレッタ　　オランウータン　オルガン

カ行　ガーデン　　カール　　カカオ　　ガス　　カテドラル
　　　×カソード・レー　ガソリン　　カナリア　　カフエ　　ガラス
　　　カルタ　　カレー　　×カロリーメーター　　　カンバス

	×カンパニーレ	ガンマ（線）	キー	×ギムナシユウム	キャピタル
	キャラコ	ギロチン	グラス	グリーン	クローバー
	×クロロフィル	×クロヽブラスト	コーヒー	コールタール	コカイン
	コスチューム	コック	コップ	ゴム	ゴリラ
	ゴルフ	コレラ	×コロネード	コンクリート	
	×コンサートホール				
サ行	サーベル	サイダー	サンダル	シアン	シガ―
	シガレット	×シニオール	×シビックセンター		ジプシー
	ジフテリア	ジャガ（芋）	ジャケット	×ジャズバンド	シャツ
	シャベル	ジャム	ジャングル	シャンパン	ショーウィンドー
	シルクハット	×ジンジャービール		スカイライン	×スカット
	×スカットカルタ	スコップ	×スタチュー	スタンプ	スチーム
	×スチームローラー		ステージ	×ステート	ステッキ
	ストア	ストーブ	×スピロヘーテ、バルリダ		スフィンクス
	ズボン	ソーセージ	ソファ	ソフト	
タ行	ダイヤモンド	×タウンホール	タバコ	タンゴ	ダンス
	チフス	チャーチ	チョコレート	チンパンジー	ツーリスト
	×ディノサウリア	テント	×テンプル	トースト	ドーム
	ドック	トニック	トラクター	トリウム	トンネル
ナ行	ナイフ	ネクタイ	×ネビュラ	×ネビリウム	ノート
	ノック				
ハ行	パスポート	バター	バナナ	バラック	×パラペット
	×ハリ（玻璃）	バリケード	バルコニー	バレイショ	バロメーター
	ハンカチ	パン	×バンドスタンド	×バンドマン	ハンドル
	パンフレット	ピアノ	ビール	ヒーロー	バイオリン
	ピストル	ビラ	ピラミッド	ビル	ビルディング
	ビロード	ピンポン	ファサード	フィルム	フォーク
	フットボール	プラカード	プラスチック	プラズマ	プランクトン
	フランネル	×フロック	フロックコート		×プロムプリズム
	プロテイン	×プロトプラズム	ベータ（線）	×ペープ	×ベーポア
	ペスト	ベッド	ヘリウム	ペン	ボート
	ボール	ボタン	×ボタンホール	ホテル	ホルモン
	ポンプ				
マ行	マーケット	マーチ	マッチ	×マテ（茶）	マント
	ミイラ	マイクロフォン	ミッションスクール		ミニチュア
	ミュージアム	メダル	メリヤス	モルヒネ	
ヤ行	ヨーグルト	ヨット			
ラ行	ライフル	ラジウム	ラジオ	×ラマ	ランプ
	レール	レストラン	レンズ	×ロシアオペラ	
ワ行	ワッフル				

合計　209語

現代語にある語　169語　　80.9%が残存

　　　　ない語　40語　　19.1%が非残存

表D　公論の各文章別Ａ／Ｂ／Ｃの出現した延べ語数（各文章題名は表Ｅ参照）

発行年	文章番号	A	B	C	A + B
大正元年1月	①	4	0	1	4
	②	0	0	6	0
	③	4	2	0	6
	④	1	6	0	7
	⑤	1	2	4	3
	⑥	5	11	55	16
大正2年1月	①	0	0	0	0
	②	10	0	7	10
	③	4	8	1	12
	④	0	2	1	2
	⑤	0	1	0	1
	⑥	12	16	24	28
大正3年1月	①	40	36	11	76
	②	3	0	3	3
	③	0	2	0	2
	④	1	34	1	35
	⑤	24	37	1	61
	⑥	2	0	0	2
	⑦	2	0	3	2
	⑧	0	0	2	0
大正4年1月	①	4	0	0	4
	②	0	0	0	0
	③	23	15	2	38
	④	0	0	0	0
	⑤	29	28	57	57
	⑥	2	6	9	8
	⑦	2	6	0	8
	⑧	0	3	9	3
大正5年1月	①	0	0	0	0
	②	10	19	1	29
	③	4	0	2	4
	④	1	0	0	1
	⑤	0	1	0	1
	⑥	2	5	2	7
	⑦	2	1	3	3
大正6年1月	①	3	6	7	9

198

	②	1	0	0	1
	③	1	0	0	1
	④	0	0	0	0
	⑤	5	6	0	11
	⑥	1	3	0	4
	⑦	6	3	1	9
	⑧	1	0	2	1
	⑨	5	0	0	5
大正7年1月	①	0	1	1	1
	②	0	0	0	0
	③	2	0	1	2
	④	6	0	0	6
	⑤	11	3	0	14
	⑥	0	1	3	1
大正8年1月	①	10	6	3	16
	②	18	0	0	18
	③	21	5	0	26
	④	7	12	3	19
	⑤	7	15	3	22
	⑥	0	0	1	0
	⑦	3	8	0	11
	⑧	15	29	0	44
	⑨	0	0	0	0
	⑩	45	12	0	57
大正9年1月	①	0	1	0	1
	②	6	3	0	9
	③	0	0	0	0
	④	108	70	0	178
	⑤	96	7	0	103
	⑥	31	7	9	38
	⑦	4	0	2	4
	⑧	14	2	1	16
	⑨	1	0	0	1
	⑩	14	11	1	25
	⑪	7	0	0	7
	⑫	5	13	0	18
	⑬	8	0	0	8
大正10年1月	①	0	4	0	4

	②	17	4	4	21
	③	0	1	1	1
	④	5	3	0	8
	⑤	7	1	0	8
	⑥	12	13	1	25
	⑦	1	4	0	5
大正11年1月	①	0	3	0	3
	②	11	18	1	29
	③	0	0	1	0
	④	8	3	4	11
	⑤	4	14	1	18
	⑥	5	0	1	5
	⑦	9	3	5	12
	⑧	19	4	4	23
	⑨	21	3	2	24
	⑩	6	3	1	9
	⑪	1	0	0	1
	⑫	2	1	0	3
	⑬	0	7	0	7
	⑭	4	0	0	4
	⑮	0	1	5	1
	⑯	0	0	0	0
	⑰	2	0	0	2
大正12年1月	①	0	0	0	0
	②	5	2	4	7
	③	3	1	10	4
	④	7	9	0	16
	⑤	5	0	1	5
	⑥	10	58	4	68
	⑦	1	0	1	1
	⑧	1	3	0	4
	⑨	15	6	2	21
	⑩	41	8	29	49
	⑪	3	0	0	3
	⑫	3	1	0	4
	⑬	5	1	0	6
大正13年1月	①	1	0	0	1
	②	11	0	0	11

	③	30	15	18	45
	④	34	13	7	47
	⑤	1	0	8	1
	⑥	116	5	0	121
	⑦	14	13	42	27
	⑧	1	1	0	2
	⑨	2	1	6	3
	⑩	2	0	9	2
	⑪	25	15	16	40
	⑫	12	3	0	15
	⑬	2	0	1	2
	⑭	1	0	0	1
	⑮	16	9	3	25
	⑯	8	4	0	12
	⑰	1	1	0	2
大正14年1月	①	3	12	2	15
	②	14	1	10	15
	③	5	0	23	5
	④	0	0	1	0
	⑤	1	0	0	1
	⑥	0	0	1	0
	⑦	2	1	0	3
	⑧	6	0	2	6
	⑨	0	0	1	0
	⑩	1	0	5	1
大正15年1月	①	3	2	1	5
	②	0	0	13	0
	③	61	6	1	67
	④	1	0	1	1
	⑤	13	27	2	40
	⑥	19	0	1	19
	⑦	44	8	0	52
	⑧	0	0	0	0
大正16年1月	①	28	3	0	31
	②	58	6	7	64
	③	2	1	0	3
	④	7	1	1	8
	⑤	8	1	0	9

⑥	12	1	1	13
⑦	1	19	0	20
⑧	11	0	1	11
⑨	1	3	3	4
⑩	8	8	0	16
⑪	21	3	8	24

計　156編　延べ語数　1494　　827　　　520　　　2321

表E　対象にした各年毎の『中央公論』「公論」題名一覧

掲載年	掲載月	該当番号	記事題目	筆者名
大正元年	1月	①	支那問題解決案	社論
大正元年	1月	②	人類の征服に對する自然の復讐	丘淺次郎
大正元年	1月	③	岩倉公を論ず	池邊吉太郎
大正元年	1月	④	現代の英國	上田敏
大正元年	1月	⑤	廣軌改築延期に反對す	後藤新平
大正元年	1月	⑥	カイゼル論	福本日南
大正2年	1月	①	武力なき外交	社論
大正2年	1月	②	我が財政及び對外經濟	社論
大正2年	1月	③	經國の大本	須崎黙堂
大正2年	1月	④	觸らぬ神の祟り	丘淺次郎
大正2年	1月	⑤	支那人に代つて日本人を嘲る文	永井柳太郎
大正2年	1月	⑥	トルストイの藝術	中澤臨川
大正3年	1月	①	フリードリッヒ・ニーチエ	中澤臨川
大正3年	1月	②	また是れ南海の泡沫のみ	竹越與三郎
大正3年	1月	③	國政の中心を速に樹立せよ	林毅陸
大正3年	1月	④	極東に於ける佛國コムミュン亂再現の兆候	福本日南
大正3年	1月	⑤	異教思潮の勝利	厨川白村
大正3年	1月	⑥	我は蒙古人種たるを恥ぢず	山路愛山
大正3年	1月	⑦	浮世繪の鑑賞	永井荷風
大正3年	1月	⑧	學術上より觀たる日米問題	吉野作造
大正4年	1月	①	大正政界の大勢を論ず	社論
大正4年	1月	②	支那問題の解決とは何ぞ	社論
大正4年	1月	③	新らしき世界將に生れんとす	茅原華山
大正4年	1月	④	旅順と青島	水野廣德
大正4年	1月	⑤	思考・藝術の現在	中澤臨川
大正4年	1月	⑥	歐洲動亂史論	吉野作造

大正4年	1月	⑦	東隣西隣の元首に與ふる書 米國大統領ウイルソンに與ふ	米田實
大正4年	1月	⑧	東隣西隣の元首に與ふる書 中華民國大總統袁世凱に與ふ	石川半山
大正5年	1月	①	精神界の大正維新	社論
大正5年	1月	②	憲政の本義を説いて其有終の美を濟すの途を論ず	吉野作造
大正5年	1月	③	題字、序文、校閲	丘淺次郎
大正5年	1月	④	新道德側面觀	金子筑水
大正5年	1月	⑤	内閣諸公及貴衆兩院議員に與へて拓殖務省再興の急務を論ず	永井柳太郎
大正5年	1月	⑥	當世男に向つて神風主義を宣傳す	福本日南
大正5年	1月	⑦	現今の青年と人生に對する根本信念	新渡戸稲造
大正6年	1月	①	肉食人種と菜食人種の差異を論じて東西文明の調和を説く	永井柳太郎
大正6年	1月	②	大陸美論	大谷光瑞
大正6年	1月	③	成金論	堀江歸一
大正6年	1月	④	英國新首相ロイド・ジョーヂ	田中苹一郎
大正6年	1月	⑤	超然内閣の政治哲学	白眼臺主
大正6年	1月	⑥	活動主義者も亦時に靜思瞑想せよ	新渡戸稲造
大正6年	1月	⑦	漱石先生の人生観	齋木仙酔
大正6年	1月	⑧	我農村に向て畜産の趣味と實益を説く	長崎發生
大正6年	1月	⑨	支那最近の政局の眞相を説いて特使派遣問題に及ぶ	吉野作造
大正7年	1月	①	現代日本に於ける政治的進化と其社會的背景	大山郁夫
大正7年	1月	②	世界の煩悶	若宮卯之助
大正7年	1月	③	人本主義の實行	姉崎正治
大正7年	1月	④	學問の獨立の意義と範圍と順序とを論ず	田中王堂
大正7年	1月	⑤	民本主義の意義を説いて再び憲政有終の美を濟すの途を論ず	吉野作造
大正7年	1月	⑥	現内閣の増・減・廃税政策を評す 支離滅裂を極めたる財政策	福田德三
大正8年	1月	①	都市改善論	渡邊鐵藏
大正8年	1月	②	文明の回顧と人生の新展望	姉崎正治
大正8年	1月	③	戰爭世界も亦國際競爭の舞臺	鷲尾正五郎
大正8年	1月	④	法律の社會觀・社會の法律觀	牧野英一
大正8年	1月	⑤	如何にして國民思想を統一し得べき乎	柳澤健
大正8年	1月	⑥	國體の精華を發揮するの秋	上杉眞吉
大正8年	1月	⑦	我が軍國主義論	水野廣德
大正8年	1月	⑧	國際生活上の新紀元と日本の政治的将来	大山郁夫
大正8年	1月	⑩	世界の大主潮と其順應策・對應策 従來の迷夢より醒むべき秋	三宅雪嶺
大正8年	1月	⑩	世界の大主潮と其順應策・對應策 資本の侵略主義に對抗眞正のデモクラシーを發揚	福田德三
大正9年	1月	①	煩悶の時代	丘淺次郎

大正9年	1月	②	生活不安の眞相	森本厚吉
大正9年	1月	③	改造の論議より改造の實行へ	三宅雪嶺
大正9年	1月	④	デモクラシーの制度を論ず	室伏高信
大正9年	1月	⑤	民衆文化の世界へ	大山郁夫
大正9年	1月	⑥	體育と能率増進問題	永井潜
大正9年	1月	⑦	國際勞働會議の歸趨を論じて我國勞働問題の將來に及ぶ	堀江歸一
大正9年	1月	⑧	國家生活の一新	吉野作造
大正9年	1月	⑨	各方面に於ける世界改造の新理想 國家哲學の更新	杉森孝次郎
大正9年	1月	⑩	各方面に於ける世界改造の新理想 歐洲戰爭と經濟思潮の動搖	堀江歸一
大正9年	1月	⑪	各方面に於ける世界改造の新理想 政治學の革新	吉野作造
大正9年	1月	⑫	各方面に於ける世界改造の新理想 哲學の新傾向	桑木嚴翼
大正9年	1月	⑬	各方面に於ける世界改造の新理想 教育改造の新基礎	木村久一
大正10年	1月	①	人生批評の原理としての人格主義の見地	阿部次郎
大正10年	1月	②	スタイナハ氏「若返り法」の生理的根據	永井潜
大正10年	1月	③	皇太子殿下を祝ぐ	三宅雪嶺
大正10年	1月	④	「バックハウス」教授の「戰後における獨逸農業革新論」を讀む	高岡熊雄
大正10年	1月	⑤	俸給生活社の位置並に運動	河津暹
大正10年	1月	⑥	新議會主義を提唱す	永井柳太郎
大正10年	1月	⑦	現代通有の誤れる國家觀を正す	吉野作造
大正11年	1月	①	社會生活の内面的根據	阿部次郎
大正11年	1月	②	勞働政策上の差別觀より平等觀へ	林癸未夫
大正11年	1月	③	軍備縮少と國民思想	永野廣德
大正11年	1月	④	結婚改造論	森本厚吉
大正11年	1月	⑤	「子は父に優る」	柳澤健
大正11年	1月	⑥	一般不景気と軍縮縮小より來る失業問題	堀江歸一
大正11年	1月	⑦	個人力と社會力	杉本孝次郎
大正11年	1月	⑧	音樂私論	渡邊鐵藏
大正11年	1月	⑨	人及び人の力	永井潜
大正11年	1月	⑩	現代文化生活に於ける天才主義	大山郁夫
大正11年	1月	⑪	平和思想の普及と徹底の爲めに 平和思想の哲學的意義	金子筑水
大正11年	1月	⑫	平和思想の普及と徹底の爲めに 平和思想の徹底の爲めに	千葉龜雄
大正11年	1月	⑬	平和思想の普及と徹底の爲めに 平和思想の普及と徹底について	本間久雄
大正11年	1月	⑭	平和思想の普及と徹底の爲めに 世界平和實現の三大關鍵	安部磯雄

大正11年	1 月	⑮	皇太子殿下の攝政を一轉機として内には社會連帶の外には國際協働を理想とする新日本の建設を提唱す 内には一視同仁・外には世界平和を念とし給ふ攝政宮殿下	三宅雪嶺
大正11年	1 月	⑯	皇太子殿下の攝政を一轉機として内には社會連帶の外には國際協働を理想とする新日本の建設を提唱す 中大兄・厩戸二皇子攝政時代の日本と東宮御攝政時代の日本	高須梅渓
大正11年	1 月	⑰	皇太子殿下の攝政を一轉機として内には社會連帶の外には國際協働を理想とする新日本の建設を提唱す 國家の躍進と偉大なる皇太子	高島米峰
大正12年	1 月	①	覺醒の眞義に徹せよ	巻頭言
大正12年	1 月	②	科學の道徳化・生活化	田中王堂
大正12年	1 月	③	國政並に市政に對して私の持つ不服の廉々	堀江歸一
大正12年	1 月	④	勞農露國の外交	米田實
大正12年	1 月	⑤	猪突的精神と猪突的人物	三宅雪嶺
大正12年	1 月	⑥	生存慾と行爲慾と所有慾との飽和を理想として	林癸未夫
大正12年	1 月	⑦	一時の反動現象に昏迷する勿れ	水野廣德
大正12年	1 月	⑧	植民思想の革命期	永井柳太郎
大正12年	1 月	⑨	工藝美術論	佐藤功一
大正12年	1 月	⑩	子孫崇拝論	小野俊一
大正12年	1 月	⑪	暴力的團體の存在を黙認する當局の怠慢を糾弾す 「國家」の外「力」の使用を許さず	吉野作造
大正12年	1 月	⑫	暴力的團體の存在を黙認する當局の怠慢を糾弾す 法治國に暴力を許すとは何事か	安部磯雄
大正12年	1 月	⑬	暴力的團體の存在を黙認する當局の怠慢を糾弾す 暴力的團體と國家及社會	林癸未夫
大正13年	1 月	①	大正十三年を迎ふるに際して	巻頭言
大正13年	1 月	②	わが同胞のために轉禍爲福の根本策を唱説す	田中王堂
大正13年	1 月	③	歐洲文明の衰頽と米國文明の興隆	柳澤健
大正13年	1 月	④	文明の意義、價値、その運命	室伏高信
大正13年	1 月	⑤	自力復興	岡田信一郎
大正13年	1 月	⑥	社社プロ文學の破滅と新プロ文學の創造	林癸未夫
大正13年	1 月	⑦	都市美論	佐藤功一
大正13年	1 月	⑧	山本内閣對政友會觀	三宅雪嶺
大正13年	1 月	⑨	子孫を慇む	丘淺次郎
大正13年	1 月	⑩	帝都復興豫算と財政私見	渡邊鐵藏
大正13年	1 月	⑪	毛禮卿及其時代	德富蘇峯
大正13年	1 月	⑫	普選の實績を擧ぐべく新有權者への言葉 一票が代表する自己	杉森孝次郎
大正13年	1 月	⑬	普選の實績を擧ぐべく新有權者への言葉 新有權者への言葉	安部磯雄
大正13年	1 月	⑭	普選の實績を擧ぐべく新有權者への言葉 普選の實績を擧ぐる爲めに	三宅雪嶺

大正13年	1月	⑮	普選の實績を擧ぐべく新有權者への言葉 要點はこゝにある	室伏高信
大正13年	1月	⑯	普選の實績を擧ぐべく新有權者への言葉 普選と勞働總同盟	林癸未夫
大正13年	1月	⑰	普選の實績を擧ぐべく新有權者への言葉 普選の實驗を擧ぐべく新有權者への辭	堀江歸一
大正14年	1月	①	現代文化に於ける本質的傾向と偶然的勢力との關係	杉森孝次郎
大正14年	1月	②	ブラジル移民論	高岡熊雄
大正14年	1月	③	日本の外交的環境	米田實
大正14年	1月	④	國民經濟力の整頓と財政及び行政の整理	渡邊鐵藏
大正14年	1月	⑤	學生の社會意識と當局の階級的專制	大山郁夫
大正14年	1月	⑥	行政整理の犧牲者と新卒業生の就職難問題 官吏馘首の不合理と新卒行政就職難の緩和	安部磯雄
大正14年	1月	⑦	行政整理の犧牲者と新卒業生の就職難問題 知識無産階級意識の修正	千葉龜雄
大正14年	1月	⑧	行政整理の犧牲者と新卒業生の就職難問題 失業者と就職難	石川半山
大正14年	1月	⑨	行政整理の犧牲者と新卒業生の就職難問題 古手官吏と新卒業生との就職競爭	高島米峰
大正14年	1月	⑩	行政整理の犧牲者と新卒業生の就職難問題 行政整理の犧牲者と新卒業生の就職難問題	水野廣德
大正15年	1月	①	勞働組合の号砲と徒黨論	河田嗣郎
大正15年	1月	②	人間生活の矛盾	丘淺次郎
大正15年	1月	③	改良と革命	小泉信二
大正15年	1月	④	無産者に對する法律扶助の國際的形相	高柳賢三
大正15年	1月	⑤	無産階級文學評論	片上伸
大正15年	1月	⑥	財界轉機論	太田正孝
大正15年	1月	⑦	農民勞働黨の解散と支配階級心理	大山郁夫
大正15年	1月	⑧	時評	吉野作造
大正16年	1月	①	轉換期に於ける政界の新社勢	大山郁夫
大正16年	1月	②	世界の失業苦	石濱知行
大正16年	1月	③	小作立法の本質	那須皓
大正16年	1月	④	普選に直面せる財政策	太田正孝
大正16年	1月	⑤	世界に於ける急進・反動兩勢力の對立 世界に於ける二つの勢力の對立	青野孝吉
大正16年	1月	⑥	世界に於ける急進・反動兩勢力の對立 イタリーの反對政治と其の反對派	米田實
大正16年	1月	⑦	世界に於ける急進・反動兩勢力の對立 危機に直面せる露西亞	播磨猶吉
大正16年	1月	⑧	世界に於ける急進・反動兩勢力の對立 英國產業の凋落と勞資の激鬪	高橋龜吉
大正16年	1月	⑨	世界に於ける急進・反動兩勢力の對立 中世期的封建軍閥の凋落とソヴィエート敷革命進行の支那並にその國際關係	小村俊三郎

大正16年	1月	⑩	世界に於ける急進・反動兩勢力の對立 帝國主義の現勢	矢内原忠雄
大正16年	1月	⑪	我が國無産政黨の辿る途	吉野作造

8　大正期『婦人公論』における合成語
─外来語を含むものに注目して

石井久美子

1　はじめに─研究背景

　明治期には気取った感じを与えた外来語も、大正期には普通の日常語と受けとられるようになったと言われている[1]。「普通の日常語」とはどういうことなのかを考える一つのヒントとして、現代語の混種語を扱った鈴木（1998）や宮地（1997）が、混種語を日本語化の指標と捉えていることが挙げられる。さらに、鄭（2013）には、大正期の新語辞典に見られる外来語の複合語についての指摘がある。そこでは次のように述べられている。

　　　大正中期の外来語の特徴として見逃せないのは，「外＋外＋外」「外＋外＋外＋外」「外＋外＋外＋外＋外」といった、二つ以上の構成要素による長い外来語の出現である。

　こうした現象が見られるようになるのは、外来語が日本語の中に定着し、長い外来語でも抵抗なく用いられるようになったからだと考えられる。
　しかし、大正期の外来語についてこうした指摘がありながら、合成語の研究というと、現代語を対象としたものがほとんど[2]で、その実態は明らかになっていない。
　近代から現代の外来語を含む合成語についての数少ない指摘に、飛田（1997）、飛田（2003）がある。これは明治・大正・昭和の文学作品1000点から用例を採集した研究であり、そこでは外来混種語と称している。そして、外来混種語の場合、外来地名混種語が89％で圧倒的であると指摘している。
　こうした研究の状況を踏まえ、論者はこれまでに『中央公論』の合成語の研究を行ってきた。まず、拙稿（2015b）では、『中央公論』に出現する外来語の複合語と、外来語を含む混種の調査・分析を行った。さらに、拙稿（2015a）（2015b）では、『中央公論』の外来語の固有名詞を含む混

種語を取り上げ、「カイゼル鬚」や「英國紳士」のように、混種語の一般名詞化とイメージの固定化が起きていることを示した。

本稿では、大正期の『婦人公論』に見られる外来語を含む合成語の特徴を捉え、さらに、同時期の『中央公論』の成果と比較することとした。その共通点と相違点から、大正期の総合雑誌における外来語を含む合成語の特徴と、対象読者の性別の違いによる差異を明らかにすることを目的とする。

2　研究方法

まず、調査対象とする雑誌の特徴を述べる。『婦人公論』と『中央公論』は同じ中央公論社（現在の中央公論新社）から刊行された雑誌である。本稿で中心に調査した『婦人公論』は中流家庭の高学歴女性向けの雑誌であり、総ルビで書かれている。一方、『中央公論』の主な読者は知識人エリート男性である。パラルビで、読みを示すようなルビ表記はほとんど使われていない。

調査範囲は、『婦人公論』は創刊年である大正5年から大正16年の各年1月号（計12号分）の公論部分とする。一方、比較対象である『中央公論』は、大正元年から大正16年の各年1月号（計16号）の公論部分に出現した外来語の合成語を扱う[3]。

本稿での外来語は、アルファベットを含むすべての表記のものを対象とする[4]。合成語は、ルビ形式や併記形式の場合は外来語の部分を基準に抽出する[5]。

3　外来語で構成された複合語

はじめに、外来語のみで構成されている複合語について述べる。

大正期の『婦人公論』には、次の5種類の表記の複合語が見られる[6]。

①　アルファベットのみからなるもの
　　　courting parlors
②　カタカナのみからなるもの[7]

チヨコレートクリーム　ストーヴポリッシユ

ブールジヨア、ドラマ　スリーピング、カー

バキュームクリナー　シネマフアン　フエルトターバン

ダンスホール　ビヤホール　ホツトウォーター　ホツトエーヤ

ミッド、チャンネル　ツレード、ユニオン　ライフ・ウオーク

ドミニオン・ホーム・ルール　ブルヂヨア・デモクラシイ

プチ・ブルヂヨア

③　漢字とカタカナからなるもの
　　瓦斯<ruby>瓦斯<rt>がす</rt></ruby>ストーヴ　<ruby>瓦斯<rt>がす</rt></ruby>ストオヴ　　エジプト<ruby>煙草<rt>たばこ</rt></ruby>

④　ルビ形式のもの[8]
　　<ruby>人間的書類<rt>ヒューマン・ドキュメント</rt></ruby>　<ruby>絶對的標準<rt>アブソリュート・スタンダード</rt></ruby>　<ruby>能率的標準<rt>エフイシエント・スタンダード</rt></ruby>　<ruby>近代的利便<rt>モダアン・コンギ゛ニエンス</rt></ruby>
　　<ruby>最新流行<rt>レーテストフアション</rt></ruby>　　<ruby>敎壇<rt>プラット・ホーム</rt></ruby>　<ruby>羅馬加特敎<rt>ろうまかとりつく</rt></ruby>

⑤　併記形式のもの[9]
　　<ruby>所有本能<rt>しよいうほんのう</rt></ruby> Instinct of Acquisition　<ruby>有機的嫉妬<rt>いうきてきしつと</rt></ruby> Organic jealousy

　以下、拙稿（2017）の『中央公論』の外来語に見られた複合語の表記と比較しながら特徴を述べる。

　『婦人公論』の５種類の表記の中では、「②カタカナのみのもの」が最も数が多くなっている。外国語をカタカナに置き換えるという方法が最も基本的な取り入れ方となっていることがわかる。

　次に、表記から日本語への定着度を考える。「①アルファベットのみからなるもの」は、この語の前後が漢字仮名交じり文で書かれており，文の中で日本語の名詞としての役割を担っているため、本稿では外来語として扱っている。しかし、語単体で見れば、アルファベットそのままであるため、発音も意味も英語の知識を求められるものである。前後を見ると、例１のようになっている。

例１　<ruby>今<rt>いま</rt></ruby>一つ<ruby>結婚難<rt>けつこんなん</rt></ruby>の<ruby>救治策<rt>きうぢさく</rt></ruby>として<ruby>最近<rt>さいきん</rt></ruby><ruby>唱<rt>とな</rt></ruby>へられてゐるものは、<ruby>男女<rt>だんぢよ</rt></ruby>が
　　　<ruby>相互<rt>さうご</rt></ruby>に<ruby>相合<rt>あひがつ</rt></ruby>して、<ruby>互<rt>たが</rt></ruby>ひに<ruby>配偶<rt>はいぐう</rt></ruby>を<ruby>選擇<rt>せんたく</rt></ruby>するに<ruby>好都合<rt>かうつがふ</rt></ruby>な<ruby>客間<rt>きやくま</rt></ruby>、あちらの
　　　<ruby>言葉<rt>ことば</rt></ruby>で<ruby>云<rt>い</rt></ruby>へば “ courting parlors ”の<ruby>組織<rt>そしき</rt></ruby>をつくれといふことであ

ります。（本間久雄「結婚難・離婚難及び其救治策」『婦人公論』大
　正8年，p. 38）

　「courting parlors」に対し、「男女が相互に相合して、互ひに配偶を選
択するに好都合な客間」という長い説明をもって補足している。ルビ形式
や併記形式での簡潔な説明では不十分なため、「あちらの言葉で云へば」
のような言い換えの形式がとられている。
　一方、「④ルビ形式のもの」「⑤併記形式のもの」は、「羅馬加特教」の
ように音訳の漢字表記が付されたものを除き、漢字による訳語と外来語が
二重表記されている。外国語に由来する概念であることを示しながら、そ
の意味を漢字で簡潔に示すことによって捉えやすくするという手法がとら
れている。
　そして、「②カタカナのみのもの」「③漢字とカタカナからなるもの」は、
「瓦斯」「煙草」のように外来語を表す漢字として頻用されるものであるた
め、両者を合わせて考える。これらは、カタカナ書きされることで、「①
アルファベットのみからなるもの」よりも表記も発音体系もともに日本語
化されているといえる。そして、「③漢字とカタカナからなるもの」では、
漢字に付されたルビがひらがなであり、より日本語化が進んでいると考え
られる。そのため、「④ルビ形式のもの」「⑤併記形式のもの」よりも外来
語そのものが定着しているということができる。
　これらの『婦人公論』の表記の特徴を同時期の『中央公論』と比べると、
「①アルファベットのみからなるもの」は、同時期の『中央公論』の複合
語には見られない。
　そして、「④ルビ形式のもの」について、『中央公論』では、本行部分[10]
がアルファベットでカタカナのルビが付いたものが見られたが、本稿の
『婦人公論』の調査内には見られなかった。つまり、『婦人公論』ではアル
ファベットの読み方をカタカナで示すということは行われず、訳語との二
重表記のためにルビ形式が採られているのである。さらに、「⑤併記形式
のもの」について、『中央公論』では、「漢字とアルファベットの併記」の
ほかに「カタカナと漢字の併記」「カタカナとアルファベットの併記」「ア

8　大正期『婦人公論』における合成語　211

ルファベットと漢字の併記」と、計４種類が見られたため[11]、比較すると、
『婦人公論』では併記形式はあまり用いられていないことがわかる。

　次に視点を変えて、意味や抽象度に注目して『婦人公論』の複合語の特徴を考察する。

Ⓐ　具体的な物や人を指す語
　　　　瓦斯（がす）ストーヴ　瓦斯（がす）ストオヴ　エジプト煙草（たばこ）

　　　　チヨコレートクリーム　ストーヴポリッシユ　スーピング、カー

　　　　バキュームクリナー　シネマフアン　ホットウォーター

　　　　ホットエーヤ　ダンスホール　ビヤホール　フエルトターバン

Ⓑ　抽象的な概念を表す語
　　　　人間的書類（ヒューマン・ドキュメント）　絶對的標準（アブソリュート・スタンダード）　能率的標準（エフイシエント・スタンダード）
　　　　近代的利便（モダアン・コンギニエンス）　最新流行（レーテストフアシヨン）　所有本能（しよいうほんのう） Instinct of Acquisition
　　　　有機的嫉妬（いうきてきしつと） Organic jealousy

　　　　ブールジヨア、ドラマ　ドミニオン・ホーム・ルール

　　　　フレームアツプ　ツレード、ユニオン　ライフ・ウオーク

　　　　ブルヂヨア・デモクラシイ　プチ・ブルヂヨア

「Ⓐ具体的な物や人を指す語」はカタカナのみの表記、あるいは「瓦斯（がす）ストーヴ」のように漢字交じりのカタカナ表記が用いられている。「煙草」は翻訳漢語だが、この漢字表記は意味をわかりやすくするために臨時に当てられた特異なものではなく、「タバコ」を表す一つの表記として用いられているものである。そう考えると、Ⓐに分類されているものは、外来語の語基が2つ合わさってできており、具体的なものと結びついた、注記のいらない語であったと考えられる。
　それに対し、「Ⓑ抽象的な概念を表す語」では、カタカナのみの表記だけでなく、「最新流行（レーテストフアシヨン）」「有機的嫉妬（いうきてきしつと） Organic jealousy」のようなルビ形式や併記形式も用いられている。その漢字は音訳ではなく、翻訳による表記であり、抽象度が高いものほどその意味を捉えにくいため、漢字による

補足が行われているのだと考えられる。

　さらに、その漢字の当て方に注目する。ルビ形式の場合には、本行部分の漢字がルビ部分の外来語の翻訳となっている。「絶對的標準〔アブソリユート・スタンダード〕」「能率的標準〔エフイシエント・スタンダード〕」では、「スタンダード」という外来語に対する「標準」という翻訳が共通しており、対となる概念であることが示されている。そして、本行部分の語だけを見ると、「人間的書類」「絶對的標準」「能率的標準」「近代的利便」「最新流行」となっており、複合語を構成する外来語を逐語訳し並べたものとなっている。ルビを外した翻訳漢語は他所でも用いられるという性質のものではないが、省スペースかつ外来語の意味を把握するのに最低限の情報を得られる表記となっている。

　漢字とアルファベットの併記形式でも、ルビ形式と同様に、翻訳漢語が用いられている。併記形式がルビ形式と異なっている点は、漢字による訳語とともに、原語のアルファベットを示すことができる点である。例えば「所有本能〔しよいうほんのう〕 Instinct of Acquisition」が所有＝Acquisition、本能＝Instinctと対応させられるように、アルファベットでの語順と、翻訳の語順が異なっていても示すことができる。

　同時期の『中央公論』と比べると、絶対的な数は少ないが表記のバリエーションは豊富である。『中央公論』では、「直接民主主義〔ダイレクト、デモクラシー〕」や「労働組合（Trade Union）」のように、訳語の漢語がそれ単独でも用いられ、ルビの外来語やアルファベット部分はあくまで補足と捉えられるものが多く見られた。しかし、『婦人公論』に付された訳語は、臨時的なものである。漢字とアルファベットの併記では、漢字にルビがふられており、読み上げる場合には訳語が中心となる表記になっている。しかしそれは、『中央公論』の汎用性の高い独立した漢語を主とし、アルファベットを補足とする表記とは異なり、あくまで意味理解促進のためにその場限りの訳語として付されたものである。

4　外来語を含む混種語

　次に、外来語を含む混種語を取り上げる。「4-1 名詞以外の品詞」「4-2 一般名詞」「4-3 固有名詞」に分けて考察する。

4-1　名詞以外の品詞

名詞以外の品詞には、動詞と形容動詞が見られる。

　　クラッシされ　リフアインされ　ノックし　プロテストし
　　チヤーターし　マスターし　デジェネレートし[12]　アッピールする
　　捨象（アブストラクト）して　モダーンがる

　動詞は外来語部分がカタカナ表記のものが主で、唯一「捨象（アブストラクト）して」というカタカナルビを用いた表記が見られる。『中央公論』では、「teach する」「refine する」のようなアルファベットを用いた動詞が見られたが、『婦人公論』には見られない。

　外来語に「する」を付けたサ変動詞のほか、「がる」の付いた「モダーンがる」が見られる。『中央公論』においては、サ変動詞の例しか見られないため、「〜がる」は『婦人公論』に特徴的な使用例である。

　例2　 モダーンがる 前に實際の修養をつみ、眞のモダーンの事を古き事に比べて鮮明なる理解力を以て判斷し利用する丈けの力を養つては如何。（村田美都子「モダーン・ガール雜觀（九）生兵法大怪我の基」『婦人公論』大正16年，p. 65)

形容動詞は、下記の12語（表記は16種類）が見られる。

　　エキゾチックな　エゴイスチックな　ミステイックな
　　ロマンテックな／ロマンティクな　ヒステリックな　ヒロイックな
　　ハムブルな[13]　フリボラスな　センチメンタルな
　　デリーケートな／デリケートな／デリケエトな　新鮮（フレッシュ）な
　　シリアスなる／嚴格なる（シリアス）

　カタカナ表記がほとんどで、ルビ形式を取り、訳語を付した形容動詞は「新鮮（フレッシュ）な」「嚴格（シリアス）なる」の２例のみである。『中央公論』では、「Pragmatic

な」のようなアルファベット表記のものが見られたが、『婦人公論』の本稿の調査範囲内には見られなかった。

　外来語部分の語尾に注目すると、「エキゾチックな」「エゴイスチックな」「ロマンテックな／ロマンティクな」「ミステイックな」という「チック／ティック」を語尾に持つ語が多く見られる。

　また、上記に挙げた中で、「フリボラスな」という語は、『日本国語大辞典第二版』に掲載されておらず、現在までに使われなくなった語だと判断される。原語は frivolous だと考えられ、下記の用例から「あさはかな」「軽薄な」といった意味で用いられていたと考えられる[14]。

> 例3　わるい方面で銀座のやうなブールボアール[15]に賣笑の嬌艶が無論逍遙することにもならうが、フリボラスな女はマリアに祈つてマリア様あなたは汚れずに胎んだが、私はそのあべこべをお願ひしますわ。汚れても汚れても決して胎まない私でいつもありますやうにと云ふやうなことにならないともかぎらないでせう。（新居格「婦人十年後の戯畫（三）末梢に咲く姿」『婦人公論』大正15年，p.56）

　以上のように、『婦人公論』の外来語の品詞に注目すると、アルファベットは見られず、漢字で意味を補足したものもほとんど見られない。主として用いられているカタカナ表記の外来語は、読者にとって、アルファベット表記の語よりも日本語化の進んだ語であり、漢字で意味を補足することが必要なほど定着度の低い語でもないと考えられる。そうしたカタカナ表記の外来語に活用語尾が付され、動詞や形容動詞として使用されているのである。

4-2　一般名詞

　名詞については、「4-2　一般名詞」と「4-3　固有名詞」に分けて分析する。ここでの一般名詞、固有名詞は外来語部分で判断する。そのため、一般名詞の中には、「郵船ビル」「帝國ホテル」のように、外来語部分のみで

8　大正期『婦人公論』における合成語　215

は一般名詞だが、混種語では固有名詞であるという例も含まれている。

まず、外来語部分が一般名詞である例を取り上げる。

(1) 外来語部分の表記別に見た特徴

外来語部分に注目すると、下記の6種類の表記が見られる。

①漢字

　　五〇〇瓦

②カタカナ

　　五十パーセント　石炭ストーヴ　文藝的ムーヴメント

　　有害ギヤス　社交ダンス　アルコホル中毒　ブルヂヨア階級

　　バラック思想　キヤソリック教徒　ユニホーム姿

　　タングステン鑛（ほか多数）

③ひらがな

　　日本式ばす、けつと、ぽをる

④アルファベット

　　Y字形

⑤本行が漢字でルビがひらがな

　　硝子戸　硝子越し　石炭瓦斯　炭酸瓦斯　歌々留多　骨牌机

　　長襦袢　一瓦　百哩

⑥本行が漢字でルビがカタカナ

　　亜鉛引き　一吋　百哩　三萬兩　毎頁　一〇〇〇立方呎

　　八十仙　十四弗

『婦人公論』のひらがなルビの使用について、拙稿（2014：4）で次のように述べたことがある。

　　「羅紗」「煙草」など受容時期の早い外来語や、照明や燃料として知られていた「瓦斯」という用例が見られる。「瓦斯」は、本稿の調査範囲内ではカタカナ表記よりも漢字表記が優勢である。これらは、音

216

訳の漢字表記がすでに定着した語であり、総ルビの文章であるために
漢字にひらがなルビがふられてこのような表記になったと考えられる。

　ここでの指摘は外来語単体についてであったが、外来語が混種語の一部
をなす「⑤本行が漢字でルビがひらがな」も同じように説明できる。さら
に、和語や漢語と結びついた混種語を見てみると、漢字表記を伴ったひら
がなルビの形は、漢字ひらがな交じり文において外来語部分を目立たせる
ことのない表記であることがよくわかる。つまり、「外来のものである」
という意識が表記上も失われているということになる。
　拙稿（2017）の『中央公論』の調査では、一般名詞のひらがなルビは
「襯衣」の１例のみ、また、ひらがなのみの表記も「きゃらこ」１例のみ
であった。そのため、ひらがなルビの使用は『婦人公論』の特徴といえる。
『中央公論』では、受容時期の早い外来語は、「骨牌」「瓦斯」など漢字の
みで示されている。これも漢字ひらがな交じり文では目立たない表記であ
るという点では共通している。
　数として最も多いのは「②カタカナ」である。同じく外来語をカタカナ
表記している「⑥本行が漢字でルビがカタカナ」では、「二吋」「百哩」
「三萬兩」「毎頁」「一〇〇〇立方呎」「八十仙」「十四弗」のように単位が
多く見られる。「⑤本行が漢字でルビがひらがな」のなかでも、「一瓦」
「百哩」のような単位が見られる。同じ『婦人公論』内の箇条書きされた
部分では「瓦」というルビのない表記が用いられており、また「哩」とい
うカタカナルビが見られる。表記にはばらつきがあるが、ひらがなルビが
見られることから、「グラム」「マイル」という外来語に対して漢字を当て
ているのではなく、「瓦」「哩」という漢字を前提として、ルビでその読み
方を示していると考えられる。『中央公論』でも「哩」「瓦」というルビの
ない漢字表記がカタカナ表記よりも多く用いられている。
　なお、「③ひらがな」の「日本式ばす、けつと、ぼをる」は、表現技巧
として用いられている例である。この語は、「日本式籠球禮賛記」（吉屋信
子『婦人公論』大正16年）に登場する。記事内の他の箇所では「バスケッ
トボール」と書かれており、ここだけがひらがな表記である。タイトルに

もある「籠球」は普通バスケットボールを表すが、ここでの「籠球」は、
女子大学の運動会に登場するカゴとタマの遊戯[16]のことで、いわゆるバス
ケットボールとは異なること、また日本式であることを表すためにひらが
なが用いられているのである。

(2) 語種の組み合わせ

　語種の組み合わせに注目すると、表1に挙げたとおり、『婦人公論』の
一般名詞からなる混種語には、「A外来語＋和語」「B和語＋外来語」「C
外来語＋漢語」「D漢語＋外来語」の4つがある。

　一方、『中央公論』の一般名詞からなる混種語では、「A外来語＋和語」、
「C外来語＋漢語」、「D漢語＋外来語」の形式が見られた。Dが最も種類
が多く、貨幣、度量衡等の単位が多用されていることが原因である。

　本稿で扱っている『婦人公論』は、『中央公論』と比べると、「B和語＋
外来語」が見られること、そして「C外来語＋漢語」の形式が最も多く
なっていることが特徴である。「B和語＋外来語」に見られる語は皆、「豆
ランプ」など具体的なものを指す語であり、抽象度の高い語は見られない。

　「C外来語＋漢語」では、「ブルジョア」や「デカダン」のように同じ外
来語が異なる漢語と結びつくことで、複数の混種語を形成しているものが
ある。

　一方、造語力の高い一字漢語の接尾辞を付したものも散見される。以下
に、「的」「化」「式」「界」「観」という接尾辞ごとに例を挙げる。

【的】　ヒステリー的　プチブルジョア的
　　　　トスカ的思潮　プロパガンダ的捏造電報　ブル的資本家的根性
【化】　モダーン化
　　　　モダーン化され
【式】　アパートメント式　ヌーボー式
　　　　バラック式思想　バザー式販売
【界】　スポーツ界

表1　大正期『婦人公論』の一般名詞の外来語を含む混種語における語
　　　種の組み合わせ

A外来語+和語	ペンキ塗り	ユニホーム姿	ドア口	コックさん
	ハイカラ髷	ゴム玉	ゴム靴直し	ゴム底足袋
	ジブシイ女	ペン先	がらす戸	硝子戸越し
	骨牌机	硝子窓	硝子越し	亜鉛引き
B和語+外来語	贋ルビー	豆ランプ	女ガイド	夏シャツ
	釣鐘マント	焼けトタン	長襦袢	歌々留多
C外来語+漢語	スター女優	スポーツ界	ボタン主義	アパートメント生活
	パン食	パン類	ルパシカ思想	ギルド社會主義
	バラック思想	バラック生活者	バラック街	
	ブルジョア心理	ブルヂョア國	ブルヂョア政治家	ブルジョア婦人
	ブルジョア階級	ブルジョア生活	ブル根性	ブル的資本家的根性
	プロレタリヤ詩人	プロレタリヤ作家	プロレタリヤ宣傳	
	ホルマリン消毒	アルコホル中毒	アルコホル中毒者	キヤソリック教徒
	デカダン時代	デカダン詩人	デカダン文學	デカダン思潮
	モダーン化	モダンガール觀	ヌーボー式	セン・クリゾストム座
	ヘモグロビン量	アミーバ時代	タングステン鑛	マラソン競爭
	ダンス場	ラジオ網	ラジオ劇	バザー式販売
	頁數			
D漢語+外来語	石炭ストーヴ	電氣ストーヴ	鉄筋コンクリート	有害ギヤス
	婦人ガイド	震災ロマンス	逆コース	第九シンフオニー
	勞働バザー	運動シーズン	社交ダンス	帝國ホテル
	社會的タイプ	Ｙ字形	郵船ビル	圓タク
	石炭瓦斯	炭酸瓦斯	毒瓦斯	
	日本式ばす、けつと、ぼをる			
	一二七五グラム	五十パーセント	一カロリー	
	八十仙	十四弗		
	百哩	数頁	三萬兩	二吋

【觀】　モダンガール觀

　上記の例で、改行して示したように、一字漢語の接尾辞の後にさらに名
詞やサ変動詞が続く例も見られる。漢語の造語力に引きずられ、外来語の
使用範囲がさらに広がっているのである。

(3)　外来語の略語を含む混種語
　外来語の略語を含む混種語には、下記の7例が見られる。

郵船ビル　圓タク　デモ思想家　デモ新思想家　ブル根性
ブル的資本家的根性　アパートメント式

　「ビル」は「ビルディング」、「タク」は「タクシー」、「デモ」は「デモ
ンストレーション」、「ブル」は「ブルジョア」、「アパートメント」は「ア
パートメントハウス」の略である。「アパートメント」を除き、いずれも
省略語基は2拍となっている。
　林（2016）はBCCWJを資料に、外来語の省略語基を形態的な面から
分析しているが、現代語においても外来語の省略語基の音節数で最も多い
のは2拍だとされている。そのことが大正期の時点でもあてはまっている
ことがわかる。

4-3　固有名詞
　ここからは、固有名詞の中でも、外国地名を含む混種語、外国人名を含
む混種語をそれぞれ取り上げる。

⑴　外国地名を含む混種語
　地名を含む混種語について、意味分野ごとに代表例を示すと、表2のよ
うになる。なお、表中の数字は『日本語語彙大系』の番号と対応している。
番号のないものは、拙稿（2017）で『中央公論』に見られる外来語を含む
混種語の分類時に論者が追加したもので、『婦人公論』の分類においても
同じ項目を用いることとした。
　『中央公論』と比べると、「3地域名」、「111文化名」の思想・主義名、
文化・文明名に該当する用例が少ないことが特徴的である。これは雑誌の
取り上げるテーマが大きく関係しており、『中央公論』は社会主義、労働
問題、科学技術について世界に目を向け、読者に示すような誌面であるが、
『婦人公論』の中心は女性を取り巻く環境や問題についてであり、各地の
地名、主義、文化・文明といったことが取り上げられることは少ない。
　一方で、『婦人公論』に見られる外国地名を含む混種語の絶対数は『中
央公論』よりも少ないが、該当する項目数はほとんど変わらない。『婦人

表2　大正期の『婦人公論』の外国地名を含む混種語

3地域名	33国名（連邦内）	獨逸帝國	大羅馬帝國	
	34州・省等	マサチユセツ州	ヴィデブスク州	テンネッシー州
	42都市	ダブリン市	露都	
	4国際地域名	歐洲		
	44地方名	中央アフリカ		
	地域名	舊ロシヤ領	小亞細亞	
	略称及国名＋國	英國	米國	ポーランド國
	對＋略称	對支外交	對獨戦争	
	地域名列挙	佛獨英	歐米	
47地形名		ジヤガタラ嶋	朝鮮半島	アイルランド海
56建造物名		アジュダ公衆図書館	大英博物館	バーミンハム市役所
86機関名		イギリス政府	朝鮮政府	オーストラリア赤十字社
90団体・党派名		ドイツ社會黨	親英派	イギリス軍
97学校名		ケンブリッヂ大學	ハーバード大學	佛英和女學校
103国際組織名		日英同盟		
集団名		アトワーター派	チツテンデン一派	
107歴史名	109時代名	希臘時代		
	110事件名	ロシア革命	アイルランド問題	尼港事件
111文化名	113言語名	ロシヤ語	英語	支那語
	114宗教名	羅馬加特教		
	115流派名	支那流	ドイツ浪漫派	
	116作品・出版物名	日葡辭典	ラテン文學	ギリシヤ悲劇
	117理論・方式名	獨逸式	伊太利式	
	119制度名	歐制	唐制	
	思想・主義名	印度思想		
	文化・文明名	希臘文明		
	信徒名	ローマ教徒		
120民族・人種名	120民族・人種名	ギリシア人	西班牙人	ケルト民族
	国際地域名＋人	歐羅巴人		
	国民名	米國民	支那人	獨逸人
	住民名	巴里人	グリーキ市民	古代アテネ人
身分名		布哇知事	印度次官	支那船長

公論』に見られなかったのは、「43村落」「54天体名」「61交通路名」「118
法律名」「原理・規則名」のみである。つまり、地名は主要地域名が中心

であり、「〜人」「〜國」「〜大學」「〜式」など結びつきやすい語が特徴ということになる。このように、混種語にパターン化が見られるが、混種語の意味する領域は幅広く、海外への関心の高さを表している。

上記に挙げた例は、混種語になっても固有名詞であるものだが、中には外来語の部分は固有名詞であり、混種語になると、「フランス香水」のように一般名詞化しているものもある。

表2にも一部取り上げたが、ここからは地名の略称を含む混種語を詳しく取り上げる。以下に、地名ごとに用例を挙げる。

英（イギリス）…英國　英國婦人　英國派　親英派　日英同盟　英領　英米　英佛　英語　英人　英譯　英字　英獨佛國　大英博物館　佛英和女學校

米（アメリカ）…米國　米本國　日米問題　日米関係　英米　米西戦争　米大使　渡米し　歐米　歐米人　歐米婦人

歐（ヨーロッパ）…歐米　歐洲　歐洲大陸　東歐　歐風　歐化時代　歐米人　歐米婦人

佛（フランス）…佛國　佛文豪　普佛戦争　英佛　英佛獨國　佛英和女學校

露（ロシア）…露國　露都　露人　露獨墺

獨（ドイツ）…露獨墺　英佛獨國

支（支那）…對支外交

葡（ポルトガル）　日葡辞典　拉、葡語　葡文

伊（イタリア）…伊國

墺（オーストリア）…墺國　露獨墺

蘭（オランダ）…蘭國

普（プロイセン）…普佛戦争

全体として「〜國」という形が多用されており、特に「英」「米」「歐」を含む混種語が多い。これらの傾向は『中央公論』とも共通している。ただし、『中央公論』に比べ、結びついている語の種類は少なく、混種語の

示す意味領域は狭くなっている。

　⑵　外国人名を含む混種語

　⒜　外国人名の表記

　次に、人名を含む混種語に注目する。人名を含む混種語では、人名がどの字種で表記されているかに注目すると、カタカナ、漢字、アルファベット、カタカナとアルファベットの併記の4種類がある。

　【カタカナ】　キユリー夫人　エレン・ケイ女史　ヴィクトリア女皇

　　　　パンカアスト嬢　エリザベス女王　ヘンリー二世

　　　　マツクスウキニイ氏　カアペンタア氏

　【漢字】　光緒皇帝　杜翁

　【アルファベット】　Manoel 王　Voretzch 氏

　【カタカナとアルファベットの併記】　エル・テイ・ホブハウス氏（L, T, Hobhouse）　フランク・ワッツ氏（Frank Watts）

　ここにはすべての用例を挙げることはできなかったが、カタカナが圧倒的に多くなっている。漢字表記は、アジア地域で元々漢字表記されている外国人名と、略称に用いられている。そして、アルファベットの人名表記は『中央公論』には見られず、『婦人公論』ならではの表記である。

　⒝　敬称や身分名の種類

　拙稿（2017）では、『中央公論』に見られる人名を含む混種語を下記の7種類に分けた。

（Ⅰ）「漢数字＋世」という形式のもの、（Ⅱ）敬称を付したもの、（Ⅲ）身分を表すもの、（Ⅳ）組織を表すもの、（Ⅴ）歴史を表すもの、（Ⅵ）文化を表すもの、（Ⅶ）一般名詞

　これを踏まえて、『婦人公論』に見られる人名を含む混種語を8種類に

分け[17]、具体例を挙げながら以下に示す。「＊」を付けたものは、『中央公論』を分析したときには見られず、『婦人公論』のみに見られるものである。

（Ⅰ）「漢数字＋世」という形式のもの

　　　ヘンリー二世　ヘンリー八世　イノセント八世　ナポレオン一世
　　　ハドリヤン四世

（Ⅱ）敬称を付したもの

　　◆尊敬の意を表すもの

　　＊「様」がつくもの…マリア様

　　＊「殿」がつくもの…ナウタキン殿　ピントオ殿　ゼイモト殿

　　　「氏」がつくもの…ロイド・ジヨールジ氏　グラッドストン氏
　　　　　　　　　　　　（全42例[18]）

　　　「公」がつくもの…ユウジェエヌ公

　　　「君」がつくもの…ロスメル君

　　＊「師」がつくもの…ワリニヤニ師　ニュネス師
　　　　　　　　　　　Cosme de Torres コスメ・デ。トレス師

　　＊「上人」がつくもの…シヤギエル上人

　　　「女史」がつくもの…エレン・ケイ女史　ボンフヒールド女史
　　　　　　　　　　　　（全17例）

　　　「嬢」がつくもの…リーゼ・マイネル嬢　トムプソン嬢
　　　　　　　　　　　　ボンフヒールド嬢　パンカアスト嬢
　　　　　　　　　　　　シルビア・パンカアスト嬢
　　　　　　　　　　　　ラムベルシエー嬢　トムプソン嬢

　　◆社会階層を表すもの

　　　「卿」がつくもの…ケルビン卿　バンベリ卿　ノ卿
　　　　　　　　　　　　ノースクリツフ卿　ミルナー卿

　　◆家族関係を表すもの

　　＊「家」がつくもの…ロスメル家

　　　「夫人」がつくもの…キユリー夫人　クロオ夫人　ドール夫人

（全19例）

　　　＊「小母」がつくもの…タテイアーナ小母

　　　　「夫妻」がつくもの…アルキング夫妻

　　　＊「姉妹」がつくもの…ブロンテ姉妹

（Ⅲ）　身分を表すもの

　　　　　　王…リア王　ルイ王　Manoel 王　ソロモン王

　　　　　　　　エディパス王　エヂポス王

　　　　　　大王…フリィドリッヒ大王

　　　＊女王…エリザベス女王

　　　＊皇帝…光緒皇帝
　　　　　　　（くわうちよ）

　　　＊女帝…カタリナ女帝　マリヤ・テレサ女帝

　　　＊女皇…ヴィクトリア女皇

　　　＊侯爵…クインツベリー侯爵

　　　　子爵…アスター子爵

　　　＊公爵夫人…アゾール公爵夫人

　　　　伯爵夫人…マーキービッチ伯爵夫人

　　　　将軍…スマッツ将軍　モントジョイ将軍　ボータ将軍

　　　　　　　キチナー将軍　ヨセフ・ビルドウスキイ将軍

　　　　　　　ビルスドウスキイ将軍

　　　＊元帥…ブルブーズ元帥

　　　　教授…バロツク教授　ニーアリング教授

　　　　博士…フェルスタア博士　エスタアマアク博士

　　　　　　　メビユウス博士　サイデイス博士　キーナー博士

　　　　　　　ノルダウ博士　マツクス・ノルダウ博士

　　　　　　　ヘブロック、エリス博士

　　　　王家…ロマノフ王家

　　　＊校長…クロル校長

（Ⅳ）　組織を表すもの

　　　《団体・党派名》

　　　　集団…基督教會　日本基督教婦人矯風會
　　　　　　　（キリスト）　　　　（キリスト）

（Ⅴ）　歴史を表すもの

　　　《事件》

　　　　　戦争…ナポレオン戦争

（Ⅵ）　文化を表すもの

　　　《宗教》　クリスト教　マニ教　モハメット教

　　　《方式・理論》

　　　　　論…ホイットマン論

　　　《流派》

　　　　　派…ラーキン派　マルクス派

　　　　　系統…ハースト系

　　　《作品・出版物》

　　　　　傳…ルカ傳　馬太傳／馬太傳　セシル、ローズ傳

　　　　　アンドルーカーネギー自叙傳　ゴルキー評傳

　　　　＊物語…シエクスピヤ物語　グリム物語　ガリバル物語

　　　　　　　　アンデルセン物語　イソツプ物語／エソプ物語

　　　　＊記…ロビンソン漂流記

　　　　＊噺…アンデルセンお伽噺　グリムお伽噺

　　　《思想・主義》

　　　　　主義…マルクス主義　新マルサス主義

　　　　　主義者…マルクス主義者

＊（Ⅷ）　地名を表すもの

　　　《建造物》　-フライ堂　ロックフエラー研究所

＊（Ⅸ）　人名の略称を含むもの

　　　　　杜翁　ノ卿　マ氏　モ氏

　以下、『中央公論』と比較しながら、『婦人公論』の特徴を明らかにする。
　「（Ⅱ）敬称を付したもの」について、『中央公論』に見られた「陛下」
が付くもの、「輩」が付くもの、「侯」が付くもの、「伯」が付くもの、「未
亡人」が付くもの、「父子」が付くものは、『婦人公論』にはなかった[19]。
社会階層を表す「陛下」「侯」「伯」といった語が付くような人名は取り上

げられていないということになる。さらに、「父子」ではなく「小母」「姉妹」が加わり、「女史」「嬢」「夫人」が多用されていることから、女性の名前が多く挙げられていることがわかる。

「（Ⅲ）身分を表すもの」では、『中央公論』には見られた「宰相」「公爵」「伯爵」「大将」「提督」「先生」のほか、「妃殿下」「皇后」「親王」が『婦人公論』には見られなかった[20]。しかし、「公爵夫人」「伯爵夫人」が出現していることや、支配階級の女性を表す「女王」「女帝」「女皇」が加わったことは『婦人公論』の特徴である。

『中央公論』には多数見られた「（Ⅳ）組織を表すもの」に属する《機関名》《団体・党派名》や、「（Ⅵ）文化を表すもの」に属する《方式・理論》《原理・規則名》が『婦人公論』には取り上げられていない[21]。一方、『婦人公論』では、『中央公論』には見られない《作品・出版物》と《建造物》を表す混種語が多く見られる。芸術を取り上げた記事が見られるためと考えられる。

人名の略称を含むものには、漢字表記とカタカナ表記の２種類が見られた。これは『中央公論』にも見られた形態であり、当時の人名表記の方法といえる。それぞれ具体例を挙げると、漢字表記のものは「杜翁（とおう）」で、カタカナ表記のものは、「ノ卿」（ノースクリッフ卿のこと）、「マ氏」（マックスウキニイ氏／マックスウキニー氏のこと）、「モ氏」（モギレフスキイのこと）である。漢字表記のものは、同じ表記が『中央公論』にも見られるように、文脈に関係なく用いられるが、カタカナ表記のものは、その文章の中でだけ用いられる略称であり、文脈に依存している。

5　結論

大正期の『婦人公論』における外来語を含む合成語に注目し、『中央公論』のそれと比較した結果、次のような結果を得た。

［１］　『婦人公論』に見られる外来語の複合語は、カタカナ表記が最も多い。抽象度の高い語で主に二重表記が使われ、外来語の逐語訳が漢字で付されている。ルビ形式が多用され、併記形式のものはほとんど見ら

れない。

［2］　『婦人公論』に見られる外来語の混種語は、名詞が最も多く、それ以外の品詞には動詞と形容動詞が見られる。カタカナ表記が主で、アルファベット表記のものは見られない。サ変動詞だけでなく「〜がる」という語尾も見られる。

［3］　『婦人公論』に見られる一般名詞の外来語を含む混種語は、「外来語＋漢語」が最も多く、「和語＋外来語」の形が見られることが特徴である。外来語部分はカタカナ表記が主だが、ひらがなルビも使用されている。外来語部分が略語である場合、多くは2拍となっている。

［4］　『婦人公論』に見られる外国地名を含む混種語は、絶対数は少ないが、主要地域名を中心に、各意味領域を端的に表す代表的な語と結びつくことで、広範囲の意味領域を網羅している。

［5］　『婦人公論』に見られる外国人名を含む混種語は、カタカナ表記が最も多く、漢字表記、アルファベット表記、カタカナとアルファベットの併記も見られる。「女王」「女帝」など女性を表す語と結びついている語が多いのが特徴である。

　大正期の外来語は、表記に漢字やアルファベット、ルビが用いられているため、一見すると複雑である。しかし、『婦人公論』『中央公論』の外来語を調査することによって、カタカナ表記での長い外来語が実現されていること、漢語の造語力の高さが混種語の数と意味領域を拡大すること、略される際には2拍が好まれることなど、現代の混種語の特徴の原点といえるものが大正期には雑誌を問わず既に現れていることが明らかとなった。
　それに加えて、両雑誌を比較した結果、広範囲の意味領域をカバーする混種語の中でも、テーマの違いからそれぞれの意味領域に見られる用例数に偏りが見られた。特に、読者の性別が異なっていることは、人名と組み

合わされた身分や敬称を表す語に最もよく現れている。「〜女史」「〜嬢」「〜夫人」「〜小母」「〜姉妹」「〜女王」「〜女帝」「〜公爵夫人」「〜伯爵夫人」という女性の人名に付される語が多数見られることは、それだけ『中央公論』よりも『婦人公論』で女性が積極的に取り上げられていたことを意味する。外国人名は、それだけでは性別がわかりにくいこともある。現在はほとんど使われない「〜女史」「〜嬢」が敬称に用いられていることから、大正という時代において女性問題を取り上げる雑誌として、話題の人物が女性であることが強く意識されているのがわかる。さらにいえば、男性の妻としての「〜夫人」の中にも、ノーベル化学賞の受賞者である「キユリー夫人」のような例が見られる。そして、「〜女史」や「〜女王」のように、敬称や身分名によって、権威ある立場にある女性であることが象徴的に示されているものもある。読者は、海の向こうで活躍する女性たちのことを『婦人公論』を通して見ていたのである。

注1　楳垣実（1963）『日本外来語の研究』研究社出版
　2　現代語の混種語については、林（2001、2003、2004、2007、2011、2016）など継続した研究が見られる。
　3　明治45年7月30日に大正に変わったが、その年の1月1日発行誌を調査対象に含めた。また、大正15年12月25日に元号が昭和に改まったため、大正16年1月1日発行となっており、その表記を尊重した（実際には昭和2年1月1日発行ということになる）。
　4　アルファベット表記でも「toska」のようにカタカナのルビがふられていたり、「courting parlors の組織をつくれ」のように、日本語の文の中で名詞として用いられているものが見られるためである。
　5　ルビ形式は「最新流行」、併記形式は「有機的嫉妬 Organic jealousy」のような形式のものである。この「レーテストフアシヨン」「Organic jealousy」という外来語の部分で合成語と判断した。たとえば「社會連帯主義」は、本稿ではルビの外来語（ソリダリテイ）で判断したため、合成語としては調査対象外とした。
　6　ここでは、「所有本能 Instinct of Acquisition」のような句の形のものも含めて考察する。以下、本文中の用例を引用する際のルビは、必要部分のみとする。
　7　語の区切れを示す記号には、「ライフ・ウオーク」のような中黒と、「スリーピング、カー」のような読点があり、明確な使い分けは見られない。
　8　ルビ形式とは、「人間的書類」のようにルビがふられ、二重表記になっている形式のものをいう。実際の本文は縦書きであり、右に付けられたルビを上に表示

している。なお、左ルビは調査範囲内には見られなかった。

9　併記形式は、「所有本能 Instinct of Acquisition」のように２つの要素が前後に並べられた形式をいう。例えば、「所有本能 Instinct of Acquisition」の場合、「所有本能」と「Instinct of Acquisition」は同じことを意味しているため、合わせてひとつのまとまりとして考えている。

10　「瓦斯」の「瓦斯」を本行部分、「がす」をルビ部分と呼ぶ。

11　例を挙げると、「漢字とアルファベットの併記」は「黒点 Sun-Spot」、「カタカナと漢字の併記」は「アムモナイト（菊石）」、「カタカナとアルファベットの併記」は「マクロビオチック Macrobiotique」、「アルファベットと漢字の併記」は「Individiuum 個體」である。

12　degenerate（…から／…に）低下［悪化］する《from/into》;（肉体的・精神的に）退化［衰退］する，退歩［退廃］する，衰える;（道徳的に）堕落［退廃］する．（『プログレッシブ英和中辞典』）

13　humble　2〈人・態度・言動などが〉控え目な、慎ましい、へり下った、謙虚な（⇔proud）（◆ modest とは異なり，しばしば卑屈さを含む）．（『プログレッシブ英和中辞典』）

14　『ランダムハウス英和大辞典第2版』には、「frivolous」は、「1〈言動が〉あさはかな，不まじめな　frivolous conduct 不まじめな行動．2勝手気ままな．3〈人が〉軽薄な，浮ついた．4つまらない，くだらない」とある。

15　心付け（フランス語 pourboire）

16　競技については次のように説明されている。「正體を見あらはせば、安ものゝ紙屑籠か寮舎へ京都から松茸を送つて其の籠を利用したやうな小さい籠に赤軍を赤い紙を白軍は白で張り、馬鹿の三太がお月様を物干竿で取らうとした古事にならつてか長い竹の竿に結びつけるのです、それを持つ人がひとりづゝ、これは大事な役目です、重大な技巧と機智と而して沈着が必要といふ任務です、その他は普通のバスケットボールのルールに準じるやうです、一つの球は投げられる、そして其の球を爭そつてうばひ自分の方の籠へ目がけて投げ入れる、するとその籠持――ではへんだから――まあハイカラに言へばバスケットホールダ――の君が巧にあざやかに其の球の方向へ竹棹をかしげて釣堀で針にかゝつた鯉を合せる調子で美事にすくい入れるのです、」（吉屋信子「日本式籠球禮讃記」『婦人公論』大正16年、pp. 126-127）　以上、ルビは略してぶした。

17　『中央公論』にあった「（Ⅶ）一般名詞」は、『婦人公論』には見られなかったため、欠番とし、「（Ⅷ）地名を表すもの」「（Ⅸ）人名の略称を含むもの」とした。

18　異なり語数である。

19　それぞれ『中央公論』の例を挙げる。
「陛下」（例：カイゼル陛下）、「輩」が付くもの（例：ウヰルソン輩）、「侯」が付くもの（例：カルゾン侯）、「伯」が付くもの（例：カーナーバーン伯）、「未亡人」が付くもの（例：パテソン未亡人）、「父子」が付くもの（例：ルーズヴェルト父子）

20　以下に、『中央公論』に見られた例を挙げる。
「宰相」（例：サーベル宰相）、「公爵」（例：デオンシヤイア公爵）、「伯爵」（例：ハツフエルト伯爵）、「大將」（例：モルトケ大將）、「提督」（例：ジエリコウ提督）、

「先生」（例：ラヴイス先生）、「妃殿下」（例：オーガスタ・ヴィクトリア妃殿下）、「皇后」（例：オーガスタ・ヴィクトリア皇后）、「親王」（例：ハインリツヒ親王）

21 『中央公論』での例を以下に示す。

《機関名》（例：張作霖軍、レーニン政府、ロイド・ジョージ内閣、カイゼル政治）、《団体・党派名》（例：ウイルソン黨、コブデン倶楽部）、《方式・理論》（例：オウエン式、ダーウイン説、グロチユス哲學）、《原理・規則名》（例：エルフルト綱領）

参考文献

石井久美子（2014）「大正期『中央公論』『婦人公論』における外来語表記の特徴」『人間文化創成科学論叢』16，pp. 1-9

石井久美子（2015a）「大正時代の外来語―固有名詞混種語を中心として―」お茶の水女子大学比較日本学教育研究センター『比較日本学教育研究センター研究年報』第11号，pp. 251-256

石井久美子（2017）『大正期の言論誌に見る外来語の研究』三弥井書店

楳垣実（1963）『日本外来語の研究』研究社出版

鈴木俊二（1998）「外来語の語構成」『国際短期大学紀要』13，pp. 29-49

飛田良文（1997）『明治以降の外来語史研究』研究代表者飛田良文　平成6年度～平成8年度科学研究費補助金基盤研究（B）研究成果報告書

飛田良文（2003）『明治・大正・昭和の外来語史研究』研究代表者飛田良文　平成11年度～平成14年度科学研究費補助金基盤研究（B）（2）研究成果報告書

宮地裕（1997）「現代洋語の構成」斎藤倫明・石井正彦編『語構成』ひつじ書房，pp. 151-157

鄭牧（2013）「大正期における外来語の増加に関する計量的分析」『国立国語研究所論集』6，pp. 1-18

林慧君（2001）「外来語成分を含む混種語について―その造語実態と構成要素を中心に―」『筑紫語学論叢　奥村三雄博士追悼記念論文集』風間書房，pp. 341-357

林慧君（2003）「外来語成分を含む混種語の和語・漢語成分について―翻訳混種語と和製混種語との比較から―」『台大日本語文研究』第5期　國立臺灣大學日本語文學系，pp. 163-190

林慧君（2004）「外来語の複合語における略語の語構成」『語文研究』97　九州大学国語国文学会，pp. 70-55

林慧君（2007）「欧米語借用過程に見られる翻訳混種語の形成―その語構成的な特徴を中心に―」『台大日本語文研究』第14期　國立臺灣大學日本語文學系，pp. 103-125

林慧君（2011）「漢語系接尾辞「的」についての一考察―外来語語基との結合を中心に―」『台大日本語文研究』22　國立臺灣大學日本語文學系，pp. 205-228

林慧君（2016）「外来語省略語基の語構成的特徴」『日本語日本文學』45　輔仁大學外語學院日本語文學系，pp. 79-95

NTT コミュニケーション科学研究所監修（1997）『日本語語彙大系』全5巻　岩波書店

9　大正期『婦人公論』掲載の広告に見える外来語

染谷　裕子

1　はじめに

　『婦人公論』は女性解放と自我の確立という時代の声を受けて、大正5（1916）年1月、「自由主義と女権の拡張をめざす」というコンセプトで、大正デモクラシーの言論の先導となっていた『中央公論』の女性版として発刊された雑誌である。その公論部分にはコンセプトに基づいた論客による文章が寄せられている。本書の各執筆者がすでに述べているように、その文章にはそれまで見られなかった多様な外来語が用いられており、そこに時代を先導する論者たちの傾向を見ることができる。

　では、『婦人公論』に掲載される「広告」においてはどうなのだろうか。「大正デモクラシー」という流れの一方で「今日は帝劇、明日は三越」ということばが流行した大正期でもある。論壇に反映された思潮と、一方で花開いた都市における消費嗜好、その両方が、あるいはどちらかが、「広告」においても反映されるのであろうか。本書のテーマである「外来語」という視点で、これを検証していく。

　対象とする資料は、『婦人公論』の大正5年〜16（昭和2）年の1月号の広告頁である。広告頁とは、頁が広告のみで成立しているものを指す。頁をいくつかの広告だけで分割して掲載している場合も採集対象とする。一方、公論等本文の頁内に小さく出てくる広告は対象資料の中に含めない。

　これらの広告中の表現に用いられる外来語すべてを採集した。ただし、広告中に見られるイラストや写真などの中に用いられる外来語は、採集対象とせず、参考資料にとどめる。

　なお、比較する資料として、同時期の『中央公論』を用いる。すなわち、『中央公論』大正5年〜16（昭和2）年の1月号の広告頁から、外来語を収集し、『婦人公論』との比較を試みることとする。

　対象とした広告は『婦人公論』151広告、『中央公論』312広告である。

2 『婦人公論』広告における外来語の出現状況

外来語はどのくらい広告に登場するのか。ここでは、主に表記（使用文字）に視点を据えて、『婦人公論』広告における外来語の出現状況について『中央公論』広告データと比較しながら述べていく。

(1) 大正末年に急増するカタカナ外来語

【表1-1】は各広告における外来語の採用状況を示したものである。上段は『婦人公論』の、下段は『中央公論』の、①は「外来語を含む広告数」、②は「採集した広告数」のそれぞれ数を示す。

【表1-1】 外来語の採用状況

		T 5	T 6	T 7	T 8	T 9	T 10	T 11	T 12	T 13	T 14	T 15	T 16
婦	①	4	5	4	2	5	6	11	10	10	8	10	12
	②	17	20	20	7	8	9	14	12	10	11	11	12
中	①	33	24	27	20	18	15	20	20	10	20	14	16
	②	47	40	37	28	21	20	24	23	12	24	15	21

採集した外来語は、漢字、ひらがな、カタカナ、アルファベットで表記されるが、その多くはカタカナ表記である。①をカタカナ表記に限定して「カタカナ表記外来語を含む広告数」（❶）とすると下記のようになる。

【表1-2】 カタカナ表記外来語を含む広告数

	T 5	T 6	T 7	T 8	T 9	T 10	T 11	T 12	T 13	T 14	T 15	T 16
婦❶	3	5	2	2	4	5	11	9	8	7	10	11
中❶	26	17	22	16	14	12	17	18	10	16	12	12

『中央公論』が大正5〜7年、すでに外来語採用率は全広告の50％を超えているのに対して、『婦人公論』では、大正5〜7年の創刊間もない頃には外来語を含む広告はあまり見られない。しかし、大正9年以降増加し末年には急増、カタカナ外来語においては『中央公論』よりその割合が高

く見られる。

（2）　少ない漢字表記外来語（付ひらがな表記）

【表1-3】は、【表1-1】①を漢字表記外来語に限定して「漢字表記外来語を含む広告数」（❷）とすると下記のようになる。

【表1-3】　漢字表記外来語を含む広告数

	T 5	T 6	T 7	T 8	T 9	T 10	T 11	T 12	T 13	T 14	T 15	T 16
婦❷	2	1	3	0	2	2	4	3	4	1	3	2
中❷	27	15	17	16	13	7	9	6	4	6	5	5

漢字表記外来語は『婦人公論』ではあまり例が拾えず次の語のみである。

獨逸　紐育　巴里　伯林　沙翁　瓦斯　倶樂部　羅紗　打　頁　封度

「紐育」は、米国の化粧品会社「紐育ムアーヘットジヤデン社」（T10/11）としてのみ、「巴里」は大正11年「日本美術院」の書籍広告（『ドオミエ』）のリード文中のみ、「獨逸」「伯林」は大正6年美顔器の広告（一貫社）のみでの使用である[1]。ただし、国名や都市名のカタカナ表記が多いわけではない。『婦人公論』広告に国名や都市名があまり見えないことと関係する。

「沙翁」（「大沙翁」もあり）は、大正5年のシエイクスピア全集の広告（早稲田大学出版部）のみで、カタカナ表記はない[2]。「瓦斯」は東京電気株式会社の「瓦斯入電球」（T12-16）としてのみ見えカタカナ表記はない[3]。「倶樂部」は『婦人倶楽部』『面白倶楽部』など雑誌名の一部としてのみ見える（T9/13）。同音の化粧品ブランドは「クラブ」とカタカナ表記である。橋本（2010）によれば、大正期の新聞社説では、「瓦斯」も「倶樂部」も頻度数の高い外来語で、漢字表記が普通であった。「羅紗」（T13大河内洋服店）は、ポルトガル起源の古い外来語であり漢字表記が一般的な語である。

「打」「頁」「封度」は助数詞である。「打」と「封度」は商品の定価を表す際に「壹打箱金四圓」「壹封度入小箱金参拾銭」（共にＴ9「キクコンスターチ」）とあり、「ダース」や「ポンド」のカタカナ表記が見えるわけでない。書籍広告に見られる「頁」（T7/9-12/15-16）は広く用例が見える。カタカナ表記も見える（T 12/13）が、書籍広告では漢字が主流で現在も引き継がれている。これら助数詞の漢字表記は、広告という限られた紙面であることも関連するのだろう。

　一方『中央公論』では、先に挙げた語の中で「羅紗」「封度」以外は見え、さらに国名や地名として、亜米利加、伊太利、印度、墺太利、希臘、瑞西、瑞典、白耳義、露西亜、馬来、金門、高架索、巴里、羅馬、倫敦、猶太など、基督や釈迦、単位としての時、瓦、哩、磅、片、その他にも加答兒、歌留多、煙草、天鵞絨、燐寸等の古く伝来した語も見える。

　大正期前半においては、外国の国名・地名の漢字表記はカタカナ表記のそれより一般的である。『婦人公論』の本文にも漢字表記の国名・地名が多数見える。『婦人公論』広告では、カタカナ表記「アメリカ」「フランス」の用例があるとはいえ漢字表記を凌駕するというほどでもなく、むしろ国名・地名が『婦人公論』の広告自体に少ないと判断したほうがよい。『中央公論』で漢字表記の国名や地名が見える広告（129広告）は、ほとんどが書籍広告での使用（118広告）である。

　なお、外来語のひらがな表記は『婦人公論』広告では「かるた」（Ｔ11/12/14）のみである。カタカナ表記「カルタ」（T 14）も見えるが、ひらがな表記が一般的である。「カルタ」は流入時期が古く室町時代であるため、外来語意識が薄いものと思われる。『中央公論』も（上述のごとく漢字表記もあるが）「かるた」である。『中央公論』では、さらに１例のみ人名のひらがな表記（書籍名『きーばーと微分学（積分学）』Ｔ14富山房広告）がある。現代で「かふぇ」のように、効果を狙って外来語にあえてひらがなを用いる例なのだろうか。『婦人公論』広告には見えない。

⑶　大正10年以降、広告に英語が登場する（付 ローマ字表記）
『婦人公論』広告では、決して多くはないが、外来語のローマ字表記や

外国語そのままの表記も登場する。

　広告本文中でのローマ字表記はアルファベット名を用いた呼称のみである。日本語の文章の中に英語等の表記が出てくることはない。

　アルファベットの読みを用いたものとして「Ａ號・Ｂ號・Ｃ號」（Ｔ16テーシー商会）「Ｘ光線」（Ｔ16竹田津あさ）の他、「サンエス（SSS）萬年筆」[4]（Ｔ10・11細沼株式会社）があり、「マツダＢ２晝光色電球」（Ｔ10東京電機株式会社）、「マツダＣ電球」（Ｔ12東京電機株式会社）等のようにルビ付きもある。アルファベットに数字が続く場合「Ｂ２」のように英語読みしている場合もあれば、前述の「サンエス（SSS)」のように数字は日本語読みしているものもある。他にロゴとして☆にＮ（Ｔ12藤沢友吉商店「キナブルトーゼ」）のようなものも見える。すべて大正10年以降の例である。アルファベットのルビ付き表記は『中央公論』広告には見えない。

　なお、大正末年には「YAMAHA」（ロゴ）（Ｔ16ヤマハピアノ）、「CLUB OSHIROI」（商品絵）（Ｔ15クラブ白粉[5]）、「SAKURA」（商品絵）（Ｔ16サクラビール）のように、日本語の企業名や商品名のローマ字表記も掲載されるようになる。『婦人公論』の裏表紙も大正15年より「FUJIN KORON」となっている。

　一方、広告本文ではなく、商品の絵や写真ロゴの中には外国語表記（主に英語）が早い時期から見える。日本文とは独立した英語表記広告を掲載するものも見える。大正６年のオキシナー商会の広告では、商品の絵に「Oxygen Beauti Fiser」（左横書）とあり、その下にカタカナで「オキシナー」（右横書）とある。ただし、カタカナに比べてアルファベットが鮮明でない。他にも商品の絵や写真、ロゴには同様の例が見える。

　さらに、大正８年のムアヘットジヤデン社《化粧品》の広告では女性の大きなイラストの横に英語表記を添える（以下用例の「／」は改行を意味する）。

例１　ZEPY／SweetHome／Set Box／Moorehed & Jardine
　　　　　　　　　　　（Ｔ10発売ムアヘットジヤデン社、輸入元日光社）

上記は英語の字体もデザイン字体で、イラストの一部の表現として取れなくもないが、次の2例は広告文の英語の傍らに日本語を添えて掲載している。

　　例2　Pompeian／beauty　specialties／ポンピアンの冬の化粧法（右
　　　　横書）　　　　　　　　（T13米国ポンピアン社、代理店佐々木商店）

　　例3　Mellin's Food／"THE FOOD THAT FEEDS"
　　　　　メリンスフード／（小児を養ふフード）（T16メリンスフード）

　実は、『中央公論』広告には大正期の早い時期から「読ませる英語」が広告文の中に現れている。読者層を意識したものであろう。

What Sanatogen will do for your health?（T5タムソン商会《薬品》）
Get This Dictionary／To-day　　　　　　　（T8研究社《和英辞典》）

　『婦人公論』の例として先に示したムアヘットジヤデン社の広告は『中央公論』にも登場するが、『婦人公論』の広告とは異なり、かなり長文の英語が見える（他にT10にもあり、デザイン字体ではない）。日本文に比べ読みにくいが、明らかに読める人は読んでほしいという広告の思いが見える。

　　As a general Emollient for the Skin in cases of chappings of the
　　hands and lips, itchings, and after shaving, the use of this water will
　　be found exceedingly cooling and soothing.
　　　　　　　　　　　　　（T11紐育ムアヘットジヤデン・輸入日光社）

　さらに、『中央公論』広告には、ロンドンの洋服仕立屋の広告（T13メージャー・ダニエル）が掲載されており、その申込用紙は日本語、英語の対訳になっている。

このように読んで理解する英語例は、本文には見えても大正期の『婦人公論』広告にはまったく見えない。が、先に挙げた大正末年の「ポンピアン」や「メリンスフード」の例は、『婦人公論』読者層にも英語自体を見るだけでなく理解する意識が高まりつつあることを反映させた例ではないか。

　参考までに、英語等による表現を含む広告として【表2】を添えておく。

【表2】英語等による表現を含む広告

	T 5	T 6	T 7	T 8	T 9	T 10	T 11	T 12	T 13	T 14	T 15	T 16
婦人公論						1			1			1
中央公論	1			1		1	2	2	2	6	5	5

⑷　カタカナ外来語で表記するルビが登場する

　『婦人公論』広告には、以下のように漢語のルビとしてカタカナ外来語の表記が見える。例4～6は複合語のルビであり、本文には少なからず見える。このような例は、橋本（2010）によれば、すでに明治末期の新聞社説に見られる。

例4　自由と正義に對する熱情と、彼が生れた南國の光の如き慈愛と清朗な心によつて、舊巴里を背景として描出された多趣多様な生活の實想、『人類動物(アニマルユーメン)』の展顴こそは久遠に變りなき人性本然の姿である。（T11日本美術学院、足立源一郎著『ドオミエ』）

例5　何時(いつ)までも削ら(けづ)／ずに書(か)ける專賣(せんばい)／特許(とくきよ)の萬年鉛筆(フアウンテンペンシル)　プラトンシャープ鉛筆（T11中山太陽堂）

例6　左記の通り豫て計畫中の／連鎖店(チエーンストア)相開き申候間本店／同様何卒御引立の程偏に奉願候（T13三越呉服店）

例7　昔(そつ)は密と青梅(あをうめ)の實(み)を盜(ぬす)んだ若嫁(わかよめ)の手(て)に／今は美味(おいし)いカルピスの

洋盞（コップ）が運ばれる（Ｔ16カルピス）

　「アニマルユーメン」「ファウンテンペンシル[6]」「チエーンストア」は新しい概念や物を表す外来語で、「人類動物」「萬年鉛筆」「連鎖店」はそれぞれその意味を説明していると考えられるルビである。「洋盞（コップ）」の表記は夏目漱石の『それから』（M42）にも見えるが、例７では文章上の効果をねらったものであろう[7]。なお、例４～７は『中央公論』の同年同月の同広告としても見え、『婦人公論』広告のみのものではない。

　さらに『中央公論』広告には「英雄（シイザース）」「十日物語（デカメロン）」（以上Ｔ５）、「装甲自動車（タンク）」「飛行機（ジヨツカー）」「戦闘飛行機（バツルプラン）」「潜航艇（サブマリン）」「捕獲網（ワイヤロープ）」（Ｔ７）、「平和ダービー」「頁（ページ）」（Ｔ８）、「獨特製品（スペシアリチー）」（Ｔ10）、「外套（オーバーコート）」「鼠（グレー）」「濃鼠（ダークグレー）」「茶褐（ブラ）」「紺（ブリユー）」「薄鼠（ライトグレー）」（Ｔ14）などが見えるが、『婦人公論』広告では上記例以外には見えない。

３　語彙として見た『婦人公論』広告のカタカナ外来語

　２で述べたように『婦人公論』広告に見られる外来語のほとんどがカタカナ表記外来語である。以下では、このカタカナ表記外来語の語彙について、『婦人公論』本文と比較して広告の特徴を探っていく。

⑴　外来語の６割は固有名詞、そのほとんどは商品名である。

　大正期の『婦人公論』広告に表れたカタカナ外来語（漢字表記外来語、ひらがな表記外来語については２で具体的に触れた）一覧を章末の［資料］に示す。144語を採集した[8]。表３とグラフ１は、その内訳を表したものである。

　「ハイカラ」以外は名詞であり、全体の６割近くが固有名詞である。特に、人名および商品名の占める比率が高い。人名の多くは書籍広告中に見られ、あるいは書名の一部を成している。書名や曲名もいわば宣伝する商品なので一種の商品名である。つまり、固有名詞のほとんどが商品名ということになる。カタカナ外来語の、あるいはそれを付した商品名が大正期の広報戦略の一つであったともいえる。

参考までに『中央公論』のカタカナ表記外来語485語について、その内訳を表4とグラフ2に示す。固有名詞の比率は『婦人公論』よりさらに高く全体の約7割を占める。特に人名の占める比率は高く全体の4割を超える。『婦人公論』同様に、人名のほとんどは書籍広告または書名の一部として見える。『中央公論』の場合、掲載広告の多くが書籍広告であることと関わっていると思われる。

【表3】『婦人公論』のカタカナ外来語

普通名詞	62
ブランド・商品名	26
人名	30
書名	9
曲名	6
会社・企業名	7
国名・地名	4
合計	144

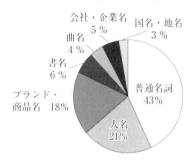

【グラフ1】

【表4】『婦人公論』広告のカタカナ外来語

普通名詞	156
人名	207
ブランド・商品名	49
国名・地名	22
作品名	16
企業・会社名	12
雑誌・書名	12
酒銘柄	9
大学名	2
合計	485

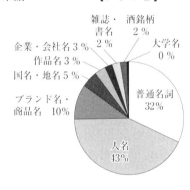

【グラフ2】

(2)　頻度の高い外来語は、化粧品、電球、衛生品に関わるブランド名や商品である。

　『婦人公論』広告の、大正年間1月号に発行された12誌の中で、特に頻

度の高いカタカナ外来語は、下記の通り。（　）内は掲載年を示す。

①クラブ　37（T9-16）

②ゴム　32（T11-16）

③ゼピー　25（T10-11）

④クリーム　18（T10-13）

⑤マツダ　17（T6/7/10、T12-16）

⑥ビクトリヤ　15（T11-14）

①③は化粧品の、⑤は電球の、⑥は月経帯やおむつの、ブランド名である。②の「ゴム」は月経帯やおむつの素材であり、④のクリームは化粧品である。

①の「クラブ」は中山太陽堂から出された化粧品・歯磨等のブランド名で、大正9年から16年まで連続で広告を掲載している。「クラブ」を商標登録したのは、それが社交室・談話室という意味で、日本人には憧れの西洋文化の香りもあり、新鮮な流行語でもあり、発音しやすい単語であったからという。「クラブ（洗粉・白粉・ほお紅・石鹸・本店・クリーム・ゼリー等）」として商品に冠され、一広告で各商品名として何度も「クラブ」が連呼されることになる。一方、③の「ゼピー」は米国の紐育ムアーヘットジヤデン社が発売する化粧品のブランド名であり、「ZEPY」の英語表記もイラスト的に見られる。広告文中に「皆々高級の舶来化粧料ゼピーの組函を愛用される様になりました。」（T10）とあるように、高級性を売りとする。

⑤の「マツダ」は「mazda」でゾロアスター教の主神で光の神でもある「アウラ・マズダ」に由来して命名されたもので、そもそも米国の企業であるが、明治時代に東芝の前身である東京電気がライセンスを受け「マツダランプ」を発売したという。広告文中、日本語文はほとんどが右横書であるが、大正14年から左横書を採用している[9]。

⑥は大和ゴム製作所の発売する月経帯で「ビクトリヤは過去十数年來顧客の信用を博せる高級月經帶なり」（T11）で高級性を売り物とする。

②の「ゴム」は生理帯やおむつ、ゴム手袋の素材として見える。④のクリームは化粧品として、多く「クラブクリーム」等とブランド名や、「ナ

イトクリーム」等と用途を付して登場する。

　上記の結果から、大正期の『婦人公論』広告における外来語のメインテーマは「化粧品」「電球」「衛生品」であることがわかる。ともに女性あるいは家庭にとって必需品、しかも時代に合わせてよりよいものを求めら・れ・る・読者層を意識している。

　一方、『婦人公論』本文では①③⑤⑥のブランド名は登場しない。普通名詞である「ゴム」は「ゴム（草履・靴・底・玉）」などと見え、「クリーム」は化粧品としてではなく食品の一部として「チョコレートクリーム」「アイスクリーム」として見える。ともに頻度数が高い語ではない。

⑶　固有名詞の特徴として、化粧、衛生、家庭、文学、美術、音楽への
　　外来嗜好が窺える。
①　国名・地名
　　アメリカ（T 10）／フランス（T 11）／ベテレヘム（T 11）／エニス
　　（T 5）

広告では上記の国名地名が単発で見えるのみである。漢字表記との関連でいえば、国名は「アメリカ」「米國」、「フランス」「佛國」、の両表記が見えるが、「英國」、「独逸」は漢字表記しかない。都市名は、漢字表記としては「伯林」「紐育」「巴里」が見えるが、カタカナ表記はない[10]。

　本文には、多くの国名や地名が見える。大正前半は漢字表記カタカナルビという表記が目立つが、後半は単独カタカナ表記も目立ってくる。石井久美子（2013）によれば、『婦人公論』本文で、国名は大正９年頃を境に、カタカナを含む表記が漢字表記を上回るようになるという。広告の「紐育」「巴里」は、本文では「紐育」（T 8/10）「巴里」（T 6/7/9/12/16）のようにカタカナルビ付き、カタカナ表記で「ニュウ、ヨルク」（T 11）「パリ」（T 10）「パリー」（T 12）とも見える。広告の漢字表記は限られたスペースという点も関連しているのかもしれない。

　表記より気になるのは、広告の国名や地名が漢字表記も含め欧米の代表的な国と都市のみに限定されている点である。世界情勢が激しく動くこの時代を反映して本文には多数の国名や都市名が登場するが、『婦人公論』

広告の視点はあくまでも商品の高級性と結びつく国名や都市名なのであろう。

　なお、「ベテレヘム」は万年筆の宣伝で「ベテレヘムの厩に生れ給ひしキリストさまの光のやうにイリジューム尖端の輝くところに暗黒は開かれ智慧は進む」（T11細沼株式会社）というリード文の中に見られ、同年同月の『中央公論』広告にもまったく同様のリード文が見られる。また、「ヱニス」は、『ヱニスの商人』の一部でむしろ「書名」に含めてよい。

② 企業・ブランド・商品名

(a)オキシナー*（T6化粧品）／クラブ（T9-16化粧品）／ゼピー*（T10-11米国化粧品）／テーシー商會（T16おしめ・月経帯）／ポンピアン*（T11-13米国化粧品）／ムアーヘットジヤデン*（T10-11米国化粧品）／ヤードレー*（T9英國石鹸会社）／リーダー（T15化粧品）

(b)アイリスパウダー（T15）／オーデクレーム（T15）／オーデネーシ（T15）／オーデブラン（T15）／ゼピーシクレ*（T10-11）／ゼピーポミン*（T10-11）／ビユーテーパウダー*（T13）（以上化粧品名）／ナイス（T5白髪染）

(c)イージー（T12-14おしめ）／ビクトリヤ（T11-14月経帯）／メトロン（T16月経帯）

(d)メリンスフード*（T16小児食品）／森永ドライミルク（T15乳児飲料）／キクコーンスターチ（T9滋養食）

(e)カルピス（T16飲料）／キナブルトーゼ（T12薬品）／ギバ（T14-15体温計）／ラヂオレーヤー商会（T11治療器）／マツダランプ（T6/7、T16電球）／サンエス（SSS）（T10-11萬年筆）／プラトン（T10-11萬年筆）

(a)の会社名やブランド名は化粧品または衛生品関連である。海外の会社名やブランド名（*を付した）もあるが、日本のブランド名もある[11]。

　海外の化粧品会社は、(2)でも述べたように「高級性」を売る。また、海外の企業名は、その商品の宣伝だけでなく、それと関係することが、日本

244

製品の権威づけにもなる。

　化粧品の日本ブランドの中で、中山太陽堂の「クラブ」は頻度数でも取り上げたように圧倒的に目立つ。大正9年から『婦人公論』に毎年広告を掲載し、時にはブランド名を冠した商品名を連呼し、時にはイメージ戦略から美しい絵画やイラストにブランド名を添えただけの広告を掲載するなど、広告活動を意識的に展開している。国産化粧品は、第一次世界大戦中の輸入途絶の関係もあって、1910年代には舶来品レベルに達したと言われる。これを受け、広告合戦が活発となり、この時期の新聞広告量においては、薬品や書籍広告を抜いてトップに躍り出た。中でも中山太陽堂の「クラブ」は広告に力を入れていたという[12]。

　ここで実は気になる点がある。中山太陽堂に先行する老舗の平尾賛平商店の「レート」化粧品の広告が、この時期の『婦人公論』に見られないことである。当時の化粧品において「東のレート、西のクラブ」とまで言われた[13]両ブランドの片方「レート」が見られないのはなぜであろうか。

　同時期の女性雑誌『主婦之友』の、同年同月号の広告を見てみると[14]、大正7、12、16年に「レート」化粧品、大正11、12、14年に「クラブ」化粧品の広告が掲載されている。

　クラブとレートは、同じ化粧品ブランドでありながら化粧に対するコンセプトが異なるという。老舗であるレートは、そのモデルとして歌舞伎俳優や花柳界の女性をモデルにしていたのに対して、新興のクラブは、貴婦人や令嬢をイメージし、その化粧法に素人の美しさを見直そうという主張を貫いたという。一方、『婦人公論』は、装いや化粧については自己の美しさを十分に発揮するものでなければならないことを主張してきた。この『婦人公論』の主張はクラブの主張と合致することから、レートではなくクラブの広告掲載に重点を置いたのであろう。クラブの中山太陽堂が、女性地位向上のための雑誌発刊や研究所を創立したことも『婦人公論』のポリシーとも関わってくる。一方、『婦人公論』にみられる海外化粧品ブランド「ゼピー」の広告は、『中央公論』にも掲載されるが、この時期の『主婦之友』にはまったく見えない[15]。『主婦之友』の読者層である主婦層（後述）には手の届かない商品であったのだろう。このように、化粧品の

広告は、（少なくともこの時期については）雑誌の主張や読者層と関わっていることが分かる。

　(b)以下は具体的な商品名である。(b)は化粧品名、(c)は衛生用品名、(d)は乳幼児食品名、(e)はその他の商品名である。ちなみに(c)(d)は『中央公論』広告にはまったく見えず、(b)は男性化粧品の「ゼピーシクレ」、白髪染「ナイス」以外は見られない。(e)はすべて見える。同じ出版社でも女性や子ども関連の商品広告は、『中央公論』ではなく、『婦人公論』の広告へという住み分けが徹底されている[16]。

　商品名の多くは英語系であるが、化粧品名「オーデ〜」のように仏語系を使う場合も見える。化粧品名は「ブランド名＋商品分類」が多いが、資生堂は「オーデクレーム」、「オーデネーシ」、「オーデブラン」、「アイリスパウダー」（＝資生堂七色粉白粉とある）などと他社と異なるネーミングを用いている。おむつは「簡単な」ということで「イージー」、染めて「すばらしい」という白髪染「ナイス」など、消費者のある程度の英語理解を意識したネーミングが選ばれている。「ラヂオレーヤー」も電波ならば「radio wave」であるのを、メーカーによる和製英語か。

　一方、カルシウムの「カル」とサンスクリット語「サルピス」を合成した「カルピス」、先述した「マツダ」や同会社販売の「ギバ体温計」のように、すぐには由来のわからないものや、「キクコンスターチ[17]」「サンエス万年筆[18]」などカタカナの中に日本語がそれとなく混在しているものなどもある。商品名は、とにかくカタカナで外国語らしく表記することに意味があったか。

　以上、頻度数からも見えた化粧品や衛生用品への外来嗜好がここにも顕著に表れ、さらに家庭、健康、文具への嗜好もうかがえる。大正末年に集中している。

　なお、これらの企業・ブランド・商品名は『婦人公論』本文にまったく見えない。広告との最大の違いである。

③　人名・書名・曲名
(a)ウイルソン（Ｔ８書籍）／ウエンライト（Ｔ９化粧品）／エヅアール・

マネエ（T11美術書）／エレンケイ（T5/11書籍）／オイケン（T5書籍）／オノレ・ドオミエ（T11美術書）／カイゼル（T8書籍）／キャスリーン、パーロウ（T12レコード）／キリスト（T11万年筆）／クールベエ（T11美術書）／コロー（T11美術書）／シェレィ（T16書籍）／ヂューレエ（T11美術書）／ドオミエ（T11美術書）／バルザック（T11美術書）／ビール氏（T6美顔器）／ベルグソン（T5書籍）／マネエ（T11美術書）／ミケル・アンジエロ（T11美術書）／ミレー（T11美術書）／ルツソオ（T11美術書）／ルブラン画（T9化粧品）／ロイド・ジョーヂ（T6書籍）

(b)アラビヤンナイト（T11書籍）／アンデルセンお伽咄（T11書籍）／アントニーとクレオパトラ（T5書籍）／イソップ物語（T11書籍）／オセロー（T5書籍）／ガリヴアー巡島記（T11書籍）／グリムお伽噺（T11書籍）／ジュリヤスシーザー（T5書籍）／テムペスト（T5書籍）／ハムレット（T5書籍）／マクベス（T5書籍）／リヤ王（T5書籍）／ロビンソン漂流記（T11書籍）／ロミオとジュリエット（T5書籍）

(c)セレナーデ／ホーム、スキートホーム／ミニュウエツト／メディタシヨン／リーベスフロイド／ローザムンド（以上すべてレコードのT12同広告）

(a)は人名として挙げたが、ほとんどが書籍広告中での使用である。著者あるいは書名や論文名の一部、あるいは広告文中に見え、(b)の書名グループに入れた方がよいものもある。なお、上記の例は大正5年と11年に偏っており（その間も散見はするが）、12年以降にはほとんど見えない。これは「1月号」という月に対象を限ったことによるからかもしれない。

「ウィルソン」や「ロイドジョーヂ」のような政治家、「エレンケイ」[19]や「オイケン」「ベルグソン」のような思想家も見えるが、ほとんどが文学か美術、音楽に関わる作品名や人名である。文学はシェイクスピア作品と子ども向けのものが目立つ。ただし、先述したように「シェイクスピア」はカタカナ書きではなく、漢字表記で「沙翁」または「大沙翁」であ

9　大正期『婦人公論』掲載の広告に見える外来語　247

る（ともにT5広告）。

　一方、『婦人公論』本文では、外国人名や書名が広告以上に頻出する。広告のデータと重なるものも少なくないが、広告に見られるような文学や芸術への偏りはなく政治家や思想家も多く登場する。特に文学においてもシェイクスピアや子ども向け作品に偏るという特徴はまったく見えない。むしろ『中央公論』広告に頻出する人名群と一致するものが多い。『中央公論』には書籍広告が多いため、上記の中で一致する人名や書名もあるが、『婦人公論』広告のような分野の偏りは見えない。これについては4⑵で後述する。

　⒞は楽曲名である。一致する曲名ではないが、『婦人公論』本文にも「クロイツツエル・ソナタ」「第九シンフオニイ」（T15橋爪健「同時代の青年として『新時代の女性』を観る」）、「ダニウーブワルツ」（T16吉屋信子「日本式籠球禮讃記」）等が見える。

⑷　固有名詞以外のカタカナ外来語は、独立性の高い語は少なく、「生産物および用具」に属する語が多い。

　固有名詞以外の普通名詞（商品名の一部になっているものも掲出）等を、国立国語研究所編『分類語彙表（増補改訂版）』（2004）の分類に沿って並べ以下に示す。すでに商品名等に普通名詞を含んでいる場合は、その普通名詞部分を再度取り上げてみた。

　《　》〈　〉は意味分類を、【　】は単独使用のない場合の用例を示す。【　】がなければ「単独使用あり」を意味する。また、勝屋英造編『外来語辞典』（二松堂書店、1914）[20]に掲出されている語は＊を付す。各類の（　）内の数字は（本文と一致する語数/所属する広告の語数）を表す。

1類　抽象的関係（4/12）

《美醜》ビユーテー＊[21]【〜パウダー】（T13）

《時間》〈朝晩〉デー＊【〜クリーム】（T11）／ナイト＊【〜クリーム】（T11/13）

《量》〈値〉レコード＊【新〜】（T6）／〈組〉セット【ス井ートホーム

〜】（T10）〈順位記号〉シー【マツダC電球】（T12）／ビー／ツー【マツダB2電球】（T10）〈助数接辞〉グラム*（T12）／ページ*（T12/13）／ポイント*（T15）／ワット*（T16）

2類　人間活動の主体（2/6）

　　《成員》〈専門的技術的職業〉ヴァイオリニスト（T12）／ドクトル・メヂチーネ（T16）

　　《公私》〈家〉スヰートホーム*22【〜セット】23（T10）

　　《社会》〈店〉マーケット【三越青山〜】（T12/13）／チエンストアー（ストーア）【資生堂〜】（T13/16）／デパート*24【全國〜】（T16）

3類　人間活動　精神および行為（6/8）

　　《心》〈感動・興奮〉ヒステリー*25（T12）〈主義〉デモクラシー*【「〜の制度を論ず」（雑誌の目次広告）】（T9）

　　《言語》ローマンス*（T10）

　　《芸術》スケッチ*【著者〜二種】（T9）

　　《生活》〈文化・歴史・風俗〉ハイカラ*【〜趣味】（T9）〈保健衛生〉マツサージ*（T6/12/13）〈行事〉クリスマス*【新年〜最上の贈物】（T11）

　　《事業》〈印刷・製本〉オフセット【〜版、〜刷】（T6/7）

4類　生産物および用具（11/31）

　　《資材》ゴム*26【純良〜、〜製】（T11-16）／ピン【避妊〜】（T16）

　　《衣料》〈布〉クロース*【総〜、〜製】（T12/15）／ネル、子ル*【〜付、〜製】（T12-14/16）／ポプリン【〜布表紙】（T14）／メリヤス*【〜裏毛、〜附】（T13-16）／モスリン（T15）〈衣服〉シヤツ*（T13）／バンド*【乳房〜】（T16）／カバー*【おしめ〜】（T12-14）／ホルダー【おしめ〜、乳房〜】（T16）／ポプリン【〜布表紙】（T14）／ネクタイ*27（T13）

　　《食料》〈飲料〉ビール*【サクラ〜】（T10）／ミルク*【コナ〜、森永

ドライ〜】（T15）　〈化粧品〉クリム【ゼピー〜】（T11）／クリーム＊（T10-13）／ゼリー【クラブ〜】（T11/13）／パウダー＊【アイリス〜、ビユーテー〜】（T13/15）／ヘヤトニク【ゼピー〜】（T11）

《住居》〈建物〉ビル＊28【丸〜】（T16）　〈家具〉テーブル＊【〜掛】（T13）

《道具》〈食器〉コップ【洋盞コップ】（T16）　〈文具〉インキ＊（T10）／ペン＊【〜先】（T10-11）／フアウンテンペンシル＊【萬年鉛筆フアウンテンペンシル】29（T11）／シャープ【プラトン〜鉛筆】（T11）　〈日用品〉タオル＊【ぬれ〜】（T10-13）　〈楽器〉ピアノ＊（T16）　〈遊具〉カルタ＊（T14）

《機械》ランプ＊【マツダ〜】（T6-7/15）

5類　自然物および自然現象（3/10）

《自然》〈色〉グリーン＊（T12）／ローズ＊（T12）

《物質》〈元素〉イリジユーム＊（T11）　〈鉱物〉エムロ【〜入】（T8）／エメラルド【〜入鎖】（T8）／サフヤ【〜入）】（T8）／ダイヤ（T8）／ダイヤモンド【〜入】（T8）／ルビー＊【〜入】（T8）

《動物》アニマルユーメン【人類動物アニマルユーメン】（T11）

　ほとんどのカタカナ語が、前または後に別語を接続しての使用である。本文と異なりスペースが限られているためでもあろうが、この時期のカタカナ外来語はまだ独立性が弱いともいえるのではなかろうか。

　特に、「ビユーテー」「デー」などの下線を施した語は、別のカタカナ外来語と組み合わせて使われている語であり、単独で、あるいは和語または漢語と組み合わせての用例は見られない。ほとんどが『外来語辞典』に掲載されているものであるが、その中には認知度が十分でなかった語もあったかと思われる。すべてが大正10年以降の例であるが、この時期になると、宣伝効果を狙って外国語臭の強いこれらの語を積極的に採用したのであろう。

　たとえば、大正11年の米国ポンピアン社東洋代理店佐々木商店の広告では、次のように「デー」「ナイト」に説明を付している。

例8　㊫はデー（晝の）クリーム・・・・㊰はナイト（夜の）クリーム

　また、「マツダランプ」の東京電気株式会社は大正6年、7年の広告で
は「マツダランプ」と商品名を掲載するが、同10年、12年、14年、15年の
広告では「マツダ晝光色電球」のように「ランプ」ではなく「電球」とい
う語を使用していて、16（昭和元）年には「マツダランプ」が復活する。
　「ランプ」は『日本国語大辞典第二版』（小学館）には明治初期の用
例（「万国新話」1868）が掲載されており、『外来語辞典』には「ランプ
（Lamp）［英］洋燈」とあるが、一般に普及するまで時間がかかったので
はないか。
　『婦人公論』本文では、それまで見えなかった「ランプ」の語が大正13
年から16年まで毎年複数の用例が見える。

　　例9　始終電気の光に馴らされた眼は、ローソクの灯、ランプの光では
　　　　　間に合はなくなるし（堀江かど江「田舎で」『婦人公論』大正13年）

　　例10　父は母をめがけてランプを叩きつけた……幸ひランプは發火せず
　　　　　（下村千秋「悲戀のさすらひ（私のノスタルヂヤ）」『婦人公論』大
　　　　　正14年）

　上記の「ランプ」は、「油が燃料の照明器具」であって「電球」ではな
い。しかし、この石油の「ランプ」も一般に普及するには時間がかかった
ことが次の例からわかる。

　　例11　東京から餘り遠くない地に七八年までは石油のランプを知らない
　　　　　處があつた。（魯庵生「上下思想とルパシカ思想」『婦人公論』大正
　　　　　14年）

　こういう状況の中で、電球としての「マツダランプ」のネーミングも当
初は広まりにくかったのではないか。が、石油のランプが普及するにつれ、

その代わりとなる電球としてのランプも大正末年には受け入れられるようになり、広告で復活する。「マツダランプ」かどうかは不明だが、電球と思われる「ランプ」が本文にも登場する。広告で「マツダランプ」が復活した大正16年、『婦人公論』本文には、次のようにある。

　　例12　古いがらくたの中から出て来た豆ランプを氣まぐれにぽつと燈して
　　　　　みる」（米澤順子「豆ランプ」『婦人公論』大正16年）

　この「豆ランプ」は同じ年の『中央公論』広告にも見える。
　以上のように、広告に見えるカタカナ語は当時一般には十分に普及していなかった可能性もある。そのようなカタカナ語を商品名に用いて新しさを狙い（大正10年以降にこのような外来語採用が盛んになったか）、商品のヒットによりカタカナ語が広く認知される。一方で、はじめは商品理解のためにカタカナ外来語の意味がわかるような書き方を試みたり、わかりにくい場合は一時的に漢語に変わったりもしつつ、大正末期には定着していく。

　語彙群の特徴としては4類に属する語が最も多いことが指摘できる。『中央公論』広告も同様傾向であり、「商品」を売る広告ゆえであろう。
　橋本（2010）などによれば、そもそも外来語は4類が最も多いという特徴がある。
　本文と比較すると、1類（レコード／クラブ／ページ／ポイント）、2類（スイートホーム／デパート）、4類（ゴム／ピン／クロース／ネル／ビール／ビル／テーブル／ペン／タオル／ピアノ／カルタ／ランプ）、5類（グリーン／ダイヤモンド／ルビー）の語群では、それぞれ広告に見られる語の約3分の1が本文にも見える。ただ、3類（ヒステリー／デモクラシー／ローマンス／スケッチ／ハイカラ／クリスマス）だけは、4分の3が本文と一致する。ちなみにこれらの語は、他の類に比べ広告では出現時期が早い。3類以外はほぼ大正10年以降に見える。固有名詞も同様であることは3⑵で述べた。すなわち、広告では大正10年以降にカタカナ外来

252

語使用が活発になり、それは固有名詞や３類以外の普通名詞が担っていた
ということになる。換言すれば、広告において３類の語は外来語の急激な
多用と関わらない、ということである。

　上記の語の中に広告唯一の形容動詞「ハイカラ」がある。これは（「相
の類」ではあるが）３類の語である。

例13　日本趣味にもハイカラ趣味にも適し腐敗變質の虞なき純綷なり。
　　　（Ｔ９東亜澱粉株式会社）

『外来語辞典』にも「洋服に用ふる「高きカラー（襟）」の義。我國にて
は轉じて、西洋風を好み又は時流を追ふ等の意にも用ふ。」とある。先行
する棚橋一郎・鈴木誠一編『日用舶来語便覧』（光玉館、1912）にも見ら
れ、「今は轉じて時流を追ひて服装を飾る人を云ふ。其反對なる人を蠻カ
ラと呼べり」とある。米川明彦（1985）によれば、明治30年初頭、毎日新
聞記者が洋行帰りの高襟外交官を紙上でからかったのが始まりで世間に流
行したという。先の『婦人公論』広告の例は「ハイカラ趣味」と名詞に直
接接続するが、「ハイカラなオペラバッグ」（『主婦之友』「ラーヂ万年筆広
告」T7.1）のように「ハイカラ」は「～な」「～の」に接続する。「ハイ
カラ」は、大正期には一般に定着していた語であった[30]。

　ところで、『婦人公論』本文には「ハイカラ」以外に以下のような形容
動詞が見える（出現の古い順に示す）。*を付した語は『外来語辞典』に
ある語である。「ハムブル」「デスペレート」「フリボラス」は掲載されて
いない。

　　ヒステリック*な・に（T8/13/16）　センチメンタル*な（Ｔ９）　ヒ
　　ロイツク*な（Ｔ９）[31]　ミステイツク*な（T11）　ロマンティク*な
　　（T11/15）　デモクラテツク*の（T12）　デリ（ー）ケート・デリケ
　　エト*な（T12/13/15/16）　エゴイスチツクな*（T13）　ハムブルな
　　（T13）　フレツシ*な（T14）　エキゾチツク*な（T15）　デスペレー
　　トな（T15）　フリボラスな（T15）　ヴヴツド*になる（T16）　シリ
　　アス*なる（T16）　スイート*でない（T16）

漢語のルビとして「記念碑的」*（T9）「新鮮な」（T11）「浪漫的」（T15）「厳格なる」（T16）等もある[32]。

　上記の外来語形容動詞は大正期後半から表れ、末年に増加していき、『外来語辞典』にもほとんどが掲載されている。にもかかわらず、一つとして広告に表れない[33]。

　上記の外来語形容動詞は「分類語彙表」でいえば3類（精神および行為）に属する。外来語という視点で見れば、これらは単に本来語を外来語に置き換えたというだけでなく本来語とは少し違った「新しい物の見方を表す」語なのだろう。時代の先端を行く語群といえるかもしれない。

　これらの時代の先端を行く語群を当時の広告は避ける傾向があるのではないか。本文執筆者は当代一流の作家、思想家、学者などである。時に外国語を引用し訳を付しながら文章を進めていくような外国語理解者もいる。本文執筆者の用いるカタカナ語は、たとえ『外来語辞典』に掲載される語ではあっても、すべての読者が理解できる語ではなかった。商品名ならともかく、商品の説明をわかりやすくするにはまだ外来語形容動詞は不向きであったのであろう。要するにこれらはまだ日本語として十分に定着していなかったと思われる。この時期すでにイメージ戦略が垣間見えるような広告もあるが、それを担うのは外来語名詞による商品名であって、外来語形容動詞はその任を担えるほど成長していなかった、と考える。

　同じく本文には「アッピールする」「コントロールする」等の外来語動詞（これらも用であるが3類の所属）も見えるが、広告にはまったく見えない。これも上記と同じ理由であろう。

　また、『婦人公論』本文には「ブルジョワ」「プロレタリア」「タイピスト」「モダンガール」など時代の嗜好や文化を反映した語がよく登場するが、広告には見えない。本文と広告のテーマが異なるだけでなく、新しすぎる物は避けるという広告の意識があったのではないか。

4　広告文の共通の傾向、そして『婦人公論』広告らしさとは？

　2および3で、『婦人公論』広告における外来語の特徴について探ってきたが、そこで得られた結論は、この時期の広告共通の特徴なのだろう

か。当代婦人雑誌の中で「自由主義と女権の拡張をめざす」という強いコンセプトを持つ『婦人公論』が、本文と違いがあるとはいえ、広告の面でも『婦人公論』らしさを持っていたのか。最後にこの点について検証していきたい。

『婦人公論』から採集した144語について、『中央公論』広告に加え、同時期の『主婦之友』広告に掲載があるかどうかを調べてみた。『主婦之友』は大正6年3月、「主婦に生活の知恵を授ける、生活に根ざした教養と修養の生活技術啓蒙誌」というコンセプトで創刊した雑誌である。読者層は『婦人公論』は都市の女学校卒のインテリ女性、『主婦之友』は広く大衆的な主婦層である[34]。特に『主婦之友』は、「中流家庭の主婦」という読者を限定し、その生活だけに焦点をしぼって、編集の企画を立てるという考えであった。また、同誌は創刊当初から有料広告に大変力を入れ、毎号多数の広告を掲載、これによって制作費を安く仕上げ、定価を他誌より安くしている。大正6年当時、『婦人公論』は23銭、『婦人画報』は30銭であったが、『主婦之友』は17銭だった。

⑴　『婦人公論』『中央公論』『主婦之友』に共通する語

以下の語が同時期の3誌に共通して見える。これらは広告を通して大正期に一般的に目にする外来語であり、時代の嗜好を反映している語群といってよかろう[35]。

固有名詞

国名：アメリカ／フランス

人名：ウイルソン／クレオパトラ

企業・商品名：カルピス／キナブルトーゼ／ギバ〈体温計〉／クラブ／プラトン／マツダ

書籍名：アラビアンナイト／アンデルセン〈御伽噺〉／イソップ物語／ガリヴァー（ガリバー・ガリバア）〈旅行記・巡島記〉／グリム〈御伽噺〉／ロビンソン〈漂流記〉

普通名詞その他

　　イリジユーム（イリヂウム）／インキ／オフセット〈版・印刷〉／カルタ
　　（かるた）／クリーム／クリスマス／クロース〈製〉／コップ／シャープ
　　〈鉛筆〉／シャツ／ダイヤモンド／デモクラシー／ドクトル／ネクタイ／
　　ヒステリー／ピン／ページ／ポイント／マーケット／モスリン／ランプ
　　（ラムプ）／レコード《＝記録》
　　洋盞〈カルピス〉　連鎖店〈三越呉服店〉　萬年鉛筆〈中山太陽堂〉

　(2)　知的趣味、高級嗜好を表すカタカナ語採用—『婦人公論』『中央公
　　　論』に共通するが『主婦之友』には見えない語
　同じ中央公論新社から刊行されている2誌だけに共通する語は以下の通
りである。同年同広告も多い。人名は多く書籍に関わるが、その書籍が多
く美術書であり、また書籍名にあるものはすべてシェイクスピア作品であ
ることがわかる。化粧品は男女の化粧品を扱う舶来ブランド、その商品名
である。芸術嗜好、高級嗜好が見える語群である。

固有名詞

　　地名：ベテレヘム

　　人名：エヅアール・マネエ〈画家〉／エレンケイ〈思想家〉／オイケン
　　　〈哲学者〉／オノレ・ドオミエ〈画家〉／キリスト／クールベエ〈画家〉
　　　／コロー〈画家〉／シェレィ〈詩人〉／ヂユーレエ〈氏〉／ドオミエ
　　　〈画家〉／バルザック〈作家〉／ベルグソン〈哲学者〉／マネエ〈画家〉
　　　／ミケル・アンジエロ〈画家〉／ミレー〈画家〉／ルッソオ〈哲学者〉

　　企業名・商品名：サンエス〈万年筆〉／ゼピー〈化粧品〉／ムアーヘット
　　　ジヤデン〈化粧品〉／（ゼピー）シクレ〈化粧品〉／ナイス〈白髪染〉

　　書籍名：アントニーとクレオパトラ／オセロー／ロミオとジュリエット
　　　／ジュリヤスシーザー／テムペスト／ハムレット／マクベス／リヤ
　　　（王）／ヱニスの商人

普通名詞その他

グリーン／スケッチ／ビール／ラヂオレーヤー／ローマンス／ワット
人類動物
_{アニマルユーメン}

一方、『中央公論』広告との違いもある。

『中央公論』は書籍広告が大変多く[36]、そこにはおびただしい外国人名、それを含んだ書籍名や広告文が多く見える。それらは、偏りのある『婦人公論』の書籍広告と違って、思想、文学、芸術、科学、さまざまな分野にわたっている。当時の男性知識人の西洋嗜好が顕著に表れているといえよう。

また、同じ広告として4類「生産物および用具」に属する語が多いことは先述した通りであるが、その内容にはそれぞれの特徴がある。たとえば、「衣類」では『婦人公論』では、「カバー」「バンド」「ホルダー」「ゴム」「メリヤス」「ネル」のように下着やおむつに関係する語群に対して、『中央公論』広告では「オーバーコート」「スウエター」「ヅボン」「フロック」「モーニング」「ソフト」「ダービー」「カラー」など洋装に関する語群が目立つ。大正期は女性も和装から洋装へと移り変わっていく時期であるが、男性に比べて女性はその定着は遅く、女性や子どもはまずは下着からということか。広告で女性の洋装が盛んになるのは昭和になってからである。

また、『中央公論』広告に「ウ井スキー」「シヤンペン」「スコッチ」「コーヒ」などの嗜好品が多く見えるが、『婦人公論』広告では「ビール」以外には見えない。4類ではないが、『中央公論』に見える「スキー」「スケート」「ホッケー」等のスポーツに関するカタカナ外来語も『婦人公論』ではほぼ見えない。『中央公論』と『婦人公論』は、共に1月号の裏表紙は「三越呉服店」の広告であり、同じ広告を掲載する場合もあるが、『中央公論』で、酒銘柄を大量に掲載する大正5年1月号（『婦人公論』は民友社広告[37]）、スポーツ用品を複数掲載する大正14年1月号（『婦人公論』は三越の別の広告）は『婦人公論』には掲載されない。酒や運動具関連の広告は女性読者には向かないという判断なのであろう。

9　大正期『婦人公論』掲載の広告に見える外来語　257

⑶　女性読者を意識したカタカナ語採用―『婦人公論』『主婦之友』に
　　共通するが『中央公論』には見えない語

　以下の語は、女性読者を対象にしている2誌にのみ共通する。化粧品や
衛生用品、家庭や育児に関わる語が目につく。女性の嗜好や生活に関わる
語である。また、ローマ字にルビをふったり、読みをカタカナで記したり
というのは『中央公論』広告には見えない。

固有名詞
　　企業名・商品名：アイリスパウダー〈化粧品〉／イージー〈おしめ、ゴ
　　ム〉／オーデクレーム／オーデネーシ〈化粧品〉／テーシー商会／ビク
　　トリア〈月経帯〉／ポンピアン〈化粧品〉／メトロン〈月経帯〉

普通名詞その他[38]
　　カバー／ゴム／コンスターチ／スイートホーム／セット／ゼリー／セ
　　レナーデ／タオル／デークリーム／テーブル／デパート／ナイトク
　　リーム／ネル／パウダー／バンド／ピアノ／ビユーテー／ビル／フー
　　ド／ホーム／ポプリン／ホルダー／マツサージ／ミルク／メリヤス／
　　ルビー／ローズ
　　ビー／シー（『婦人公論』はローマ字にルビ、『主婦之友』はカタカナ
　　のみ）

　一方で、『主婦之友』との違いもある。広告掲載数の多さも関わるが、
『主婦之友』には日常の衣食住に関わるカタカナ外来語が多数登場する。
主婦の生活に密着するという編集方針が広告の外来語にも影響している。
商品名等の固有名詞はもちろんのこと、急速に西洋化が進んだ大正時代の
生活を思わせる普通名詞が多数登場する。

　　•オーバ／コート／シヨウル（シヨール）／ニュースタイル／パッチ／
　　バレース／ハンケチ／ベルベット／ボタン／カツテング／ソーイング
　　／デザイニング／パタン…

- ウエファース／カルシユーム／キヤラメル／ケーキ／コーヒー／サラダ／サンドウキッチ／シロツプ／ゼリビンズ／チウインガム／ドロツプス／バタ／バニラ／パン／ビスケツト／フライ／マヨネーズ／レーズン…
- アイロン／カシミヤ／シーツ／エナメル／ジャキ／ストーブ／スポンジー／セル／ナイフ／ニツケル／バリカン／ホームミシン／モーターミシン…

家庭生活の衣食住に関わる具体的なこれらの語は、同時期の『婦人公論』広告には一切出てこない。

⑷　『婦人公論』のみに見える語、見えない語
　以下の語は、『中央公論』および『主婦之友』に見えず、『婦人公論』にしか見えない語である。音楽、宝石、化粧品、乳幼児飲料食品の語である。

固有名詞
　　人名：ウエンライト氏／カイゼル／キャスリーン、パーロウ／ビール博士／ルブラン筆／ロイド・ジョーヂ〈政治家〉
　　企業・ブランド名：ヤードレー／リーダー〈白粉、商会〉
　　商品名：オキシナー／オーデブラン／キクコーンスターチ／ゼピーヘヤトニク／ゼピーポミン／メリンスフード／森永ドライミルク
　　楽曲名：ミニュウエツト／メディタシヨン／リーベスフロイド／ホーム、スキートホーム／ローザムンド

普通名詞その他
　　ヴァイオリニスト／エムロ（入）／エメラルド（入鎖）／サフヤ／ダイヤ／ツー

　人名は「英国新首相ロイド・ジョーヂ」「ウイルソン勝ちカイゼル破る」のように、雑誌広告の目次広告に出現したにすぎない場合もあるが、外国の人名、企業名が次のように商品の権威づけのために用いられる点は

注目しておきたい（下線と傍点は筆者による）。

例14　獨逸伯林大學の大醫ビール博士が發明の欝血療法器に改良を加へたもので（T6一貫社/美顔器）

例15　カテイ石鹸は世界屈指の石鹸會社英國ヤードレーにて四十餘年間純良石鹸製造の經驗を積めるクラブ本店招聘技師ウエンライト氏製造を擔任し品質舶来品を凌げる優秀化粧石鹸なり／カテイ石鹸の商標となれる名画（ルブラン筆母と娘[39]）（T9クラブ白粉）

例16　世界第一女流ヴァイオリニスト／キャスリーン、パーロウ女史独奏（T12日本蓄音器商会）

　楽曲名「ホーム、スキートホーム」は「埴生の宿」、「メディタシヨン」は「瞑想」、「リーベスフロイド」は「愛の喜び」という訳名の方が現代では一般に流通しているが、ここでは訳なくして外国語名で記すことも上記の権威付けと関連するのではないか。
　一方、「オキシナー」、「ゼピーヘヤトニク」、「ゼピーポミン」は舶来化粧品、「メリンスフード」は舶来の離乳食である。乳児用粉ミルクは大正期になって製品化されたが「森永ドライミルク」も大正9（1920）年に発売されたばかりの製品である。滋養食の「キクコーンスターチ」はその広告文によれば「進歩的の滋養食料品」とあり「欧米各国に於ては日用食料として頗る多量に使用す」ともある。これらは安価なものではなく一般庶民に日常品ではなかったと思われる。宝石についてはいうまでもない。
　欧米に対する絶対的信頼と高級嗜好、これが『婦人公論』広告における外来語採用に表れているといってよい。
　一方、『中央公論』や『主婦之友』には見えるのに『婦人公論』に見えない語はどのような語か。（今回の範囲だけで見れば）『中央公論』や『主婦之友』の広告に見える下記のような語が、『婦人公論』の広告に見えない。

人名：イブセン／ゲーテ（ゲエテ）／ツルゲーネフ／ドストイエフスキイ／トルストイ／ニイチエ

商品名・ブランド名：アルゼン〈プルトーゼ〉／アンチピリン〈丸・剤〉／オキシヘーラー／グアヤコール〈療法・ブルトーゼ〉／ビオフェルミン

雑誌名：エコノミスト〈雑誌名〉／（芝居と）キネマ〈雑誌名〉／サンデー（毎日）〈雑誌名〉（倫敦・北海）タイムス〈新聞名〉

普通名詞：アート～／インチ／オーケストラ／オーバーコート／オリムピック（大会）／カード／ガス（がす）／カタル／カット〈絵〉／カラー〈襟〉／グラビア〈印刷・版〉／クリーム〈食品〉／コーヒ／コロイド〈化〉／コロタイプ／サック／スウエター（スエーター）／スタイル／スポーツ／たばこ／チユーブ（チユーヴ）／チヨツキ／～デー／フキルム（フイルム）／フキロソフキー／プラトンシャープ／ブリユー（ブルー）／ポケット／ポンプ／ヨード〈ブルトーゼ・チリン〉／ラヂウム／ラヂオ／リボン〈付・印〉／リウマチス（ロイマチス・リウマチ等）／レッテル／ローマ〈字〉

　人名では文豪名が目立つ。『婦人公論』広告に見えないのはなぜか。人生について深く考えるような文豪の小説はふさわしくないのか。

　商品名では薬品名、新聞雑誌名（すべて国内誌）が目立つ。さらに『中央公論』に限れば、薬品名は「アニマザ」「サナトーゲン」「サロメチール」「サントニン」「ボラギノール」「マクニン」「ランゲリン」「リノソール」、海外の新聞雑誌「トリビューン」「プチ・パリヂヤン」「ヘラルド」「メイル」「モーニングポスト」「ル、マタン」のように、さらに多くの固有名詞が挙げられる。明治期から大正期にかけて、新聞広告において大量に掲載された薬品広告が1910年代には化粧品広告に抜かれるという[40]。『婦人公論』はその流れを直接に受けている雑誌なのだろうが、ほとんど薬品広告が見えない。リウマチやカタル、特にヒステリーは女性にとっても見逃せない病気であるが、これらに効能のある薬品広告は登場しない。あたかも平安女流文学において生理的な語彙を排除するかのようである。

一方、『主婦之友』は、家庭の経済と健康に力を注ぐという編集方針から健康についての記事が多く、広告も医療や薬品の広告が多く、関連する外来語も多数登場する。

5　まとめ

　以上、大正期の『婦人公論』広告に見える外来語について（語彙では特にカタカナ表記外来語）について、その本文や、兄妹誌である『中央公論』、同時期の女性雑誌である『主婦之友』と比較し、その特徴について探ってきた。その結果は以上のようにまとめられる。

⑴　外来語が広告に目立つようになるのは大正10年以降、特に大正末期になるとほとんどの広告に外来語が登場するようになる。外来語のほとんどはカタカナ表記の外来語であり、漢字表記の外来語は慣習的に用いる語以外はほとんど見えない。同じ頃、広告に英語が登場するようになる。最初はロゴやイラスト程度であったものが、大正末期には英語と日本語訳を並べた広告も見えるようになり、一方で、漢語に英語カタカナ語ルビを付けたものも見え、英語嗜好が見える。ただし、本文に見えるような英語レベルは要求されない。『中央公論』広告の読ませるレベルの英文は見えない。

⑵　カタカナ外来語の６割は固有名詞であり、そのほとんどは商品名（またはそれに関わる語）である。固有名詞として見える語は、化粧、衛生、家庭、演劇、美術、音楽に関わる語であり、これらに対する外来嗜好がうかがえる。特に頻度が高い語は、化粧品、電球、衛生品に関わるブランド、それらに関わる素材である。

⑶　固有名詞以外は、ほぼ名詞で、それ以外は形容動詞１語のみである。これらは独立して使われる語は少なく、ほとんどが他の語と組み合わせて使われる。特に他のカタカナ語と組み合わせ商品名を構成することが多いが、その場合個々の語が一般に浸透していると語とは限らない。そのままヒットして商品名として定着するものもあるが、時に日本語訳を施したり、一時漢語に言い換えたりすることもあった。

⑷　固有名詞を除いたカタカナ外来語は『分類語彙表』の４類に最も多く、

本文にない語が多数登場する。一方、3類に属する語は少なく、本文と共通する語ばかりで広告独自の語は少ない。特に、本文に見える外来語形容動詞や外来語動詞はほぼ見えない。唯一見える形容動詞ハイカラは明治期から使われている一般に定着度の高い語であるが、本文に見えるカタカナ形容動詞は『外来語辞典』にも載らないレベルの高い英語も含む、一般にはまだ目新しい語群である。3類はものの見方や判断に関わる語群であり、時代を論ずるにはふさわしくとも、当時は商品の宣伝文句に用いるほど一般にわかりやすく浸透していなかったと思われる。

⑸　『婦人公論』広告に見えるカタカナ外来語群の一部は、『中央公論』と『主婦之友』のどちらにも共通して見える外来語もあり、そこに大正期の消費の嗜好が見える。

⑹　兄妹誌である『中央公論』と共通する外来語から、両誌に共通する芸術嗜好、高級嗜好が見えてくる。一方で、『中央公論』に見える政治家、思想家、学者等、その書物に関わる多数の人名や書名、嗜好品やスポーツ関連の語が『婦人公論』に見えないことから、当時の知識女性の嗜好の偏りが見えてくる。

⑺　同じ女性誌である『主婦之友』と共通する語は、化粧品や衛生用品、育児に関わる語であり、女性の読者を意識したものである。一方、『主婦之友』には、衣食住に関する具体的なモノを表すカタカナ外来語がおびただしく登場するが、『婦人公論』にはこれらが見えない。『婦人公論』広告では美や芸術は追求するが、衣食住に対する物欲を避ける傾向が見える。

⑻　『婦人公論』のみに見える外来語には、西欧の商品や文化に対する信仰、音楽や美術、演劇に対する嗜好が見える。『中央公論』や『主婦之友』には見える薬品名や病気名もほとんど見えない。『婦人公論』広告は、あくまでも美しいもの、明るいものを想像させるような外来語を採用しているのである。

　『婦人公論』は、実質的には平塚らいてふの『青鞜』廃刊を受け、「自由主義と女権の拡張をめざす」コンセプトで発刊され、大正期の女性知識層に広く読まれた雑誌である。その「公論」部分では、当時一流の男女論者

が、新しい時代にふさわしい女性について論じ、その文章には時代を反映するカタカナ外来語や、時に深い教養による外国語やその訳語が、当然のように見えている。

一方で、その広告は、本文と同様な「時代の新しい流れ」が外来語の採用という形で表れているか。答えは残念ながらノーである。

それは一つに「広告」ゆえの宿命であろう。新しい商品を広めるにはわかりやすい言葉で説明しなければならない。読者には「新しい女性像」を志向しながらもさまざまなレベルがあったと想像する。本文ならば、難解な部分はわからなくても何度も読んだり調べたり、時にはそのままにしてなんとなくわかったような気持ちでいても許される。しかし、広告はそういうわけにはいかない。

また、『婦人公論』は「気負った形で女権拡張を叫んだり、女性が中性化したりすることを常に警戒していた」という。その女性像は「すべての日本女性が、女として何ものにも囚われず、十分に自己を伸展させ、活かすこと」であり、たとえば、女性の属性であるところの美しさを否定するものではない。ただ誰のためではなく何者にも束縛されずに自己の美しさを発揮するものでなければならないと主張してきたという。西欧文化に対する強い信頼、その確かな技術と高級性を嗜好し、はしたない物欲や身体生理そのもは見せず、あくまでも美を求め、演劇や芸術や音楽を嗜好する。そんな女性像が『婦人公論』広告に見えたカタカナ外来語群から浮かびあがってくる。それは『婦人公論』の雑誌のコンセプトと相反するものではない。

その意味で『婦人公論』広告には、兄誌である『中央公論』とも、同じ女性誌である『主婦之友』とも異なる読者を想定した広告戦略が現れているのである。

注1　広告に見える「米國」「英國」「佛國」を仮に「アメリカ」「イギリス」「フランス」と読んだとしても14語に過ぎない。
　　2　『中央公論』の書籍広告では大正5、6、9、10年の広告では「沙翁」で、大

正12年の広告で「シエークスピア」「シエクスピア」（共にＴ12内田老鶴圃）となっている。

3　『婦人公論』広告ではカタカナ表記は一切見えず、本文でも漢字表記である。『中央公論』広告に「ガスタンク」（Ｔ7）ともあるが、大正期においては、ガスは「瓦斯」の漢字表記がまだ原則だったと考えてよい。大正末期頃には「ガス」と「瓦斯」が共存している広告も出てくる（『主婦之友』Ｔ14/15）。

4　3つのＳ（sun/star/sea）が由来であるが、「スリーエス」とはならなかった。

5　絵には、上段「CLUB TOILET」（左書き外国語）、中段「CLUB OSHIROI」（左書きローマ字日本語）、下段「粉白ラブク」（右書き日本語）

6　今でいう「シャープペンシル」のことである。勝屋英造編『外来語辞典』（二松堂書店、1914）に「ファウンテイン・ペン（Fountain pen）［英］萬年筆。」はあるが、「ファウンテンペンシル」はない。つまり英語ではなく、中山太陽堂独自の訳語または造語か。「三菱鉛筆株式会社 HP」によれば、シャープペンシルは1830年代にアメリカ人によって考案され、英語では、メカニカル・ペンシル（mechanical pencil）（芯を繰り出す機械じかけの鉛筆という意味）と呼ばれていて、アメリカで発売された第1号の商品名は「エバーシャープ」（Ever sharp）という。日本では大正4年早川徳次が改良して考案、「エバーレディーシャープペンシル（ever ready sharp pencil＝常に芯が尖っている鉛筆）」、後には「シャープペンシル」と改称された。「シャープペンシル」が定着するまでには、かなり時間がかかったようである。

7　総ルビ漢字仮名交じり文の効果、また、商品名カルピスの後にコップとカタカナ語が続いてしまうと商品名が目立たなくなる配慮などが考えられる。

8　語の切り方等については［資料］の欄外に示したが、必ずしも方針に沿ってないものもある。

9　今回の対象とした資料中、日本語の左横書きのいちばん早い例は、大正12年の大河内洋服店の広告。これを含め全部で5広告しか見えず、日本語はまだ右横書きが主流である。

10　実は『中央公論』広告でもカタカナ表記の国名や地名はあまり多くない。たとえば国名は、「アメリカ」「オオストリア」「スカンデナキア」「ノルエー」「フランス」「ロシア（ロシヤ）」だけで、これらは漢字表記でも見える。「独逸」「英国」「瑞西」「白耳義」「印度」等は漢字表記のみである。漢字表記がまだ勢力を保っていた上に、「広告」という限られた紙面での文字数の問題も関連するのであろう。

11　外来語ではないが日本のブランド名を「ヤマサ醤油」（Ｔ15）、「サクラビール」（Ｔ10/15/16）とカタカナ書きすることもこれらの流れと関連するか。

12　津金澤聰廣「大衆社会の成立と広告――消費文化の台頭――」（特集「大正モダニズムと広告」『AD STUDIES』Vol. 17、2006）

13　山本武利・津金澤聰廣『日本の広告』（日本経済新聞社、1986）

14　『婦人公論』と同じように1月号を参照した。

15　ちなみに『婦人公論』に掲載される「リーダー」も『主婦之友』には見られない。「リーダー商会」は日本の化粧品会社であり、米国ポンピアン社の東洋代理店でもある佐々木商店が販売している。

9　大正期『婦人公論』掲載の広告に見える外来語　265

16 『主婦之友』は女性や子ども向けのみならず男性対象の商品広告も掲載する。主婦として「家庭の消費経済」を担う立場が広告のコンセプトでもあるのだろう。

17 「キク」は材料となる菊芋のキクか？　由来は不明。

18 注4参照。

19 エレンケイは、スウェーデンの著名な女性思想家で、大正期の女性解放運動に大きな影響を与えた。大正5年、11年の書籍広告（共に大同館発行）に見えるが、5年の広告文中では「エレンケイ女史」と7回も連呼している。『婦人公論』本文で頻繁に出てくる人名の一人である。

20 大正期に刊行された外来語辞典の中で最も収載語数の多い辞典。以後単に『外来語辞典』と記す。

21 ただし、『外来語辞典』では「ビューチー（Beauty）」。

22 ただし、『外来語辞典』では「スウィート・ホーム（Sweet home）［英］理想の家庭。温き家庭」。

23 米国ムアーヘッドジャデン社が発売したゼピー化粧品詰め合わせセットをこう呼んでいる。「贈答としても美的で高尚な此家庭圙本國でス̇キ̇ー̇ト̇ホ̇ー̇ム̇セ̇ッ̇ト̇！」（T10※傍点筆者）とある。曲名「ホーム、スキートホーム（＝埴生の宿）」（T12日本蓄音機商会）の中にも見える語でもある。なお、『主婦之友』には夕食時に仲良く夫婦の会話をこっそり老女が聞く場面を絵にしながら「聞くも楽しい見るも美しいスイートホーム」（T14宗田新商店・炊事手袋）とある。

24 ただし、『外来語辞典』では「デパートメント・ストーア（Department store）［英］百貨商。大規模小賣店」。

25 ただし、『外来語辞典』では「ヒステリー（Hysteria）［英］婦人に多き一種の神經病。精神興奮し易く、或は笑ひ或は泣き、全身倦怠を訴へ、甚だ勞働することを厭ふもの」。

26 『外来語辞典』増補版にあり。

27 ただし、『外来語辞典』では「ネックタイ（Necktie）［英］衿飾」。

28 ただし、『外来語辞典』では「ビルディング（Building)［英］建築。建築物。建築術」。

29 『外来語辞典』には「ファウンテイン・ペン（Fountain pen）［英］萬年筆。」ならばあり。

30 『中央公論』に、大正5年の三越呉服店の広告に「ハラカラなる飲料」とあるが、「ハイカラ」の誤植と思われる。

31 「ヒロイック」は「heroic」で「勇ましい」の意。以下、「ミステイック」は「mystic」で「神秘的な」、「ハムブル」は「humble」で「控えめな」、「デスペレート」は「desperate」で「絶望的な」、「フリボラス」は「frivolous」で「取るに足りない」の意。なお、「フレッシ」は「フレッシュ（fresh）」、「ヴヴッド」は「ヴィヴィッド（vivid）」である。

32 さらに本文には外来語名詞に「的」を後接して「プロパガンダ的」（T10）、「希臘的な」（T9）「アングロ・サキソン的」（T10）、「トスカ的」（T10）、「コペルニカス的」（T14）、「ヒステリー的」（T6/11）もあり。たとえば、「ヒステリー的」は「ヒステリック」に比べまだ外来語的には練れていない印象がある。「或一人の女が嫉妬の實感からヒステリイ的に或男を刺したと云ふ事件」（T6）

ただし、これらも広告には見えない。

33　『中央公論』広告には外来語形容動詞として、「ハイカラ」の誤植と思われる「ハラカラ」以外に「サイキック」（T 5）、「スマート」（T 13）、「エキゾチック」（T 14）が見える。「サイキック」は、『外来語辞典』にも見えず、「心霊學は『サイキック、フヰロソフヰー』と云つて天下の最新哲学である」（玄黄社『心霊學講話』広告）とあるから、外国語のカタカナ書きとみなしてよかろう。

　　　掲載広告が『婦人公論』（151）の約 2 倍の『中央公論』（312）ということから考えれば決して『中央公論』広告でもカタカナ形容動詞類は多いとは言えない。

34　ただし、『主婦之友』は大正 6 年 3 月発刊なので大正 7 年〜16 年（昭和 2 年）1 月号の広告を参照した。

35　少年少女向けの書籍が目につくのは、1 月号ゆえ、年末年始の子どもへの贈答を意識したためかもしれない。ただし、すべて同じ広告ではない。

36　『中央公論』は、採集広告の内訳は、①書籍181（58％）　②薬品23（ 7 ％）　③新聞23（ 7 ％）である（外来語を含む広告は①書籍150　②薬品14　③衣料9　④化粧品 8 ）。ちなみに『婦人公論』は、①書籍52（34％）　②化粧品22（15％）③百貨店20（13％）（外来語を含む広告は①書籍21　②化粧品20　③衣料10）である。

37　『婦人公論』では、三越呉服店の広告が裏表紙を飾るようになったのは翌大正 6 年 1 月号からと見るべきか。翌 6 年〜16（昭和 2 ）年の各 1 月号裏表紙はすべて「三越呉服店」の広告。『中央公論』は大正 5 年〜16（昭和 2 ）年の各 1 月号裏表紙はすべて「三越呉服店」の広告。

38　さらに「グラム」、「ハイカラ」も表上では『中央公論』にはないが、「グラム」は漢字表記「瓦」で、「ハイカラ」は誤植と思われる「ハラカラ」があるのでここに挙げなかった。

39　この（　）の部分は右横書きである。

40　注13参照

参考文献

石井久美子（2013）「大正期の『中央公論』『婦人公論』における外来語表記の特徴」『人間文化創成科学論叢』第16巻．pp. 1-9

石田あゆう（2015）『戦時婦人雑誌の広告メディア論』（青弓社）

石綿敏雄（2001）『外来語の総合的研究』（東京堂出版）

楳垣実（1963）『日本外来語の研究』研究社

北田暁大（2008）『広告の誕生』

クラブコスメチックス（1983）『クラブコスメチックス80年史』クラブコスメチックス

国立国語研究所（2004）『分類語彙表（増補改訂版)』大日本図書

主婦の友社（1967）『主婦の友社の五十年』主婦の友社

橋本和佳（2010）『現代日本語における外来語の量的推移に関する研究』ひ
　つじ書房

中央公論社（1965）『婦人公論の五十年』中央公論社

山本武利・津金澤聰廣（1986）『日本の広告』日本経済新聞社

米川明彦（1985）「近代における外来語の定着過程」（『京都府立大学生活文
　化センター年報』９．pp. 3-22

［資料］ 大正期の『婦人公論』広告に表れたカタカナ外来語

婦人公論本文	中央公論	主婦之友	抽出語	アルファベット表記	出自	固有名詞	広告部類	5	6	7	8	9	10	11	12	13	14	15	16	計
		○	アイリス（パウダー）	iris	英	商品名	化粧品											1		1
○	○	○	アメリカ（みやげ）	America	英	国名	化粧品						1							1
	○		アニマルユーメン☆	Animal Human	英		書籍							1						1
○	○	○	アラビヤンナイト	Arabian Nights	英	書名	書籍							2						2
○	○		アンデルセン	Andersen	英	人名	書籍							1						1
	○		アントニー（とクレオパトラ）	Antony	英	人名	書籍	1												1
		○	イージー（おしめ、ゴム）	Easy	英	商品名	衛生品								1	3	2			6
○	○	○	イソップ（物語）	Aesop	英	書名	書籍							1						1
○	○		イリジューム	iridium	英		文具							1						1
○	○		インキ	ink	英		文具						1							1
	○		ヴァイオリニスト	violinist	英		レコード									1				1
△	○	○	ウイルソン	Wilson	英	人名	書籍				1									1
	○		ウエンライト（氏）	Wainwright	英	人名	化粧品					1								1
	○		エヴァール・マネエ	Édouard Manet	仏	人名	書籍							1						1
			エムロ（人）	émeraude	仏		宝石				2									2
			エメラルド（入鎖）	emerald	英		宝石				1									1
○	○		エレンケイ	Ellen Karolina Sofia Key	英	人名	書籍	6						1						7
○	○		オイケン	Rudolf Christoph Eucken	独	人名	書籍	1												1
		○	オーデクレーム	au de crème	仏	商品名	化粧品											1		1
		○	オーデネーシ	au de	仏	商品名	化粧品											1		1
		○	オーデブラン	au de blanc	仏	商品名	化粧品											1		1
			オキシナー			商品名	化粧品		2											2
○	○		オセロー	Othello	英	書名	書籍	2												2
	○		オノレ・ドオミエ	Honoré-Victorin Daumier	仏	人名	書籍							1						1
	○	○	オフセット（版、刷）	offset	英		書籍		2	1										3
			カイゼル	Kaiser	独	人名	書籍				1									1
		○	（おしめ）カバー	cover	英		衛生品								1	2	1			4
△	○	○	ガリヴアー（巡島記）	Gulliver's Travels	英	書名	書籍							1						1
▲	▲	○	カルタ	carta	葡		衛生品										1			1
	○	○	カルピス	CALPIS		商品名	飲料												5	5
		△	キクコーンスターチ※	cornstarch	英	商品名	食品					5								5
	○	○	キナブルトーゼ	CHINA BLUTOSE		商品名	薬品								2					2

			語	原語	言語	種別	品目									計
			キャスリーン、バーロウ	Kathleen Parlow		人名	レコード					1				1
○	○		キリスト（さま）	Christ	英	人名	書籍					1				1
	○		クールベエ	Gustave Courbet		人名	書籍					1				1
	○	○	クラブ（洗粉・白粉・ほお紅・石鹸・本店・クリーム・ぜりー等）	CLUB	英	商標名	化粧品	2	6	7	7	9	3	2	1	37
	○	○	ギバ（体温計）	giba		商品名	電球							2	2	4
▲	▲	○	グラム（入）	gramme	英		薬品				2					2
			クリム	cream	英		化粧品									
	○	○	クリーム	cream	英		化粧品				1	8	4	5		18
○	○	○	グリーン	green	英		百貨店					1				1
○	○	○	クリスマス	Chiristmas	英		書籍					1				1
○	○	○	グリム（お伽噺）	Grimms	英	書名	書籍					1				1
	○	○	（アントニーと）クレオパトラ	Antony and Cleopatra	英	人名	書籍	1								1
△		○	クロース（製）	cloth	英		書籍					1		1		2
○			コツプ☆		蘭		飲料								1	1
○		○	ゴム	gom	蘭		衛生品			4	8	8	8	1	3	32
	○		コロー	Corot		人名	書籍					1				1
			サフヤ	Sapphire	英		宝石		2							2
	○		サンエス（万年筆）※	sss	英	商品名	文具				1	2				3
			シー☆	C	英		電球					1				1
	○		シェレイ	Percy Bysshe Shelley		人名	書籍								1	1
	○		（ゼビー）シクレ	seacret?		商品名	化粧品				1	1				2
	○		（プラトン）シャープ（鉛筆）	sharp	英	商品名	文具					1				1
	○		シヤツ	shirt	英		雑貨							1		1
	○		（ロミオと）ジュリエット	Juliet		書名	書籍	1								1
			ジュリヤスシーザー	Julius Caesar	英	書名	書籍									
△		∧	スヰートホーム（セット）	Sweet home	英		化粧品				1					1
○	○		スケッチ	sketch	英		書籍			1						1
		△	（スヰートホーム）セット	set	英		化粧品				1					1
		○	ゼビー（化粧料、薬白粉・十番香油、液状白粉、化粧布、粉白粉、紳士液等）	zepy		商標名	化粧品				10	15				25
	○		ゼリー	jelly	英		化粧品					1	1			2
		○	セレナーデ	Serenade	独	曲名	レコード					1				1
			ダイヤ	diamond	英		宝石		1							1
○		○	ダイヤモンド（入）	diamond	英		宝石		6							6
○		○	（ぬれ）タオル	towel	英		化粧品				1	1	1	1		4

○			ヂユーレエ（氏）	Julay?		人名	書籍					1					1
	○	○	チエーンストーア☆	chain store			百貨店							1			1
	△		チエンストアー	chain store	英		百貨店								1		1
			（ビー）ツー☆	B2	英	商品名	電球					1					1
	△	○	デー（クリーム）	day	英		化粧品						2				2
	○		テーシー（商會）			会社名	衛生品								1		1
○			テーブル（掛用）	table	英		ゴム製品							1			1
△		○	（全國）デパート	department store	英		衛生品								1		1
	○		テムペスト	Tempest	英	書名	書籍	2									2
○	○	○	デモクラシー	democracy	英		書籍				1						1
	○		ドオミエ	Honoré-Victorin Daumier	仏	人名	書籍						1				1
	○	△	ドクトル・メヂチーネ	Doctor der Medizin	独		書籍								1		1
			（森永）ドライミルク	dry milk		商品名	飲料								1		1
	○		ナイス	nice		商品名	白髪染	2									2
	○		ナイト（クリーム）	night	英		化粧品						2	2			4
	○	○	ネクタイ	necktie	英		雑貨							1			1
○		○	ネル、子ル（付、製）	flannel	英		衛生品						1	3	1	1	6
○	△	○	ハイカラ	high collar	英		食品				1						1
		○	（アイリス、ビユーテー）パウダー	powder	英		化粧品	1							1	1	3
	○		ハムレット	Hamlet		書名	書籍	1									1
	○		バルザック	Balzac		人名	書籍						1				1
		○	（乳房）バンド	band	英		衛生品								1		1
○		○	ピアノ	piano	英		楽器								1		1
	○		ビー（ツー）☆	B2	英	商品名	電球					1					1
○	○		ビール	beer	蘭		酒						2		1	2	5
			ビール（博士）		独	人名			1								1
	○		ビクトリヤ	Victoria	英	商品名	衛生品						5	3	3	4	15
○	○	○	ヒステリー	Hysteries	独		薬品							1			1
	○		ビユーテー（パウダー）	beauty	英		化粧品							1			1
○		○	（丸）ビル	building	英		百貨店								1		1
○		△	（避妊）ピン	pin	英		書籍								1		1
	○		フアウンテンペンシル☆	fountain pencil	英		文具						1				1
△	○	○	プラトン	Platon		商品名	文具					3	2				5
○	○	○	フランス	France		国名	書籍						1				1
○	○	○	ページ	page	英		書／化							1	1		2
	○		ベテレヘム	Bethlehem		地名	文具						1				1
	○		ヘヤトニク	hair tonic	英	商品名	化粧品						1				1
	○		ベルグソン	Bergson		人名	書籍	1									1
○	○	○	ペン	pen	英		文具							1	2		3
○	○	○	ポイント	point	英		書籍									2	2

△		△	ホーム、スキートホーム	Home Sweet Home	英	曲名	レコード								1						1
		○	ポプリン（布表紙）	poplin	英		書籍											1			1
			（ゼビー）ポミン			商品名	化粧品						1								1
		○	ホルダー	holder	英		衛生品													2	2
			（米国）ポンビアン	pompeian		会社名	化粧品						2		1	5					8
	○		マーケツト	market	英		百貨店								1	8					9
○	○		マクベス	Macbeth		人名	書籍	2													2
		○	マツサージ	massage	英		書／化		1					3	4						8
	○		マネエ	Manet		人名	書籍							3							3
○	○		ミケル・アンジエロ	Michelangelo		人名	書籍							1							1
		○	ミニユウエツト	menuetto	伊	曲名	レコード								1						1
	○		マツダ（ランプ、瓦斯入電球）	mazda		企業名	電球	1	1				2		1	1		2	3	6	17
		○	（コナ）ミルク	milk	英		飲料												1		1
○	○		ミレー	Millet		人名	書籍							1							1
		○	（紐育）ムアーヘツトジヤデン	Moorehed & Jardine		企業名	化粧品						1	1							2
		○	メディタシヨン	Meditation		曲名	レコード								1						1
		○	（月経帯）メトロン	Matron		商品名	衛生品														
		○	メリヤス	medias	西		ゴム製品										1	1	1	3	6
		○	メリンスフード	Mellin's Food		商品名	食品												3		3
	○	○	モスリン	muslin	英		百貨店											1			1
	○		（英國）ヤードレー	Yardley		会社名	化粧品					1									1
		○	ラヂオレーヤー（商会）	radio layer		会社名	治療器							1							1
○	○	△	（マツダ）ランプ	lamp	英		電球		1	1										2	4
			リーダー（白粉、商会）	reader		会社名	化粧品												5		5
			リーベスフロイド	Liebesfreud		曲名	レコード								1						1
△	○		リヤ（王）	King Lear		人名	書籍	1													1
	○		ルツソオ	Rousseau		人名	書籍							1							1
○		○	ルビー（人）	ruby	英		宝石				1										1
	○		ルブラン（筆）	Lebrun		人名	化粧品					1									1
○	○	△	（新）レコード	record	英		新聞		1												1
○			ロイド・ジヨーヂ	Lloyd George		人名	書籍		1												1
			ローザムンド	Rosamund		曲名	レコード								1						1
		○	ローズ	rose	英		百貨店								1						1
△	○		ローマンス	romance	英		化粧品					1									1
○	○	○	ロビンソン	Robinson		人名	書籍							1							1
	○		ロミオ（とジュリエツト）	Romeo		人名	書籍	1													1
			ワツト	watt	英		電球													3	3

△	○		エニス	Venice		地名	書籍	1												1
							異なり語	15	8	3	8	8	17	44	28	22	11	17	21	
							延べ語	24	10	3	15	13	35	87	50	63	26	26	41	

- ☆はカタカナ語がルビとして用いられる　※は一部和語や漢語を含む
- 外来語が他の外来語と複合している場合は、商品名等であってもできるだけ切る。例）クラブクリーム→クラブ／クリーム
- 意味が同じでも語形が異なるものについてはできるだけ別々に示した。例）クリム、クリーム、クレーム
- 左の3列には『婦人公論』本文、「中央公論」広告、『主婦之友』広告での有無を示した。(但し、対象範囲は限定)
　　○あり　△仮名遣いが異なる場合もあり　▲漢字またはひらがなの表記もあり

10 おわりに——謝辞にかえて

　さまざまな事情で科研の研究期間が終了してから約3年間が経過し、やっと論文集を上梓することができた。言い訳になるが、最近、大学に勤務する者は、国立・私立を問わず、教育と研究とに打ち込みたく思いながら財政難のなかでの苦しい大学運営業務に限界まで働いている。そんななかで、科研のメンバーたちは分担者・協力者・補助者を問わず、よくこの研究に打ち込んできたと思う。

　調べれば調べるほど、奥深く面白い、大正という時代とその言語状況が、意欲を掻き立てたのだと言うしかない。外来語という、とかく一般には"使いすぎ"の批判もある存在が、大正期に最も輝いていた雑誌の言論・広告のなかで、どのような活躍をみせ、どのようなストラテジーのもとで社会に発信されていたのか——データ作成だけで息切れし、試行錯誤もあって、やっと緒に就いたの感もあるが、また一方で小さな手ごたえもいくつか感じている。各人がこれを今後大きく育てていくことであろう。

　メンバー全員のこの思いを形にすることを引き受けてくださり、多大なご迷惑をおかけし、お励ましと多くの助言をいただいた、冨山房インターナショナル代表取締役　坂本喜杏氏、同編集主幹　新井正光氏に心よりの感謝を捧げたい。

　メンバーの中でも、石井久美子氏には院生の時から資料作成からアルバイター統括までさまざまの仕事をしていただいた。星野祐子氏には出版にあたっての諸連絡や手配等、多くの仕事をお引き受けいただいた。"身内"ではあるが、改めてお二人に感謝したい。

　最後に私事になって恐縮だが「はじめに」で紹介した前田太郎氏は、私の祖父榊亮三郎（サンスクリット学）の三高での教え子である。ドイツ語を教えた前田氏は、その後東大に進み副手となるが、同級生の小野秀雄氏の「前田君の追憶」に、「前田君の訃報に接する前年の秋、私達は元三高

時代の先生であった榊京大教授の上京を機として久し振りで丙午会を開いた。其時も前田君は海岸の寝台に爪先の冷えるのを悲しんでゐた。」とある。体調がすでに大分悪かったこのとき、前田氏は祖父とどんな会話をかわしたのか。

　碩学前田氏に到底及ぶべくもないが、不思議な縁を感じ無機質な研究の世界に微小ながら温かいものを感じつつ、励みとした。

　そのほか、とひとからげにしては失礼だが、いろいろな方々に学恩を蒙り、お励ましをいただいた。感謝の気持ちで一杯である。

　誠に有難うございました。

　　　平成30年9月

　　　　　　　　　　　　　　　　　　　　　高﨑みどり：記

索　引

（イタリック体の太字は、章および節の見出し語を示す。
節の頁はその項全体に関わる）

【あ行】

医学（分野）	52、56、68、129
一般名詞	43、*215*、228
飲食（分野）	52、57、58、69
引用マーカー	102、107
衛生（分野）	241〜246、262、263
音訳	41、125、150、151、186、211、212、216

【か行】

科学（分野）	52、55、131、141
カタカナ表記	*48*、*67*、92、106、141、214、227、228、234〜236、240、243、262
家庭（分野）	52
概念	52、59、69
キーワード	97、99、101、102、106、110、158
基本語彙	171、172、181、187
基本語化	148、*171*、187
キャッチコピー	127
議論	148、171、174、175
議論の言葉	162、164
議論の中の外来語	170
具象的名詞類	165〜168、170、171、186
具体的	131、141、212
軍事（分野）	52、57、68
経済（分野）	52、55、60、63、68、69、129、131、136、140、141
形式名詞化	172、186
形式名詞的	173、181
芸術（分野）	52、58、69、264
化粧（分野）	241、243、244、246、260〜263
広告	*125*、*233*
構文上の特徴	*114*、116、119、121
小見出し	110〜112、114、174

276

固有名詞	43、51、208、215、216、220、222、240、248、255〜256、
	258、259、261、262
混種語	208、209、*213*、228
合成語	142、*208*、209、227

【さ行】

残存	167、188
残存・非残存	168、169
指示語句	177
思想（分野）	52、56、57、60、66、68、69、132、136
社会（分野）	52、55、68、129、131、136、141
宗教（分野）	52、56、57、60、63、68、69、129、132
商業（分野）	52、55
スポーツ（分野）	52、58、59、69、128、131、141
生活（分野）	52、58、68
政治（分野）	52、55、60、63、66、68、69、128、129、131、136、140、
	141
生物学（分野）	52、56、68
接尾辞	139、140、218、219
専門性	133

【た行】

タイトル	110〜112、114
喩え	108〜110、114
談話構成語	120、121
抽象的	52、59、63、97、98、121、131、132、141〜144
抽象的な概念	*94*、98、120、212
抽象的名詞類	164、165〜168、170〜172、186〜188
使いこなし	148、149、*153*、185〜187
定着	*148、165*、181、185〜188
テクスト構成	*171*、185〜187
テクスト構成意識	177
テクスト構成語化	148

索　引　277

哲学（分野）　　　52、56、60、66、68、143

【は行】

比喩　　　　　　　108～110、114、121、156、160、171、181～184、187
表現語彙　　　　　145
複合語　　　　　　157～159、208、*209*、227
服飾（分野）　　　52、57、69、129
普通名詞　　　　　*48*、*49*、74、85、248、256～259
翻訳　　　　　　　40、41、*124*、212、213
翻訳漢語　　　　　38、100、104、106、124、128、132、149～152、185、186、
　　　　　　　　　212、213

【ま行】

見出し　　　　　　127

【や行】

読ませる英語　　　238

【ら行】

臨時的　　　　　　135、213
論　　　　　　　　*148*、175、176、*184*

［執筆者］（執筆順）

高﨑みどり　　お茶の水女子大学名誉教授　文教大学特任教授
石井久美子　　お茶の水女子大学助教
中里理子　　　佐賀大学教授
星野祐子　　　十文字学園女子大学准教授
立川和美　　　流通経済大学教授
染谷裕子　　　田園調布学園大学教授

大正期『中央公論』『婦人公論』の外来語研究
―論と広告にみるグローバリゼーション

2019年1月17日　第1刷発行

編　者　髙﨑みどり

発行者　坂　本　喜　杏

発行所　株式会社冨山房インターナショナル
　　　　〒101-0051
　　　　東京都千代田区神田神保町1-3
　　　　TEL 03（3291）2578
　　　　FAX 03（3219）4866

印　刷　株式会社冨山房インターナショナル

製　本　加藤製本株式会社

ⓒ Midori Takasaki 2019, Printed in Japan
ISBN978-4-86600-054-1 C3081